A CHAMADA HISTÓRIA DEUTERONOMISTA

Dados Internacionais de Catalogação na Publicação (CIP)
(Câmara Brasileira do Livro, SP, Brasil)

Römer, Thomas
A chamada história deuteronomista : introdução sociológica, histórica e literária / Thomas Römer ; tradução de Gentil Avelino Titton. – 2. ed. – Petrópolis, RJ : Vozes, 2025.

Título original: The So-Called Deuteronomistic History
ISBN 978-85-326-7240-7

1. Antigo Testamento – Pentateuco 2. Bíblia Estudos 3. Bíblia. A.T. Deuteronômio – Comentários 4. Bíblia. A.T. Deuteronômio – Crítica e interpretação I. Título.

25-276008 CDD-222.15

Índices para catálogo sistemático:

1. Deuteronômio : Antigo Testamento : Bíblia 222.15

Aline Graziele Benitez – Bibliotecária – CRB-1/3129

Thomas Römer

A CHAMADA HISTÓRIA DEUTERONOMISTA

INTRODUÇÃO SOCIOLÓGICA, HISTÓRICA E LITERÁRIA

Tradução de Gentil Avelino Titton

EDITORA VOZES

Petrópolis

Tradução realizada a partir do original em inglês intitulado *The So-Called Deuteronomistic History – A Sociological, Historical and Literary Introduction*, publicada mediante acordo com Bloomsbury Publishing Plc.

Direitos de publicação em língua portuguesa – Brasil:
2025, Editora Vozes Ltda.
Rua Frei Luís, 100
25689-900 Petrópolis, RJ
www.vozes.com.br
Brasil

Editoração: Piero Kanaan
Diagramação: Sheilandre Desenv. Gráfico
Revisão gráfica: Fernando Sergio Olivetti da Rocha
Capa: Rafael Machado

ISBN 978-85-326-7240-7 (Brasil)
ISBN 978-05-670-3212-6 (Reino Unido)

Este livro foi composto e impresso pela Editora Vozes Ltda.

Sumário

Lista de abreviações

AB *Anchor Bible*
ABD *The Anchor Bible Dictionary* (Nova York: Doubleday, 1992)
ABRL *Anchor Bible Reference Library*
ATANT *Abhandlungen zur Theologie des Alten und Neuen Testaments*
BAR *Biblical Archaeology Review*
BATAJ *Beiträge zur Erforschung des Alten Testaments und des antiken Judentums*
BBB *Bonner biblische Beiträge*
BETL *Bibliotheca ephemeridum theologicarum lovaniensium*
BN *Biblische Notizen*
BWANT *Beiträge zur Wissenschaft vom Alten und Neuen Testament*
BZAW *Beiträge zur ZAW*
CBET *Contributions to Biblical Exegesis and Theology*
CBQ *Catholic Biblical Quarterly*
ConBOT *Coniectanea biblica, Old Testament*
CRBS *Currents in Research: Biblical Studies*
DBAT *Dielheimer Blätter zum Alten Testament*
FAT *Forschungen zum Alten Testament*
FRLANT *Forschungen zur Religion und Literatur des Alten und Neuen Testaments*
HAD *História da Ascensão de Davi*
HAT *Handbuch zum Alten Testament*
HD *História Deuteronomista*
HSM *Harvard Semitic Monographs*
ICC *International Critical Commentary*
JBL *Journal of Biblical Literature*

JNES	*Journal of Near Eastern Studies*
JNSL	*Journal of Northwest Semitic Languages*
JSNTSup	*Journal for the Study of the New Testament, Supplement Series*
JSOT	*Journal for the Study of the Old Testament*
JSOTSup	*Journal for the Study of the Old Testament, Supplement Series*
KHAT	*Kurzer Hand-Kommentar zum Alten Testament*
LCL	*Loeb Classical Library*
NCB	*New Century Bible*
NS	*Narrativa da Sucessão*
OBO	*Orbis biblicus et orientalis*
OLA	*Orientalia lovaniensia analecta*
Or	*Orientalia*
OTS	*Oudtestamentische Studiën*
SAA	*State Archives of Assyria*
SBA.AT	*Stuttgarter Biblische Aufsatzbände: Altes Testament*
SBL	*Society of Biblical Literature*
SBLDS	*SBL Dissertation Series*
SBLMS	*SBL Monograph Series*
SBLRBS	*SBL Resources for Biblical Study*
SBS	*Stuttgarter Bibelstudien*
SBTS	*Sources for Biblical and Theological Study*
SJOT	*Scandinavian Journal of the Old Testament*
SOTSM	*Society for Old Testament Study Monographs*
SVT	*Supplements to Vetus Testamentum*
ThB.AT	*Theologische Bücherei: Altes Testament*
TVA	*Tratado de Vassalagem de Asaradon*
VT	*Vetus Testamentum*
WBC	*Word Biblical Commentary*
WMANT	*Wissenschaftliche Monographien zum Alten und Neuen Testament*
ZAW	*Zeitschrift für die alttestamentliche Wissenschaft*

Introdução

Na Bíblia hebraica o Livro do Deuteronômio é o último livro da Torá, o Pentateuco, que se encerra com a morte de Moisés (Dt 34). Esse relato é realmente um fim conveniente para a primeira parte da Bíblia hebraica, já que o Pentateuco pode ser entendido como uma "biografia de Moisés", sendo que os livros do Êxodo ao Deuteronômio cobrem sua vida desde o nascimento (Ex 2) até a morte, enquanto o Livro do Gênesis constitui uma espécie de prólogo à história de Moisés e à história do êxodo. Mas o Deuteronômio não é apenas um testamento que conclui os relatos e coleções de leis anteriores. É também uma introdução aos subsequentes livros históricos de Josué, Juízes, Samuel e Reis, que na Bíblia hebraica formam a primeira parte dos Profetas (os Profetas Anteriores). Mesmo lendo esses livros em tradução para uma língua moderna, reconhece-se facilmente neles o mesmo estilo e vocabulário do Livro do Deuteronômio. Mas existem também outras conexões entre o último Livro do Pentateuco e os Profetas Anteriores. No Deuteronômio, Moisés alude continuamente à travessia do Jordão e à futura conquista da terra (Dt 4,1.15; 7,1; 9,1 etc.). Esses acontecimentos são relatados no Livro de Josué, que é introduzido como sucessor de Moisés em Dt 31. Devido a esses fortes laços entre Deuteronômio e Josué, os especialistas viram-se muitas vezes tentados a substituir o Pentateuco por um Hexateuco, que incluiria o Livro de Josué como a conclusão apropriada de uma trama que começa com as promessas divinas aos patriarcas no Livro do Gênesis. Mas o Deuteronômio não só prepara o leitor para os relatos de conquista em Josué, como alude também aos livros seguintes. Dt 6,12-15 contém uma exortação contra o culto a outras divindades:

> Toma cuidado para não esquecer Javé, que te tirou da terra do Egito, da casa da escravidão. [...] Não sigas outros deuses, nenhum dos deuses dos povos que estão ao teu redor, porque Javé teu Deus, que está no meio de ti, é um Deus ciumento. A cólera de Javé teu Deus se inflamaria contra ti e Ele te exterminaria da face da terra.

O Livro dos Juízes inicia com a afirmação de que essa exortação não foi respeitada. Ao fazê-lo, o autor de Jz 2,12-14 refere-se claramente a Dt 6,12-15:

> Abandonaram Javé, o Deus de seus pais, que os tirara da terra do Egito; seguiram outros deuses dentre os deuses dos povos circunvizinhos. [...] Assim a cólera de Javé inflamou-se contra Israel [...] e ele os vendeu ao poder de seus inimigos da redondeza, de modo que já não podiam resistir a seus inimigos.

O tempo anárquico dos juízes aparece aqui como fora predito por Moisés em seu discurso final no Deuteronômio. Mas nesse mesmo livro também já houve alusões ao próprio fim dos Profetas Anteriores, à destruição de Jerusalém e à deportação do povo (cf. Dt 6,15). Nas maldições de Dt 28, imagina-se a seguinte catástrofe: "E assim como Javé sentia prazer em tornar-te próspero e numeroso, assim também Javé sentirá prazer em arruinar-te e destruir-te; serás arrancado da terra da qual irás tomar posse". E é exatamente isso que acontece no final do Segundo Livro dos Reis: "E assim Judá foi exilado de sua terra" (2Rs 25,21).

A estreita relação de estilo, vocabulário e conteúdo que une os livros do Deuteronômio, Josué, Juízes, Samuel e Reis levou à ideia de que esses livros constituíam outrora uma História Deuteronomista, e todo estudante da Bíblia hebraica ou da história da Palestina no primeiro milênio a.C. irá confrontar-se, desde o início de seus estudos, com essa enigmática expressão. Antes de apresentar essa tese, será útil lançar um olhar sobre o conteúdo dos livros que compõem a assim chamada História Deuteronomista.

1
O conteúdo da assim chamada História Deuteronomista

(Deuteronômio–2 Reis)

1.1 Deuteronômio

O Livro do Deuteronômio é concebido como um longo discurso de Moisés – uma espécie de testamento (Dt 1–30) – seguido por suas últimas ações e o relato de sua morte (Dt 31–34). O cerne do discurso encontra-se nos capítulos 12-26, que contêm uma coleção de leis. A primeira parte dessa coleção (Dt 12–18) inclui leis que se preocupam principalmente com a ideologia da *centralização*, expressa no capítulo de abertura (Dt 12). De acordo com essa perspectiva, existe apenas *um único* santuário legítimo em "Israel"[1], o qual, como o leitor irá compreender mais tarde, corresponde ao Templo de Jerusalém, embora o nome da cidade nunca seja mencionado nem no Deuteronômio, nem em todo o Pentateuco[2]. A centralização

1. Nos livros bíblicos, "Israel" é muitas vezes um termo altamente ideológico que denota, a partir de uma perspectiva interna, os verdadeiros adoradores da divindade Javé. Na verdade, conforme veremos, o Deuteronômio e os livros históricos são escritos a partir de uma perspectiva judaíta.

2. Essa discrição pode ser explicada primeiramente pela ficção literária do Deuteronômio, segundo o qual a eleição de Jerusalém ainda não é efetiva, já que o povo não entrou na terra e ainda não existe uma monarquia (davídica). De modo mais

do culto implica também centralização da *economia* e da *política*, como mostram as leis coligidas em Dt 13–18. Os capítulos 19-25 contêm uma mistura de leis privadas e leis públicas e não têm, à primeira vista, uma estrutura clara.

Dt 12–16 é precedido por duas introduções (Dt 1–4; 5–11; cf. a interrupção do discurso mosaico em 4,41-48 e a nova introdução em Dt 5,1). A primeira introdução é uma "recapitulação" de acontecimentos do tempo das perambulações do povo no deserto, incluindo a recusa da geração do êxodo a conquistar a terra como Javé havia ordenado e o relato da ocupação dos territórios situados além do Jordão. Esses acontecimentos são também relatados, muitas vezes de forma mais explícita, no Livro dos Números. Dt 4 insiste na invisibilidade de Javé ao revelar-se a Israel e exalta o dom da lei a Israel depois de "roubar" seu povo do Egito (4,34).

A segunda introdução está relacionada mais diretamente com a coleção legal subsequente, pois contém numerosas motivações para respeitar a lei divina transmitida por Moisés. Dt 5 abre essa seção com a versão deuteronomista do Decálogo – os Dez Mandamentos –, que pode ter sido concebida como uma espécie de resumo de todo o *corpus* legal. Dt 6,4 contém a afirmação central do Deuteronômio: "*Ouve, Israel, Javé nosso Deus é o único Javé. Amarás Javé com todo o teu coração, com toda a tua vida e com todas as tuas forças*". A segunda introdução inclui um relato que lembra como Israel rompeu a aliança que Javé concluíra com eles no Monte Horeb (cf. 9,7-10.11: o episódio do bezerro de ouro, que tem um paralelo em Ex 32) e termina com a afirmação que presenteia o povo com bênçãos e maldições, dependendo da observância ou não observância da lei de Javé (Dt 11, esp. 11,26-32).

---

geral, Jerusalém nunca é mencionada diretamente no Pentateuco, apesar de algumas alusões claras (Gn 14; Dt 12). Esse fato permitiu que o Pentateuco se tornasse a Escritura Sagrada não só para os judaítas, mas também para os samaritanos (para os quais o lugar santo de Javé é o Monte Garizim).

As bênçãos e maldições são plenamente desenvolvidas na conclusão da coleção de leis em Dt 27–28; deve-se notar que o capítulo 27 difere da concepção do Deuteronômio como discurso de Moisés, já que fala de Moisés na terceira pessoa, enquanto 28,69 e 29,1 marcam outra interrupção. Os capítulos 29-30 concluem o testamento de Moisés; aqui, ele coloca seus ouvintes diante de uma alternativa: vida ou morte. Evidentemente os ouvintes são convidados a optar pela vida, o que significa obedecer ao Tratado de Javé e respeitar suas leis.

Dt 31–34 contém a instalação de Josué como sucessor de Moisés, um cântico que prediz a rejeição de Javé por parte de Israel após entrar na terra, a bênção de Moisés às doze tribos (que é paralela à bênção de Jacó em Gn 49) e, finalmente, no capítulo 34, sua morte e o sepultamento pelo próprio Javé.

1.2 Josué

O Livro de Josué é apresentado como a continuação imediata dos acontecimentos descritos nos últimos capítulos do Deuteronômio (cf. Js 1,1: "Após a morte de Moisés..."); representa o cumprimento da promessa da terra, que é onipresente no Deuteronômio. O livro pode facilmente ser dividido em duas partes: primeiramente, uma narrativa relatando a conquista militar da Palestina (Js 2–12), seguida por uma seção que consiste sobretudo em listas que enumeram os limites e os territórios das tribos entre as quais Josué repartiu a terra (caps. 13-22). O livro é emoldurado por uma introdução (Js 1) e uma dupla conclusão (dois discursos de Josué nos caps. 23 e 24).

A designação de Josué como sucessor (régio e militar) de Moisés (Js 1) é seguida, nos capítulos 2-5, por relatos que preparam de diversas maneiras para as narrativas da conquista em Js 6–12. Js 2, que interrompe a sequência cronológica de 1,11 e 3,2, contém a história da prostituta Raabe, um prelúdio de Js 6: Raabe salva a vida dos espiões de Josué, enviados para colher informações sobre Jericó (Js 2). Os capítulos 3-4 narram a travessia do Jordão, acontecimento a que o Deuteronômio faz numerosas alusões. Js 5 relata a circuncisão da geração do deserto e a primeira Páscoa na terra. A visão que Josué teve do comandante do exército de Javé no fim do capítulo 5 introduz os relatos da conquista em Js 6–9: a conquista de Jericó (o clã de Raabe não é exterminado), a vitória contra a população de Hai e Betel e a submissão voluntária da população de Gabaon. Todas essas cidades estão situadas em "Benjamim", que é a região fronteiriça entre o Reino de Judá e o Reino de Israel. Nos capítulos 10-12, a conquista é "ampliada" por listas que enumeram campanhas militares de Josué mais para o Norte e mais para o Sul.

A informação de 13,1 de que Josué envelheceu introduz um hiato cronológico em relação aos relatos precedentes. As listas de fronteiras e territórios que seguem em Js 13–20 são apresentadas como resultado da repartição da terra conquistada entre as diferentes tribos. Js 21,43-45 dá a impressão de uma primeira conclusão do livro[3], pois esses versículos afirmam que agora todas as promessas de Javé estão cumpridas:

> Desta maneira Javé deu a Israel toda a terra que jurou a seus pais que lhes haveria de dar [...]. Nenhum dos inimigos lhes resistiu, pois Javé lhes entregara nas mãos todos os seus inimigos. Não falhou nenhuma de todas as boas palavras que Javé falara à casa de Israel; todas se cumpriram.

Após um capítulo que se preocupa com os problemas cultuais encontrados pelas tribos transjordanianas (é-lhes permitido construir um altar em seu território, apesar da ideologia deuteronomista da centralização?), Js 23 passa a uma segunda conclusão. Em seu discurso final a Israel, Josué começa resumindo as ideias de 21,43-45. Mas em seguida menciona nações que *não* foram expulsas por Javé

3. Existe uma conclusão muito anterior em Js 11,23: "Josué tomou toda a terra conforme tudo o que o Senhor falara a Moisés. E Josué entregou-a como herança aos israelitas, repartindo-a em lotes segundo as tribos. E a terra ficou em repouso, sem guerras".

(contrariamente ao que se afirma em 21,43-45) e Josué chega a evocar abertamente a possibilidade da perda da terra conquistada, caso Israel não mantenha o pacto que Javé lhe prescreveu. No final da conquista, o discurso de despedida de Josué contém uma alusão explícita ao exílio e à deportação que faz paralelo com as últimas maldições do discurso de Moisés em Dt 28. A presença de Js 24 após Js 23 é bastante enigmática, já que esse texto apresenta outro discurso "final" pronunciado por Josué em Siquém, que contém um sumário da narrativa do Hexateuco (dos patriarcas até a conquista). Nesse discurso também Josué convida os ouvintes a escolher Javé como seu deus e a evitar as outras divindades. A assembleia aceita e Josué, qual um segundo Moisés, conclui uma aliança e escreve um livro (Js 24,26; cf. Dt 31,9).

O Livro de Josué conclui, portanto, com a morte e sepultamento de seu herói (e com a morte do sacerdote Eleazar).

Uma notícia paralela sobre o fim de Josué encontra-se em Jz 2,6-10 (cf. Js 24,28-31). Esse paralelo mostra muito claramente que a atual transição do Livro de Josué para o Livro dos Juízes não é original, mas foi, como veremos mais tarde, fortemente reelaborada.

1.3 Juízes

Assim como Josué tem duas (ou até três) conclusões, também o Livro dos Juízes, tal qual o temos hoje, põe o leitor diante de duas aberturas diferentes, em 1,1-2.5 e 2,6–3,6. O primeiro prólogo está estreitamente relacionado mais com os acontecimentos da conquista descritos em Josué do que com os temas de Juízes. Apresenta uma versão alternativa da conquista, afirmando o sucesso de Judá e José, mas o fracasso de outras tribos em sua tentativa de expulsar os primitivos habitantes da terra. Em 2,1-5 um mensageiro de Javé explica esse fracasso: Israel não respeitou a ordem divina de separar-se completamente do povo nativo da terra. O segundo prólogo é uma tentativa de criar um "período dos juízes". A fim de conseguir uma sucessão cronológica para os relatos subsequentes que tratam de heróis carismáticos, o autor de Juízes (2,6–3,6) constrói um esquema cíclico: após a morte do líder, o povo volta as costas a Javé e adora outros deuses; Javé fica encolerizado e castiga Israel enviando outros povos para oprimi-lo, que, em sua aflição, apela então para Javé. Em seguida Javé suscita "juízes" (ou "salvadores") que libertam Israel. Mas, sem demora, Israel é novamente atraído para o culto a outros deuses e a mesma história recomeça. A segunda introdução a Juízes em 2,6–3,6 fornece assim uma moldura para toda a coleção de 3,7–16,31 e os leitores, ou os ouvintes, são dessa forma instruídos sobre como deverão entender as narrativas subsequentes a respeito dos salvadores de Israel. Há doze salvadores (entre os quais uma mulher: Débora); as ações de sete desses salvadores são descritas em narrativas mais ou menos detalhadas; ao passo que, quanto aos outros cinco, somos informados apenas de seus nomes e de que eles "julgaram" Israel por certo número de anos. A primeira narrativa sobre Otoniel (3,7-11) é bem curta e estereotipada. Reúne e antecipa elementos importantes das histórias seguintes. Otoniel é o único juiz oriundo de Judá; todos os outros são do Norte. Os "juízes" a quem os autores e redatores prestam mais atenção são: Aod, o trapaceiro que assassina o obeso rei de Moab (3,12-30); Débora e Barac, os líderes da guerra anticanaanita que envolveu algumas tribos israelitas (Jz 4–5); Gedeão, que luta contra os madianitas, e a fracassada tentativa de seu filho Abimelec de estabelecer uma monarquia (Jz 6–9); Jefté, sua guerra contra os amonitas e o sacrifício de sua filha (10,6–12,7). A história de Sansão e suas desavenças com os filisteus (Jz 13–16) é totalmente singular em comparação com os outros juízes. Algumas das narrativas sobre Sansão são burlescas (como o é a história de Aod) e apresentam paralelos com a mitologia grega, especialmente com as façanhas de Hércules.

O livro termina com dois apêndices. O primeiro (caps. 17-18) preocupa-se com a migração da tribo de Dã e contém uma crítica ao santuário nortista em Dã. O segundo (caps. 19-21) trata da tribo de Benjamim. Narra um sórdido episódio sobre a violação da hospitalidade por parte dos habitantes de Gabaá em Benjamim (a narrativa tem um paralelo em Gn 19). A concubina de um levita é assassinada; as tribos de Israel reúnem-se numa coalizão contra Benjamim, que é derrotado. Mas no final a sobrevivência da tribo é garantida pelo resto de Israel através do rapto de mulheres de Silo. Ambos os apêndices estão unidos por um refrão que afirma que cada um fez na ocasião "o que era reto a seus olhos" (17,6; 18,1; 21,25).

Essa observação proporciona uma transição para os livros de Samuel e Reis[4], que se ocupam principalmente com a ascensão e queda da monarquia judaíta (e israelita).

1.4 Samuel–Reis

Samuel e Reis eram originalmente cada qual um único livro na Bíblia hebraica; foram divididos em dois livros numa data bastante tardia. Estão estreitamente relacionados, como se pode deduzir também dos títulos gregos, que os unem formando os quatro livros dos Reinos. 1Samuel começa com a história de Samuel: seu nascimento de uma mulher estéril (o mesmo motivo como na narrativa de Sansão), seu chamado por Javé no Santuário de Silo e suas proezas (1Sm 1–7). Samuel é apresentado como um profeta de Javé e também como o último juiz em Israel, e está amplamente envolvido nos diferentes relatos sobre a escolha de Saul, primeiro rei de Israel. O Primeiro Livro de Samuel (8–12) apresenta diversos relatos sobre como Saul ascende à realeza: alguns adotam uma posição bastante

4. Na maioria das bíblias o leitor encontra o Livro de Rute entre Juízes e Samuel. Essa é a ordem da Septuaginta, a adaptação grega da Bíblia hebraica. No cânon da Bíblia hebraica, Rute pertence aos "Escritos", a terceira parte da Bíblia.

positiva (por exemplo, 1Sm 9: Javé incumbe Samuel de ungir Saul, ou 1Sm 11: Saul é qualificado por sua bravura militar), ao passo que outros apresentam uma visão bastante negativa sobre as origens da monarquia (1Sm 8 e 12: Israel quer ser como as "outras nações" e rejeita Javé, seu verdadeiro rei). O discurso final de Samuel em 1Sm 12 marca o fim do período dos juízes e o início da época monárquica. Esse discurso fornece um sumário de acontecimentos do êxodo, da entrada na terra, do tempo dos juízes e das origens da monarquia, mas fornece também algumas pistas para entender a história subsequente, especialmente pela alusão ao possível fracasso da realeza e ao fim do povo.

Na realidade, esse fracasso já aparece na história de Saul, que, apesar de seu relativo sucesso na guerra (1Sm 13–15), é rejeitado por Javé, que, entretanto, mudou de ideia e escolheu Davi. A escolha divina de Davi de Judá contra Saul de Benjamim simboliza a legitimação das dinastias judaíta, davídica contra a monarquia do Norte.

Dois importantes ciclos de narrativas são dedicados a Davi. O primeiro, muitas vezes chamado de "História da Ascensão de Davi" (1Sm 16–2Sm 5), narra o início da carreira de Davi, seus conflitos com Saul, como também a fidelidade do filho de Saul, Jônatas, e de sua filha, Micol, a Davi. Esse ciclo reúne várias tradições sobre Davi. Segundo 16,14-23, Davi chega à corte de Saul como músico e terapeuta para um Saul deprimido. Mas, em 17,55-58, Davi, após sua vitória sobre o filisteu Golias, é apresentado a Saul, que parece não o conhecer. Os sucessos militares e amorosos de Davi instigam Saul a matá-lo; Davi foge para junto dos filisteus e torna-se seu vassalo. Depois que Saul e Jônatas morrem numa batalha contra os filisteus (1Sm 31–2Sm 1), Davi é sagrado rei de Judá em Hebron. Ele conquista Jerusalém, que se torna seu feudo pessoal ("cidade de Davi"), onde é ungido rei sobre "todo o Israel". Em seguida, 2Sm 6–8 descreve o ápice do reinado de Davi: a transferência da "arca" (um símbolo militar da presença de Javé nas guerras de

Israel, cf. 1Sm4–6 para Jerusalém e um oráculo divino, transmitido pelo Profeta Natã, no qual Javé promete a Davi uma dinastia que será estabelecida no trono de Israel para sempre (2Sm 7).

A figura de Davi descrita no ciclo seguinte (2Sm 9–1Rs 2) contrasta fortemente com sua apresentação até aqui. Nessa narrativa, geralmente chamada de "História da Sucessão ao Trono de Davi" ou "História da Corte", Davi aparece muitas vezes como um rei fraco, e mesmo moralmente imperfeito. Depois de engravidar Betsabeia, mulher de Urias, Davi envia seu marido, um de seus melhores oficiais, para a morte; a mesma Betsabeia se tornará a mãe de Salomão (2Sm 12). Davi deve enfrentar revoltas, especialmente da parte de seu filho Absalão (2Sm 13–19), e é obrigado a fugir de Jerusalém. Após o assassinato de Absalão por Joab, general de Davi, o rei retorna à sua capital, onde enfrenta outra revolta (2Sm 20). A história da sucessão chega ao fim em 1Rs 1-2,13, após uma interrupção em 2Sm 21–24 (esses capítulos formam um apêndice; no último capítulo Davi é apresentado como o fundador do futuro templo, 2Sm 24). Em 1Rs 1, Salomão sobe ao trono como desfecho de uma intriga ao estilo do seriado *Dallas*, liderada por Natã e Betsabeia, enquanto o velho Davi parece completamente inválido, sem qualquer capacidade de controlar os acontecimentos.

A subsequente história do reinado de Salomão (1Rs 3–11) pode ser dividida em duas partes. A primeira parte descreve-o como o rei sábio e o construtor do templo. Termina com um longo discurso de Salomão em 1Rs 8, no qual ele verifica que Javé realizou todas as promessas feitas a Davi. Mas, ao inaugurar o templo, Salomão já prevê sua destruição e o exílio do povo. A segunda parte da narrativa de Salomão, em 1Rs 9–11, apresenta uma visão mais negativa do rei (mas há também a história positiva da visita da rainha de Sabá a Salomão), especialmente com relação à sua atração por mulheres e divindades estrangeiras. Os erros religiosos e políticos de Salomão provocam o colapso do "Reino Unido" após sua morte (1Rs 12–14).

Jeroboão, um antigo servo civil de Salomão, torna-se rei de Israel, o Reino do Norte; estabelece dois santuários javistas em Dã e em Betel (isto é, nas fronteiras norte e sul do Reino de Israel) como uma alternativa ao templo judaíta em Jerusalém.

1Rs 15–2Rs 17 relata a história paralela dos dois reinos; a história é contada a partir de uma perspectiva nitidamente judaíta. Todos os reis são submetidos a uma avaliação, que se baseia em sua fidelidade a Javé e em sua observância do mandamento da centralização do culto. Os reis judaítas são também comparados com Davi ("N. agiu/não agiu como seu pai Davi"). O critério da centralização do culto explica por que nenhum rei de Israel pode satisfazer os padrões ideológicos dos autores ou redatores, nem mesmo Jeú, embora este seja descrito como um revolucionário javista que põe fim à dinastia dos amridas (2Rs 9–10). A história dos dois reinos é narrada sincronicamente. Como já mencionamos, o Reino do Norte parece ter sido governado por reis maus. Acab (1Rs 16,29–22,40) parece ter sido o pior deles; diz-se que introduziu o culto ao Baal fenício, um deus da tempestade e da fertilidade. A situação no Norte é descrita como anárquica; reis são assassinados e dinastias mudam frequentemente. O Reino do Sul, pelo contrário, parece ter sido governado todo o tempo por reis da dinastia davídica. Por isso envidam-se todos os esforços para apresentar o reinado de Atalia, filha de Acab, sobre Judá (2Rs 11) como ilegítimo. A história sincrônica dos dois reinos contém numerosas narrativas proféticas, especialmente de Elias e Eliseu (1Rs 17–2Rs 8). Termina com um longo comentário do narrador, que aponta as razões que levaram à queda de Samaria e do Reino do Norte, transformado em província assíria (2Rs 17).

Os últimos capítulos (2Rs 18–25) narram a história do Reino de Judá até seu exílio. Dois reis recebem particular atenção: Ezequias e Josias, que se conformam ambos com a vontade de Javé, em contraste com seu predecessor e sucessores. Ezequias (2Rs 18–20) abole os cultos ilegítimos e os lugares de culto; sob seu reinado o cerco assírio a Jerusalém é abandonado por causa da intervenção de Javé. Seu filho Manassés (2Rs 21) é apresentado como um dos piores reis de Judá, embora tenha reinado por 55 anos. Após o também perverso Amon, vem o reinado de Josias, que à primeira vista aparece como o desfecho positivo da monarquia judaíta, já que Josias, após a descoberta do livro da lei no templo, empreende uma tremenda reorganização, transformando Jerusalém no único santuário legítimo e destruindo os símbolos de todos cultos javistas ilegítimos e outros cultos (2Rs 22–23). Mas nem mesmo a reforma de Josias é capaz de impedir a destruição de Jerusalém e Judá pelos babilônios, que castigam as revoltas dos sucessores de Josias. Segundo o autor de 2Rs 24–25, *todo Judá* foi exilado de sua terra. Toda essa história não termina com um comentário final, como seria de esperar, mas com uma nota um tanto obscura sobre a libertação do rei judaíta Joaquin de seu cativeiro babilônico; ele permanece na Babilônia, mas torna-se um hóspede privilegiado à mesa do rei da Babilônia (2Rs 25,27-30).

Esse resumo dos conteúdos mostra que, apesar dos temas e materiais muito diferentes coligidos e reunidos em Deuteronômio até Reis, esses livros estão não obstante ligados por um princípio cronológico: desde as origens mosaicas até o fim de Judá. O tempo de Moisés e Josué aparece como uma "Idade de Ouro", em contraste com o tempo dos juízes, descrito como um período bastante anárquico e caótico. O retrato da monarquia é profundamente ambíguo. Por um lado, pode-se encontrar textos que insistem na legitimação divina da dinastia davídica (em 2Sm 7 Javé promete que ela durará "para sempre"); por outro lado, há numerosas observações críticas sobre os reis que não se conformam com a vontade de Javé exposta no Livro do Deuteronômio.

Como se encontra agora, esse afresco histórico é uma história sobre o exílio e a deportação, bem como sobre o fracasso da monarquia. No entanto, a mesma história contém afirmações muito positivas sobre reis judaítas e até visões bastante triunfantes da posse da terra por parte de Israel, que não se encaixam bem num contexto de exílio e deportação. Essa tensão é um primeiro indício da complexidade do material contido nos livros de Deuteronômio até Reis, comumente rotulado de "História Deuteronomista".

A subsequente história da pesquisa tentará mostrar como nasceu a teoria de uma História Deuteronomista e também apresentar o atual debate sobre esta teoria.

2
O que significa "História Deuteronomista"?
Um apanhado da pesquisa passada

Bibliografia seleta

Para uma história mais completa da pesquisa, cf.:

ALEXANDER, L. V. *The origin and development of the deuteronomistic history theory and its significance for biblical interpretation.* Ann Arbor: UMI, 1993.

BÍBLIA SAGRADA. 6. ed. Petrópolis: Vozes, 2007.

RÖMER, T.; PURY, A. de. Deuteronomistic historiography (DH): History of research and debated issues. *In*: PURY, A. de; RÖMER, T.; MACCHI, J.-D. (eds.). *Israel constructs its history*: Deuteronomistic historiography in recent research. Sheffield: Sheffield Academic Press, 2000. p. 24-141.

Em contraste com a Torá (o Pentateuco), a História Deuteronomista não é reconhecida pela tradição judaica ou cristã como uma coleção separada, e o próprio termo é uma invenção da ciência bíblica moderna. O "pai" dessa hipótese é Martin Noth, que publicou em 1943 sua *Überlieferungsgeschichtliche Studien* (tradução inglesa: *The Deuteronomistic History*); Noth não foi, evidentemente, o primeiro a falar de redações deuteronomistas, sua nova ideia tem a ver com Deuteronômio até Reis como uma obra histórica bem planejada, devida a um único "autor" (às vezes ele fala também de um redator). A fim de obtermos um quadro mais exato da hipótese da História Deuteronomista precisamos esboçar, numa breve história da pesquisa passada, a gênese da hipótese e sua ulterior evolução até o debate presente. Esse esboço pode ser dividido convenientemente em três partes: (1) Antes de Noth; (2) A invenção da História Deuteronomista de Noth; e (3) A discussão erudita a partir de Noth.

2.1 A pré-história da hipótese da História Deuteronomista

2.1.1 Os primeiros passos rumo à ideia de uma "História Deuteronomista"

Bibliografia seleta

BÍBLIA SAGRADA. 6. ed. Petrópolis: Vozes, 2007.

CALVIN, J. *Commentaries on the Book of Joshua*. Tradução de H. Beveridge. Grand Rapids: Eerdmans, 1949.

SCHWARZBACH, B. E. *Voltaire's Old Testament criticism* (Études de philosophie de l'histoire 20). Genebra: Droz, 1971.

SPINOZA, B. de. *A theologico-political treatise*. A political treatise. Nova York: Dover, 1951 [Original publicado em 1670].

Desde o começo, nas interpretações judaicas e cristãs da Bíblia, prestou-se muito menos atenção aos "Profetas Anteriores" do que ao Pentateuco, que na tradição judaica (e também até certo ponto na tradição cristã) é o verdadeiro centro da Bíblia hebraica. Por isso, os livros seguintes sempre permaneceram à sombra do Pentateuco.

Assim como atribuíram o Pentateuco a Moisés (com poucas exceções, como Dt 34), os rabinos procuraram situar os autores dos Profetas Anteriores entre os principais personagens desses livros, ou pelo menos entre contemporâneos dos acontecimentos relatados[5]. Assim, o Livro de Josué teria sido supostamente escrito pelo próprio Josué, os livros dos Juízes e Samuel foram atribuídos a Samuel, e 1-2Reis ao Profeta Jeremias. Mas os rabinos levaram também em conta certo número de considerações que podemos acreditar, de certa forma, como antecipações das conclusões da moderna crítica histórica. Por exemplo, já que a morte tanto de Josué quanto de Samuel é relatada antes do final de seus livros, o Talmude supôs que "redatores" posteriores haviam completado esses livros. A atribuição de Reis ao Profeta Jeremias desperta também interesse, já que pode implicar que os rabinos tinham consciência das semelhanças estilísticas entre os livros de Reis e Jeremias.

No entanto, os rabinos não tinham nenhum interesse real nas numerosas afinidades linguísticas, estilísticas e ideológicas entre Josué, Juízes, Samuel e Reis. Também não dão muita atenção ao supramencionado fato de que o último Livro do Pentateuco (Deuteronômio) serve também como uma introdução à história da conquista narrada em Josué. Os comentaristas judeus e cristãos estavam ocupados sobretudo em harmonizar textos contraditórios (como, por exemplo, a apresentação conflitante da história da realeza nos livros de Samuel–Reis e Crônicas) ou em justificar a atitude moralmente dúbia de alguns dos heróis bíblicos (por exemplo, Jefté sacrificando sua filha (Jz 11,29-40), ou Davi matando o marido da mulher que ele deseja [2Sm 11–12]). Por isso, precisamos esperar até o século XVI para encontrar os primeiros indícios de uma investigação realmente *crítica* dos Profetas Anteriores.

Na verdade, é nesse tempo que humanistas e reformadores questionaram a visão tradicional a respeito da autoria dos livros bíblicos. Em seu comentário a Josué, João Calvino rejeita a ideia de que o próprio Josué possa ter escrito o livro que traz seu nome: o

5. A discussão rabínica a respeito da autoria dos livros bíblicos pode ser encontrada no Talmude da Babilônia, no tratado *Baba Bathra* 14-15.

livro revela a presença de estilos diferentes, e refere-se a Josué sempre na terceira pessoa. Calvino sugere que o sacerdote Eleazar, contemporâneo de Josué, deveria ser considerado o autor do livro, ou antes seu *compilador*, tinha à sua disposição vários documentos, por ele reunidos. Por que Calvino opta por Eleazar? Adota ele simplesmente a tradição rabínica, que atribui a Eleazar a responsabilidade de completar e suplementar o Livro de Josué, ou já tem sensibilidade para o nítido caráter "sacerdotal" de alguns dos textos conservados nesse livro? Seja como for, é evidente que Calvino, embora negue a autoria ao próprio Josué, ainda procura situar o autor no tempo dos acontecimentos narrados no livro.

O estudioso católico André Masius adotou uma posição mais radical. Em sua edição crítica dos textos grego e hebraico de Josué (1574) afirma que Esdras deveria ser considerado o compilador final não só de Josué, mas também de Juízes e Reis. Isso significa que Masius situa a redação final dos livros históricos na época persa (séculos V-IV a.C.).

Um século mais tarde, o filósofo judeu Baruch de Espinosa adota a mesma ideia para a coleção que vai do Gênesis até Reis, já que considera o Pentateuco e os Profetas Anteriores como uma única composição. Mas Espinosa chama a atenção também para o fato de que o Livro do Deuteronômio fornece a base ideológica para a interpretação da história posterior. Em seu *Tractatus theologico-politicus* (1670/1951, p. 129) escreve: "Tudo quanto está escrito nos livros que temos tem o único objetivo de expor as palavras e leis de Moisés e comprová-las através de acontecimentos posteriores". Isso significa que Espinosa já havia notado o caráter "deuteronomista" dos livros subsequentes ao Deuteronômio.

A época do Iluminismo inaugura também o início da crítica ideológica. O texto dos autores bíblicos já não é mais aceito como divinamente inspirado, mas torna-se assunto de debate. Em seu livro *The moral philosopher* (1737-1740), Thomas Morgan analisa a personalidade e as reais motivações dos protagonistas retratados nos livros históricos. Segundo Morgan, a atitude negativa de Samuel para com a monarquia pode facilmente ser explicada pelo temor egoísta de perder o próprio poder. O Rei Davi foi um dos mais sangrentos tiranos jamais conhecidos. Ao contrário, o Rei Acab e sua esposa Jezabel, descritos em 1Rs 16,29-33 e 21 como um dos casais mais perversos da história bíblica, são na realidade notáveis exemplos de tolerância e sem dúvida estavam certos ao oporem-se a fanáticos como o Profeta Elias. O filósofo francês Voltaire adota posição semelhante, considerando como sumamente imorais o extermínio dos canaanitas em Josué ou as manobras políticas de Davi.

Assim, no final do século XVIII, a tradicional visão judaica e cristã dos Profetas Anteriores é definitivamente questionada. Tornara-se evidente que os autores do Deuteronômio e dos Profetas Anteriores não podem ser contemporâneos aos acontecimentos narrados. Existe também algum conhecimento em relação às opções ideológicas que embasam a apresentação bíblica da história de Israel, e existe já – pelo menos na obra de Espinosa – a intuição de que essas opções ideológicas estão estreitamente relacionadas com o Livro do Deuteronômio e mesmo dependem dele. A exegese crítica no século XIX se baseará nessas descobertas.

2.1.2 A descoberta do "deuteronomismo"

BIBLIOGRAFIA SELETA

BÍBLIA SAGRADA. 6. ed. Petrópolis: Vozes, 2007.

COLENSO, J. W. *The Pentateuch and Book of Joshua Critically Examined*. Londres: Longman, 1862-1879.

ROGERSON, J. W. *W. M. L. de Wette, founder of modern Biblical criticism*: An intellectual biography. Sheffield: Sheffield Academic Press, 1992.

Em uma nota de rodapé em sua tese doutoral de 1805, o estudioso suíço M. de Wette identificou o livro "encontrado" no templo sob o reinado de Josias (de acordo com o relato de 2Rs 22) com o Livro do Deuteronômio, ou com sua primeira edição. Sugeriu que o Deuteronômio original teria sido composto para legitimar a nova organização das questões cultuais e políticas realizada por Josias. Vinte anos antes, Voltaire havia defendido a mesma ideia. Assim, o filósofo francês esteve a ponto de dissociar o Deuteronômio do resto do Pentateuco e atribuí-lo a um autor individual, mas foi De Wette quem deu o passo decisivo. De Wette defendeu a existência de um *Tetrateuco*, contendo os livros de Gênesis, Êxodo, Levítico e Números; argumentou que as posições ideológicas desses livros são bastante diferentes das do Livro do Deuteronômio. Para o estudioso suíço Gênesis–Números deveriam ser entendidos como uma coleção de vários fragmentos sem nenhum material histórico autêntico, ao passo que o Deuteronômio era um *remake* (nova versão) "mítico" com material contido nos livros do Tetrateuco.

De Wette defendeu também uma data bem tardia para o Livro de Josué. As referências à lei mosaica nele contidas (cf., por exemplo, Js 1,1-9) deveriam ser explicadas pelo caráter "deuteronômico" do livro. Junto com seu colega J. Vater, De Wette é aparentemente o primeiro erudito a falar de uma redação "deuteronomista" para explicar a formação dos livros históricos[6]. As ideias de De Wette foram assumidas pelo Bispo Colenso, que empreendeu[7] um exame detalhado do vocabulário hebraico do Deuteronômio. Colenso não apenas destacou a diferença desse vocabulário em relação à lingua-

6. Os estudiosos alemães distinguem muitas vezes entre "deuteronômico" (dt), referente à edição pré-exílica do Deuteronômio, e "deuteronomista" (dtr), referente ao(s) redator(es) da História Deuteronomista (exílica). Nós não adotaremos essa distinção, que pressupõe como único texto "deuteronômico" o livro deuteronômico da lei.

7. Na parte III de seu livro *The Pentateuch and Book of Joshua Critically Examined* (1863).

gem do Tetrateuco, mas também sua proximidade com a linguagem dos Profetas Anteriores.

2.1.3 A elaboração da ideia de editores deuteronômicos

Bibliografia seleta

BÍBLIA SAGRADA. 6. ed. Petrópolis: Vozes, 2007.

COLENSO, J. W. *The Pentateuch and Book of Joshua Critically Examined*. Londres: Longman, 1862-1879.

DRIVER, S. R. *A critical and exegetical commentary on Deuteronomy*. Edimburgo: T. & T. Clark, 1902.

DUHM, B. *Das Buch Jeremia*. Leipzig: J.C.B. Mohr, 1901.

EWALD, H. *History of Israel*. Londres: Longman, 1867-1886.

MOORE, G. F. *A critical and exegetical commentary on Judges*. Edimburgo: T. & T. Clark, 1908.

ROGERSON, J. W. *Old Testament Criticism in the Nineteenth Century*: England and Germany. Londres: SPCK, 1984.

VAN SETERS, J. *The Pentateuch*: A social science commentary (Trajectories). Sheffield: Sheffield Academic Press, 1999.

WELLHAUSEN, J. *Die Composition des Hexateuchs und der historischen Bücher des Alten Testaments*. 3. ed. Berlim: Georg Reimer, 1899.

Em 1843, exatamente cem anos antes da publicação dos *Studien* de Martin Noth, Heinrich Ewald iniciou sua *História de Israel* em seis volumes. No primeiro volume elaborou uma hipótese global para a redação dos livros de Gênesis até 2Reis; a coleção de Gênesis a Josué recebeu o nome de "Grandes Livros das Origens"; ao passo que aos chamados livros de Juízes, Rute (Ewald segue a ordem do cânon grego), Samuel e Reis, deu o nome de "Grande Livro dos Reis". De acordo com Ewald, a segunda coleção, em sua forma "final", resulta da atividade de dois redatores deuteronômicos. O primeiro redator ainda pressupõe a existência da monarquia, como mostra 1Sm 12; ele incorpora um relato mais antigo acerca da ascensão de Davi, bem como outras fontes. As reflexões desse redator, argumenta Ewald, "mostram [...] um tempo em que, embora a nação estivesse muito enfraquecida, ainda existiam o reino de Davi e o templo, e a esperança de sua permanência ainda não desaparecera completamente. Esta época não pode ser senão os primeiros tempos após a reforma de Josias, quando o reino decadente parecia estar ressurgindo para uma nova e gloriosa vida" (Ewald, 1867-1886, Vol. I, p. 157). O segundo redator atualizou a história de Judá durante o exílio babilônico, por volta de 560, pouco após a reabilitação do exilado Joaquin (2Rs 25,27-30). Inseriu também o Livro dos Juízes como introdução à história da monarquia israelita; ao fazê-lo, desejava realçar que a desobediência a Javé provoca certamente o castigo divino (Jz 2,6–3,6). O mesmo redator introduziu também as avaliações religiosas de cada um dos governantes israelitas e judaítas. Segundo Ewald, esse redator queria responder "à grande e séria questão da época: De onde provinha tanta miséria sobre o povo?" (Ewald, 1867-1886, Vol. I, p. 160). Em 1861 o estudioso holandês Abraham Kuenen defendia, de forma semelhante, a ideia de uma dupla redação deuteronômica em Reis.

Mas voltemos a Ewald. É interessante observar que ele atribui as últimas modificações nos "Grandes Livros das Origens" (Gênesis–Josué) a um editor que ele chama de "deuteronomista". Esse deuteronomista escreveu, segundo Ewald, no reinado de Manassés. Compôs os livros de Deuteronômio e Josué, mas não está muito presente em Gênesis–Números. Em Deuteronômio e Josué, Ewald admite alguns acréscimos pós-deuteronomistas, como, por exemplo, Dt 33.

Resumindo as ideias de Ewald, parece que podemos descobrir camadas deuteronomistas em Deuteronômio–Josué, como também de Juízes–2Reis. Mas Ewald insiste na ruptura entre Josué e Juízes;

isso significa que ele não admite a existência de uma mesma redação deuteronomista cobrindo todo o *corpus* de Deuteronômio até Reis. Essa rejeição pode estar relacionada com sua convicção de que a primeira coleção da Bíblia não é o *Pentateuco*, mas o *Hexateuco*, incluindo o Livro de Josué.

A concepção de um Hexateuco está estreitamente relacionada com a elaboração da "hipótese documental", cujo mais brilhante advogado foi Julius Wellhausen. Reunindo diversas ideias que já haviam sido propostas antes, Wellhausen elaborou uma formulação da hipótese documental que logo iria tornar-se uma espécie de "modelo canônico" para a ciência crítica. Wellhausen isolou duas fontes narrativas antigas: "J" (o Javista) e "E" (o Eloísta). Esses documentos, dos primeiros séculos da monarquia israelita, foram depois combinados numa única obra pelo "Jeovista" (JE). Wellhausen situou a fonte "D" (o livro original do Deuteronômio) no século VII a.C., no tempo de Josias, e "P" (a fonte Sacerdotal) no final ou depois do exílio babilônico (Van Seters, 1999). Segundo a hipótese documental, as fontes mais antigas estendiam-se até Josué, porque é apenas nesse livro que os israelitas acabam tomando posse da terra prometida por Javé aos patriarcas e a Moisés.

De maneira geral, na segunda metade do século XIX, a ciência crítica do Antigo Testamento ficou tão fascinada pela hipótese documental e pela ideia de um Hexateuco original a ponto de negligenciar sensivelmente a pesquisa crítica sobre os livros de Juízes até Reis. Por isso, a questão da redação ou redações deuteronomistas dentro da Bíblia hebraica limitou-se sobretudo à fonte "D", que correspondia ao Deuteronômio original e se supunha ter sido escrita pelo final da monarquia judaíta. Mas havia também alguns textos em Gênesis–Números que pareciam ter afinidades com o estilo e a linguagem deuteronomistas, como, por exemplo, Gn 15 (cf. 15,5, com Dt 1,10; 15,7, com Dt 1,27, 4,20 etc.) ou Lv 26 (cf. 26,15 e 26,46 com Dt 11,1 e muitas outras passagens). Alguns autores sustentaram que esses textos foram inseridos pelo Jeovista; outros, como Colenso (1862-1879, p. 53), acreditavam que provinham de um Deuteronomista, que foi "o *editor* do Pentateuco e do Livro de Josué, que ele interpolou do princípio ao fim, e ampliou especialmente com o acréscimo do Livro do Deuteronômio".

Wellhausen, em sua *Composition des Hexateuchs und der historischen Bücher des Alten Testaments*, apresentou as seguintes explicações para os elementos deuteronomistas presentes em Juízes até Reis: Esses elementos se devem a diferentes redações desde o tempo de Josias até o exílio babilônico; antes da intervenção dessas redações já existia um rolo de Juízes e Samuel, mas não um rolo do Livro dos Reis. É impossível determinar se os mesmos redatores deuteronomistas editaram todos esses livros, ou se precisamos imaginar um editor diferente para cada livro. Para Wellhausen, essa questão não parece muito importante. Ele reconhece também a presença de redações deuteronomistas no Hexateuco, mas a questão de como os textos "deuteronomistas" de Gênesis a Josué se relacionam com os de Juízes até Reis parece despertar nele pouco ou nenhum interesse.

O modelo de Wellhausen recebeu ampla aprovação não só na Alemanha, mas também no mundo anglo-saxão. Samuel R. Driver, em seu exaustivo comentário sobre o Deuteronômio, apresentou uma lista detalhada de fraseologias deuteronomistas e concluiu que a influência do Deuteronômio é notavelmente perceptível nos livros históricos. George F. Moore, comentando Juízes, argumenta a favor de um redator pertencente à escola deuteronômica, que deveria ser situado no início do século VI, e ao qual dever-se-ia atribuir a composição de Jz 2,6–16,31.

Ao mesmo tempo, tornou-se cada vez mais evidente que outros livros da Bíblia hebraica haviam aparentemente passado por edições deuteronomistas. Bernhard Duhm (1901), professor de Antigo Testamento na Basileia, atribuiu mais da metade do Livro de Jeremias a redatores deuteronomistas, que atuaram desde o século VI até o século I a.C. Duhm não tinha grande apreço por esses deuteronomistas, que ele considerava escribas um tanto canhestros cuja única obsessão era a lei mosaica. Apesar de seu menosprezo pela obra deles, Duhm foi aparentemente o primeiro a considerar a possibilidade de que a atividade da "escola deuteronomista" possa ter sobrevivido ao fim do período exílico.

No início do século XX, a existência de textos deuteronomistas no *Penta(Hexa)teuco* e nos Profetas era amplamente aceita. Mas levou ainda uns quarenta anos até Martin Noth apresentar uma teoria coerente para explicar a presença desses textos.

2.2 A elaboração da hipótese da História Deuteronomista por M. Noth

2.2.1 As origens da tese de Noth

Bibliografia seleta

ALT, A. Das System der Stammesgrenzen im Buche Josua (1927). *In*: ALT, A. *Kleine Schriften zur Geschichte des Volkes Israel* (2 vols.). Munique: C. H. Beck'sche Verlagsbuchhandlung, 1953. p. 191-215.

ALT, A. Josua. *In*: ALT, A. *Kleine Schriften zur Geschichte des Volkes Israel* (2 vols.). Munique: C. H. Beck'sche Verlagsbuchhandlung, 1953. p. 176-192.

ALT, A. Judas Gaue unter Josia. *In*: ALT, A. *Kleine Schriften zur Geschichte des Volkes Israel* (2 vols.). Munique: C. H. Beck'sche Verlagsbuchhandlung, 1953. p. 276-288.

BEGG, C. T. Martin Noth: Notes on is life and work. *In*: MCKENZIE, S. L.; GRAHAM, M. P. (eds.). *The history of Israel's traditions*: The heritage of Martin Noth. Sheffield: Sheffield Academic Press, 1994. p. 18-30.

BÍBLIA SAGRADA. 6. ed. Petrópolis: Vozes, 2007.

NOTH, M. *Das Buch Josua*. 2. ed. Tübingen: Mohr, 1953.

STECK, O. H. *Old Testament exegesis*: A guide to the methodology. Tradução de J. D. Nogalski. Atlanta: Scholars Press, 1998.

Ao escrever seus *Überlieferungsgeschichtliche Studien*, Noth pôde apoiar-se nas obras de De Wette, Ewald, Wellhausen, Driver e outros que haviam definido o "estilo deuteronômico" e defendido redações deuteronomistas dentro dos livros históricos. Mas, como a imensa maioria dos estudiosos acreditava na existência de um Hexateuco, explicar a continuidade entre Deuteronômio–Josué, por um lado, e os livros históricos seguintes, por outro, não despertou grande interesse.

Noth foi o primeiro a realçar essa continuidade ao abandonar a ideia de um Hexateuco. O novo impulso dado por Noth resultou de novas orientações nos estudos da Bíblia hebraica, especialmente as duas seguintes. Em primeiro lugar, ocorreu no tempo de Noth uma mudança da crítica das fontes e da crítica literária para, *à la* Wellhausen, tratar da questão da transmissão das tradições bíblicas (*Überlieferungsgeschichte*). A abordagem histórica da transmissão está menos preocupada com a reconstrução de "fontes antigas"; não rejeita nem se opõe necessariamente à hipótese documental, mas está interessada em explicar o desenvolvimento e a formação de unidades maiores como o Pentateuco, as Crônicas e a História Deuteronomista[8]. Em segundo lugar, a mudança na abordagem de Noth tem a ver com seu trabalho sobre um comentário a Josué, para o qual ele usou diversas teorias de seu professor Albrecht Alt[9]. Alt havia afirmado que Js 3–9 era uma coleção independente de histórias etiológicas relacionadas com o assentamento da tribo de Benjamim. A lista das fronteiras em Js 13–19 baseava-se, de acordo com Alt, numa situação geográfica anterior à monarquia, mesmo

8. Nesse sentido, a história da tradição, especialmente na compreensão de Noth, aproxima-se muito da crítica da redação. Sobre isso, cf. Steck (1998, p. 66-67).

9. Cf. especialmente Alt (1953, vol. I, p. 191-215; vol. I, p. 176-192; vol. II, p. 276-288).

que tenha sido posta por escrito muito mais tarde, ao passo que Js 15 reflete uma lista de doze províncias sob Josias. Esses textos não têm, portanto, nada a ver com o documento sacerdotal do Pentateuco, contrariamente ao que haviam afirmado os críticos das fontes.

Em seu comentário de 1938, Noth concordava com a ideia de Alt. Essa nova posição implicava que as fontes do Pentateuco *não* prosseguiram no Livro de Josué e, portanto, não existia nenhum *Hexateuco*. Noth resolveu o problema do final perdido de J ou E (sem Josué, essas fontes não relatam a entrada na terra), afirmando que seu final original fora amputado quando os livros históricos foram unidos ao Pentateuco. Essa negação das fontes do Pentateuco em Josué abriu caminho para uma completa reavaliação da composição dos livros históricos, que Noth empreendeu em seus *Studien* de 1943.

2.2.2 Os Überlieferungsgeschichtliche Studien

Bibliografia seleta

BÍBLIA SAGRADA. 6. ed. Petrópolis: Vozes, 2007.

CAMPBELL, A. F. Martin Noth and the Deuteronomistic history. *In*: MCKENZIE, S. L.; GRAHAM, M. P. (eds.). *The history of Israel's traditions*: The heritage of Martin Noth. Sheffield: Sheffield Academic Press, 1984. p. 31-62.

NOTH, M. *The Deuteronomistic history*. 2. ed. Sheffield: Sheffield Academic Press, 1991 [Tradução da primeira parte de *Überlieferungsgeschichtliche Studien* – Die sammelnden und bearbeitenden Geschi-chtswerke im Alten Testament (1943). 3. ed. Darmstadt: *Wissenschaftliche* Buchgesellschaft, 1967].

Noth escreveu esse pequeno livro, que acabou por tornar-se uma das mais influentes contribuições para os estudos da Bíblia hebraica, em 1943, durante a Segunda Guerra Mundial, em Königsberg (na época a universidade mais a leste da Alemanha).

O grande interesse de Noth não era delinear com precisão quais textos nos livros históricos deveriam ser considerados "deuteronomistas" e quais não. De acordo com ele, "o fundamento crítico-literário fora estabelecido há muito tempo e produzira conclusões geralmente aceitas" (1991, p. 15). Noth admitiu como ponto pacífico a existência de uma redação deuteronomista nos Profetas Anteriores; o que era novo em sua abordagem foi a maneira como investigou a possibilidade de os textos deuteronomistas pertencerem a uma redação coerente e unificada, devida a um único redator, o Deuteronomista (que ele abreviou para "Dtr").

Provas para esse tipo de redação podem ser encontradas, segundo Noth, naqueles textos que ele chamou de "*capítulos de reflexão*". Noth observou que:

> [...] em todos os momentos importantes no decurso da história, Dtr apresenta os personagens mais importantes pronunciando um discurso voltado para frente e para trás, numa tentativa de interpretar o curso dos acontecimentos. [...] Nas outras ocasiões as reflexões recapitulantes sobre a história são apresentadas pelo próprio Dtr [...] porque não havia personagens históricas adequadas para fazer os discursos (1991, p. 18-19).

Tais passagens ocorrem em Js 1,1-9; 12,1-6; 23,1-16; Jz 2,11–3,6; 1Sm 12,1-15; 1Rs 8,14-53; 2Rs 17,7-23.

Essas passagens dividem a apresentação deuteronomista da história de Israel nos seguintes períodos: a conquista sob Josué (Js 1; 12 e 23), o tempo dos juízes (de Jz 2,11 até 1Sm 12), a instituição da monarquia (de 1Sm 12 até 1Rs 8), a história dos reinos de Judá e Israel até à queda de Samaria (de 1Rs 8 até 2Rs 17), e os últimos dias de Judá. Essa delimitação de períodos não coincide com as separações entre os livros, tais quais os encontramos hoje nos Profetas Anteriores.

O final da História Deuteronomista coincide exatamente com os últimos versículos dos livros dos Reis (2Rs 25,27-30), que relatam a libertação de Joaquin de sua prisão babilônica. Já que esse acontecimento pode ser datado por volta de 562 a.C., Noth conclui que a História Deuteronomista deve ter sido escrita pouco depois disso, por volta de 560 a.C.

Quanto ao início da História Deuteronomista, Noth hesita mais. Js 1 não é um verdadeiro início, estritamente falando, pois alude ao final do Deuteronômio e pressupõe também o assentamento das tribos transjordanianas. A História Deuteronomista deve, portanto, começar em algum lugar no Pentateuco, e Noth procura situar uma *ouverture* conveniente dentro do Pentateuco *via negationis*. Assim, afirma que "não há nenhum sinal de 'editoração deuteronomista' em Gênesis–Números" (1991, p. 28) – ideia que é menos óbvia para nós hoje do que o era para Noth. Sendo assim, o Livro do Deuteronômio proporciona o mais óbvio início para a História Deuteronomista, já que contém alusões inequívocas ao relato deuteronomista da conquista em Josué (cf. Dt 31,1-13; 34*).

De acordo com Noth, o Deuteronomista (Dtr) integrou em sua história o assim chamado *Urdeuteronomium* (Dt 5-30*, ou seja, a primeira edição do Deuteronômio feita no século VIII ou VII a.C.) e providenciou-lhe uma nova estrutura. O Livro do Deuteronômio, que é apresentado como testemunho de Moisés, aparece como a chave hermenêutica e a base ideológica para ler e compreender a história subsequente.

Começando pelo Deuteronômio, a História Deuteronomista narra a história de Israel, desde os fundamentos mosaicos no deserto até a queda de Jerusalém e o exílio babilônico. Com essa peça cuidadosamente composta, Dtr procurou "contribuir para compreender a situação de seu tempo" (1991, p. 122). Ele desejava mostrar que o fim do Reino de Judá foi provocado pela incapacidade do povo e de seus líderes de respeitar as prescrições da lei deuteronômica. Ao contrário do que era provavelmente uma suposição comum entre os judaítas, a catástrofe de 597/587 não significava que o deus nacional Javé fora derrotado pelas divindades babilônicas. A tomada de Jerusalém deve antes ser entendida como uma sanção de Javé contra seu povo. Filósofos ou teólogos caracterizariam semelhante interpretação da história como uma espécie de *teodiceia*, mas (quanto eu saiba) o próprio Noth nunca usou esta expressão.

A maneira como Noth continua caracterizando seu "Deuteronomista" é também importante. Ele o considera um *historiador*, comparável aos historiadores helenistas e romanos, que também usam tradições mais antigas às quais dão um novo arranjo. A atitude de Dtr para com suas tradições é a de um "*corretor honesto*" (1991, p. 26). Ele integra em sua obra todos os materiais mais antigos disponíveis, mesmo quando esses contradizem sua própria teologia e sua visão da história passada, o que explica por que Noth pôde falar que a História Deuteronomista era verdadeiramente uma *Geschichtswerk*, uma "obra histórica". Noth está realmente convencido de que "a transmissão de documentos e relatos tradicionais antigos feita por Dtr torna sua obra uma fonte histórica sumamente valiosa" (1991, p. 121). Isso significa que para Noth Dtr é, tanto quanto um redator, um autor que "reuniu material de tradições muito variadas" e "aparentemente arranjou o material segundo seu próprio critério" (1991, p. 26). Quanto ao lugar social de Dtr, "não há indícios de que Dtr tenha sido encarregado por um indivíduo ou por um determinado grupo. Portanto, a história foi provavelmente o projeto independente de um homem a quem as catástrofes históricas presenciadas inspiraram curiosidade acerca do sentido do que aconteceu" (1991, p. 145). Na última nota de rodapé, Noth sugere que Dtr deveria ser situado na Palestina, provavelmente na região de Masfa, "capital" provisória de Judá sob domínio neobabilônico.

Resumindo: A História Deuteronomista, que inclui os livros de Deuteronômio até Reis, foi escrita, de acordo com Noth, durante a ocupação neobabilônica de Judá, por volta de 560 a.C. Dtr foi ao mesmo tempo um *editor*, já que editou fielmente documentos e materiais mais antigos, mas também um *autor*, já que construiu uma complexa visão da história de Israel, incluindo uma sequência de épocas sucessivas, a fim de explicar a catástrofe final.

Pode-se perguntar se o Deuteronomista de Noth não reflete, ao menos até certo ponto, a situação social do próprio Noth: um intelectual solitário encarando o possível fim da história de sua própria nação. Sejam quais forem as possíveis interações entre o contexto social e político do próprio Noth e sua apresentação da História Deuteronomista, elas não afetam necessariamente a validade da hipótese da História Deuteronomista como tal. Mas podem ajudar a entender algumas das principais modificações que essa hipótese logo iria sofrer e a situá-las – a hipótese e suas modificações – no contexto da história intelectual do Ocidente na segunda metade do século XX.

2.2.3 Primeiras reações ao modelo de Noth

Bibliografia seleta

BÍBLIA SAGRADA. 6. ed. Petrópolis: Vozes, 2007.

EISSFELDT, O. *The Old Testament*: An introduction. Tradução de P. R. Ackroyd. Oxford: Blackwell, 1965.

ENGNELL, I. *A rigid scrutiny*: Critical essays on the Old Testament. Tradução de J. T. Willis. 2. ed. Nashville: Vanderbilt University Press, 1962.

JEPSEN, A. *Die Quellen des Königsbuches*. 2. ed. Halle: Niemeyer, 1953.

A tese de Noth recebeu uma confirmação indireta nas obras de Alfred Jepsen e Ivan Engnell. Jepsen escreveu em 1939 um ensaio sobre a formação dos livros dos Reis, que foi publicado apenas em 1953. Nesse estudo ele defendia uma redação profética dos livros dos Reis, que teria ocorrido por volta de 550 a.C., muito semelhante ao Dtr de Noth. Em um prefácio ao livro, o próprio Jepsen destacava a proximidade entre seus resultados e o modelo de Noth. Engnell, um estudioso sueco, separou os livros de Gênesis até Reis numa "obra-P" (o círculo *Sacerdotal*: Gênesis–Números) e uma "obra-D" (o círculo *Deuteronomista*: Deuteronômio–Reis), o que coincide com a divisão do próprio Noth.

Já que a primeira edição dos *Überlieferungsgeschichtliche Studien* permaneceu bastante restrita, a recepção da hipótese da História Deuteronomista de Noth não começou realmente antes da segunda edição em 1957. A partir dessa data, tornou-se muito comum nos estudos da Bíblia hebraica falar de "historiografia deuteronomista" ou de "história deuteronomista". No entanto, se o conceito como tal foi aceito pela grande maioria dos estudiosos, o mesmo não aconteceu com todas as ideias que Noth lhe havia anexado. Alguns estudiosos duvidaram que Dtr devesse ser entendido como um indivíduo, e preferiram pensar em termos de um grupo ou de uma escola de escribas; outros acharam mais convincente situar Dtr (que aparentemente pertencia à *intelligentsia* judaíta) entre os deportados na Babilônia; outros autores ainda se perguntaram se era verossímil que Dtr tivesse escrito sua longa história sem qualquer esperança de futuro. Outros foram totalmente céticos quanto à hipótese da História Deuteronomista como um todo, especialmente Otto Eissfeldt, que insistiu na especificidade dos textos "deuteronomistas" presentes nos diferentes livros dos Profetas Anteriores, porque, em sua opinião, a ideia de uma única redação deuteronomista coerente era simples demais para explicar a complexidade literária dos assim chamados textos deuteronomistas. Esses textos mostram diferenças demasiadas para serem atribuídos a um único autor-editor (cf., por exemplo, as contradições cronológicas em Js 1–3 ou as várias formas de Jz 2,11–3,6 explicar por que os povos permanecem na terra). Na época, essas vozes permaneceram marginais; mas a popularidade do conceito cunhado por Noth seria logo seguida por importantes evoluções da própria hipótese, como também pelo surgimento de visões conflitantes acerca do contexto social e histórico da História Deuteronomista.

2.3 Principais modificações e críticos da hipótese da História Deuteronomista

2.3.1 Frank Moore Cross e a dupla redação da História Deuteronomista

Bibliografia seleta

BÍBLIA SAGRADA. 6. ed. Petrópolis: Vozes, 2007.

CROSS, F. M. The themes of the Book of Kings and the structure of the Deuteronomistic history. *In*: CROSS, F. M. *Canaanite myth and Hebrew epic*: Essays in the history of the religion of Israel. Cambridge: Harvard University Press, 1973. p. 274-289.

FRIEDMAN, R. E. *The exile and biblical narrative*: The formation of the deuteronomistic and priestly works. Chico: Scholars Press, 1981.

NELSON, R. D. *The double redaction of the Deuteronomistic history*. Sheffield: JSOT Press, 1981.

Para Noth, Dtr tinha uma visão muito pessimista da história passada de Israel; por isso, ao elaborar sua teoria, Noth não prestou muita atenção aos textos que parecem contradizer o suposto pessimismo de Dtr. Por exemplo, será que a promessa divina de uma dinastia eterna feita a Davi em 2Sm 7, escrita num estilo tipicamente deuteronomista, se encaixa realmente no período exílico, quando essa dinastia aparentemente chegara ao fim? E o que dizer da expressão "até o dia de hoje", que muitas vezes parece pressupor a existência da monarquia (por exemplo, 1Rs 8,8; 9,21)? O final da História Deuteronomista é também problemático. É realmente possível aceitar 2Rs 25,27-30 como uma conclusão conveniente? Em contraste com os períodos precedentes não existe um discurso ou comentário conclusivo.

Com base nessas e em outras observações, Frank Moore Cross defendeu, num artigo de 1968, que a primeira edição da História Deuteronomista devia ser situada no reinado de *Josias*. Ao analisar os livros de Samuel e Reis, Cross descobriu dois grandes temas na História Deuteronomista: o compromisso de Javé com a dinastia davídica e o "pecado de Jeroboão", ou seja, a construção de santuários javistas em Dã e Betel depois que Israel proclamou-se independente da Casa de Davi (cf. 1Rs 12). Esses dois temas convergem no relato do reinado de Josias. Em 2Rs 23,15 diz-se de Josias: "o altar de Betel e o santuário que Jeroboão filho de Nabat tinha mandado erguer, induzindo assim Israel ao pecado, inclusive este altar e o santuário Josias os derrubou". Além disso, 2Rs 22,2 torna explícito que Josias é também o digno sucessor de Davi.

Para Cross, essas observações fazem pouco sentido após a queda de Judá e o fim da monarquia; só podem ser explicadas postulando uma primeira redação deuteronomista no tempo de Josias. Nessa maneira de ver, a edição josiânica da História Deuteronomista terminou em 2Rs 23,25: "Não houve antes nem depois de Josias nenhum rei que se voltasse para Javé como ele o fez – com todo o seu coração, com toda a sua alma e com todas as suas forças, segundo toda a lei de Moisés". Esse versículo refere-se a Dt 6,4-5, que provavelmente constituía o início original do Livro do Deuteronômio. Após a queda de Jerusalém, a História Deuteronomista josiânica foi completada por um *segundo* redator deuteronomista, que atualizou o relato de Reis inserindo 2Rs 23,26–25,30; esse redator introduziu também na História Deuteronomista aqueles textos que aludem ao exílio (por exemplo: Dt 28,36-37.64-68; Js 23,11-16; 1Sm 12,25 etc.).

O modelo de uma dupla redação da História Deuteronomista logo predominou nos Estados Unidos e entre os estudiosos de língua inglesa. Um número impressionante de alunos de Cross consolidou a teoria do mestre. Assim, por exemplo, Richard Nelson, que, numa dissertação de 1973 (publicada em 1981), procurou mostrar que o estilo de 2Rs 23,26–25,30 é muito diferente do estilo do resto do Livro dos Reis, seu "caráter de carimbo" dando claramente a entender um redator secundário, do tempo do exílio[10].

Essa reformulação da hipótese da História Deuteronomista inverte a maneira como Noth a compreendia. Sem dúvida, Cross concordava com Noth na nítida distinção entre o Tetrateuco e a História Deuteronomista, mas uma História Deuteronomista josiânica implica uma ideologia totalmente diferente daquela que Noth havia atribuído ao Dtr. História Deuteronomista se torna, com Cross, "uma obra de propaganda da reforma josiânica. [...] Em Davi e em seu filho Josias está a salvação" (1973, p. 289).

2.3.2 Rudolf Smend e as múltiplas redações exílicas da História Deuteronomista

Bibliografia seleta

BÍBLIA SAGRADA. 6. ed. Petrópolis: Vozes, 2007.

DIETRICH, W. Martin Noth and the future of the Deuteronomistic history. *In*: MCKENZIE, S. L.; GRAHAM, M. P. (eds.). *The history of Israel's traditions*: The heritage of Martin Noth. Sheffield: Sheffield Academic Press, 1994. p. 153-175.

DIETRICH, W. *Prophetie und Geschichte*. Göttingen: Vandenhoeck & Ruprecht, 1972.

SMEND, R. The law and the nations – A contribution to Deuteronomistic Tradition History. *In*: KNOPPERS, G. N.; MCCONVILLE,

10. Cf. também Richard E. Friedman, que em sua obra chegou a conclusões bastante semelhantes (1981).

J. G. (eds.). *Reconsidering Israel and Judah*: Recent studies on the deuteronomistic history. Tradução de P. T. Daniels. Winona Lake: Eisenbrauns, 2000. p. 95-110.

VEIJOLA, T. *Das Königtum in der Beurteilung des deuteronomistischen Historiographie*: eine redaktionsgeschichtliche Untersuchung (Annales Academiae Scientiarum Fennicae, Series B, 198). Helsinque: Suomalainen Tiedeakatemia, 1977.

VEIJOLA, T. *Die ewige Dynastie*: David und die Entstehung seiner Dynastie nach der deuteronomistischen Darstellung (Annales Academiae Scientiarum Fennicae, Series B, 193). Helsinque: Suomalainen Tiedeakatemia, 1975.

As coisas se passaram de forma totalmente diferente entre os estudiosos alemães. Em um artigo publicado em 1971, R. Smend, antigo assistente de Noth, lançou os fundamentos do que se tornaria a escola de Smend (ou Escola "de Göttingen"). Seu ponto de partida foi a observação de que alguns textos deuteronomistas são evidentemente compósitos. O próprio Noth já havia identificado alguns textos "deuteronomistas" como acréscimos secundários, mas ele não estava interessado em identificar mais precisamente a origem e a localização desses acréscimos. Smend começou sua reavaliação crítica da hipótese de Noth por um estudo de Js 1,1-9. Nesse discurso, Javé dirige-se a Josué como um rei ou um chefe militar prestes a começar a guerra. O discurso de Javé termina aparentemente no versículo 6; no versículo 7, Javé começa novamente a falar a Josué, mas dessa vez para admoestá-lo a estudar a Lei. Aparentemente, esses versículos são uma tentativa posterior de corrigir a linguagem e ideologia militar de Josué, focalizando a obediência à lei mosaica. Smend encontrou acréscimos semelhantes em Js 13,1bβ-6; 23 e Jz 1,1–2,5; 2,20-21.23. Essas passagens defendem, ao contrário de outros textos deuteronomistas sobre a conquista de Canaã, a ideia de que tal conquista não foi totalmente alcançada e que outros povos permaneceram na terra. Smend atribuiu esses acréscimos posteriores a uma camada adicional comum, que ele chamou de "nomística" (*DtrN*), por causa de sua ênfase na obediência à Lei. A primeira edição (exílica) da História Deuteronomista ele a denominou *DtrH* (o deuteronomista *historiador*).

Walter Dietrich (1972), aluno de Smend, descobriu outra camada deuteronomista, caracterizada pela insistência na profecia; por isso chamou-a de *DtrP* (o deuteronomista *profético*). De acordo com Dietrich, a maior parte dos relatos e oráculos proféticos presentes em Samuel e Reis não pertence à primeira edição da História Deuteronomista, mas provém desse redator posterior. Tal redator está ansioso para mostrar que tudo quanto Javé anunciou através dos profetas finalmente realizou-se. Por esse motivo, para cada oráculo profético por ele introduzido, *DtrP* providenciou uma notícia de realização (cf., por exemplo, 1Rs 14,7-13* e 1Rs 15,29 ou 2Rs 21,10-14 e 2Rs 24,2). Em dois estudos publicados em 1975 e 1977, Timo Veijola aplicou esse novo modelo de três redações deuteronomistas sucessivas aos livros de Samuel. Em sua opinião, o modelo diacrônico defendido pela Escola de Göttingen podia explicar satisfatoriamente o problema da complexa (e mesmo aparentemente contraditória) posição do Dtr em relação à instituição monárquica. Enquanto *DtrH* ainda considerava a monarquia positivamente (1Sm 9–10), *DtrP* adotou uma posição crítica em relação à dinastia davídica (cf. 2Sm 12); *DtrN*, finalmente, embora rejeitando também a instituição monárquica como tal, procurou reabilitar os fundadores da dinastia judaíta, Davi e Salomão (cf. 1Sm 8,6-22; 1Rs 1,35-37; 2,3.4aβ).

A escola de Smend está próxima a Noth no fato de situar no exílio os diferentes estratos deuteronomistas. Mas a ideia de um autor-redator é abandonada. Smend, por exemplo, considerou *DtrN* como uma espécie de sigla, que deveria provavelmente ser subdividida em $DtrN_1$, $DtrN_2$ e assim por diante. Essa ideia provoca uma inflação de camadas deuteronomistas, que teoricamente contradiz a ideia de uma História Deuteronomista unificada, coerente.

2.3.3 Os "neonothianos"

Bibliografia seleta

BÍBLIA SAGRADA. 6. ed. Petrópolis: Vozes, 2007.

MCKENZIE, S. L. The So-called Succession Narrative in the Deuteronomistic History. *In*: PURY, A. de; RÖMER, T. (eds.). *Die sogenannte Thronfolgegeschichte Davids*: Neue Einsichten und Anfragen (OBO 176). Friburgo (Suíça): Universitätsverlag/Vandenhoeck & Ruprecht, 2000a. p. 123-135.

MCKENZIE, S. L. The Trouble with Kingship. *In*: PURY, A. de; RÖMER, T.; MACCHI, J.-D. (eds.). *Israel constructs its history*: Deuteronomistic Historiography in recent research (JSOTSup 306). Sheffield: Sheffield Academic Press, 2000b. p. 286-314.

MCKENZIE, S. L. *The trouble with Kings*: The composition of the Books of Kings in the Deuteronomistic history (SVT 42). Leiden: Brill, 1991.

VAN SETERS, J. *In search of history*: History in the Ancient World and the origin of biblical history. New Haven: Yale University Press, 1983.

Apesar (ou, melhor, talvez precisamente por causa) desses refinamentos, alguns estudiosos expressaram recentemente seu desacordo em relação aos diferentes desdobramentos da hipótese da História Deuteronomista, defendendo ao invés um retorno ao modelo de Noth de um único Dtr no período exílico.

É o caso particularmente de John van Seters, embora ele aperfeiçoe o modelo de Noth em dois pontos importantes e relacionados: a concepção do Dtr como um "autor criativo" e a questão dos acréscimos posteriores ao Dtr. Na concepção de Noth, como notamos, Dtr foi sobretudo um "corretor honesto", que conservou fielmente em sua obra um número considerável de tradições antigas; para Van Seters, pelo contrário, o Dtr deveria antes ser considerado um autor que fez um uso muito livre dos documentos à sua disposição para construir sua apresentação da história de Israel, de modo que, na maioria dos casos, a tentativa de reconstruir esses documentos é inteiramente inútil. Isso nos leva ao segundo aspecto em que a abordagem de Van Seters difere da de Noth. Enquanto para Noth as contradições e tensões encontradas em Deuteronômio até Reis devem-se sobretudo ao respeito do Dtr por suas fontes, que ele copia mesmo que discordem de sua própria visão da história de Israel, na opinião de Van Seters a maioria das divergências ideológicas e teológicas no seio da História Deuteronomista deveria ser explicada por acréscimos posteriores à obra do Dtr. Isso vale especialmente para a assim chamada "História da Sucessão de Davi" ou "História da Corte" em 2Sm 2–4*; 9–20*; 1Rs 1–2*. Essa história apresenta Davi como um assassino (2Sm 12) e também como um rei muito fraco e irresoluto. Tal quadro está em total contradição com o retrato deuteronomista de Davi, já que para o Dtr ele é o modelo com o qual são comparados todos os reis posteriores. Assim, a História da Corte deveria ser identificada, segundo Van Seters, como um acréscimo antidavídico posterior e puramente ficcional à História Deuteronomista, escrita por volta de 550 a.C. Por conseguinte, a História Deuteronomista de Van Seters é muito mais breve do que a de Noth, já que vários dos textos muitas vezes rotulados como "deuteronomistas" são agora atribuídos a acréscimos posteriores, pós-deuteronomistas (por exemplo, Js 2; 1Rs 13*).

Steve L. McKenzie tem uma posição próxima à de Van Seters, já que defende a ideia de um único autor deuteronomista, do tempo do exílio. Em seu artigo de 1996 (publicado em inglês em 2000) dedicado a 1Sm 8–12, ele afirma que se deveria situar o historiador deuteronomista em Masfa pouco após 587/586, o que poderia explicar a presença na História Deuteronomista de textos que exprimem um contínuo interesse pela dinastia davídica[11]. Analogamente a Van

11. Em sua obra *Trouble with Kings* (1991), McKenzie ainda defendia uma primeira edição sob Josias. Em sua contribuição para *Israel Constructs its History* (2000b), ele situa o historiador Dtr na Palestina pouco após os acontecimentos de 587.

Seters, também McKenzie elimina um número considerável de textos da primeira edição da História Deuteronomista, sobretudo os relatos proféticos em Reis[12].

A abordagem de Van Seters e McKenzie reafirma a coerência da obra deuteronomista, mesmo que a História Deuteronomista deles seja agora mais limitada do que no modelo de Noth. O problema principal dessa abordagem, porém, é que a maioria dos acréscimos pós-deuteronomistas à História Deuteronomista não tem uma localização precisa e dão, portanto, a impressão de flutuarem num limbo. Outra questão é como essas camadas se relacionam com a editoração deuteronomista no Tetrateuco ou em alguns livros dos Profetas Posteriores.

2.3.4 A História Deuteronomista e outras redações deuteronomistas

Bibliografia seleta

ALBERTZ, R. Exile as purification – Reconstructing the "Book of the Four". *In*: REDDIT, P. L.; SCHART, A. (eds.). *Thematic threads of the Book of Twelve* (BZAW 325). Berlim: De Gruyter, 2003. p. 232-251.

ALBERTZ, R. *Israel in exile*: The history and literature of the sixth century BCE. Tradução de D. Green. Studies in Biblical Literature 3. Atlanta: Society of Biblical Literature, 2003.

ALVAREZ BARREDO, M. Relecturas deuteronomistas de Amos, Miqueas y Jeremias (Publicaciones del Instituto Teológico Francisca. n. 10). Múrcia: Espigas, 1993.

BÍBLIA SAGRADA. 6. ed. Petrópolis: Vozes, 2007.

BLENKINSOPP, J. *The pentateuch*: An introduction to the first five books of the Bible. Nova York: Doubleday, 1992.

12. Quanto à "História da Corte", ele considera que a história de Betsabeia, em 1Sm 12, seja um acréscimo pós-deuteronomista, cf. McKenzie (2000a, p. 123-135).

BLUM, E. *Studien zur Komposition des Pentateuch* (BZAW 189). Berlim: De Gruyter, 1990.

CARR, D. M. Genesis in relation to the Moses story – Diachronic and synchronic perspectives. *In*: WÉNIN, A. (ed.). *Studies in the Book of Genesis*: Literature, redaction and history (BETL 155). Lovaina: Leuven University Press-Peeters, 2001. p. 273-295.

CURTIS, A. H. W.; RÖMER, T. (eds.). *The book of Jeremiah and its reception*. Le livre de Jérémie et sa réception. Lovaina: Peeters, 1992.

PERSON JR., R. F. *Second Zechariah and the deuteronomic school* (JSOTSup 167). Sheffield: Sheffield Academic Press, 1993.

ROFÉ, A. An inquiry into the betrothal of Rebeka. *In*: BLUM, E. *et al.* (eds.). *Die Hebräische Bibel und ihre zweifache Nachgeschichte*. Neukirchen-Vluyn: Neukirchener Verlag, 1990. p. 27-39.

ROFÉ, A. The vineyard of Naboth: The origin and the message of the story. *Vetus Testamentum*, [*s. l.*], vol. 38, p. 89-104, 1988.

ROSE, M. *Deuteronomist und Jahwist*: Untersuchungen zu den Berührungspunkten beider Literaturwerke (ATANT 67). Zurique: Thelogischer Verlag, 1981.

SCHMID, K. *Erzväter und Exodus*: Untersuchungen zur doppelten Begründung der Ursprünge Israels innerhalb der Geschichtsbücher des Alten Testaments (WMANT 81). Neukirchen-Vluyn: Neukirchener Verlag, 1999.

VAN SETERS, J. The so-called deuteronomistic redaction of the Pentateuch. *In*: EMERTON, J. A. (ed.). *Congress volume leuven 1989*. Leiden: Brill, 1991. p. 58-77.

YEE, G. A. *Composition and tradition in the Book of Hosea*: A redaction critical investigation (SBLDS 102). Atlanta: Scholars Press, 1987.

Hoje afirma-se frequentemente que se pode encontrar redações deuteronomistas também no Tetrateuco (Gênesis até Números) e em alguns dos livros proféticos. Por conseguinte, alguns estudiosos pensam que o assim chamado documento javístico (J), tradicionalmente situado no século X a.C., é na verdade a obra de um deuteronomista da segunda ou terceira geração (cf. Rose, 1981), embora outros autores neguem semelhante caracterização[13]. Outro modelo explica a formação do Pentateuco como um compromisso entre uma composição D(tr) e uma composição P (sacerdotal), considerando uma importante parte dos textos não sacerdotais como o produto de um ambiente deuteronomista (cf. Blum, 1990). Se a presença de uma redação deuteronomista no Pentateuco é aceita como ponto pacífico, uma questão correlata a ser respondida (mas não neste volume) seria se houve alguma vez uma tentativa de criar uma "grande história "das origens, abrangendo desde Gênesis até Reis, e, caso positivo, quando foi feita (em que estágio da composição do Pentateuco e dos Profetas Anteriores) e por quem.

De maneira mais contundente, o debate sobre redações deuteronomistas e "deuteronomismo" no Pentateuco levanta uma importante questão relativa aos critérios que definem um texto como "deuteronomista". A única maneira de evitar afirmações arbitrárias é combinar critérios estilísticos e ideológicos. Se fizermos isso, parece bastante difícil encontrar muitos textos deuteronomistas nas narrativas patriarcais do Gênesis. A coabitação bastante pacífica entre Abraão e seus vizinhos, que muitas vezes são também seus parentes, contradiz a ideia deuteronomista de estrita separação em relação ao povo da terra, que pode até incluir o extermínio deste (cf. Dt 7,1-5). O único texto que se aproxima do estilo e ideologia deuteronomistas no Gênesis é a narrativa do capítulo 24. A história do servo de Abraão que deve encontrar uma esposa para Isaac na "família" mesopotâmica de Abraão reflete com muita probabilidade preocupações do período persa, quando grupos dos antigos deportados se consideravam a si mesmos e a *golah* babilônica (a comunidade judaica que permaneceu na Mesopotâmia após a queda do Império Babilônico) como o único "verdadeiro Israel" (Rofé, 1990).

13. Especialmente John van Seters.

Mas essa história sozinha não torna o Gênesis um livro deuteronômico. A situação é bem diferente no Livro do Êxodo, onde encontramos numerosos textos e traços deuteronômicos, como, por exemplo, a "lista dos povos" na história da vocação de Moisés (Ex 3,8) ou as prescrições de Ex 23,23-33 para separar-se dos povos estrangeiros e expulsá-los. Essas observações poderiam indicar a possibilidade de uma História "Deuteronomista" que vai de Ex 2 (?) até 2Rs[14]. Essa questão precisa ser pesquisada mais a fundo. O que parece bastante claro hoje em dia é o fato de que há uma grande ruptura entre o Livro do Gênesis e o Livro do Êxodo: esses livros contêm de fato dois mitos das origens conflitantes (o mito genealógico e o mito do êxodo), que foram combinados talvez em época bem tardia por redatores sacerdotais[15].

Devemos mencionar brevemente o problema de redações deuteronomistas nos livros proféticos. É amplamente aceito que existe uma redação "deuteronomista" no Livro de Jeremias, ao passo que a questão é muito discutida para o Livro de Isaías[16]. Pode-se observar algumas ligações ideológicas e mesmo editoriais entre Isaías e a História Deuteronomista, especialmente entre Is 36–39 e 2Rs 18–20, mas, por outro lado, em Isaías há poucos indícios da presença de terminologia deuteronomista. O Livro de Ezequiel é também um caso difícil, já que revela uma mistura de influências deuteronomistas e sacerdotais tanto no nível da linguagem quanto no das questões teológicas (cf. especialmente o cap. 20). No Livro dos Doze, Oseias, Amós e também Miqueias são os mais prováveis candidatos a ter sofrido uma redação deuteronomista[17], mas não é mui-

14. Essa solução é defendida por Schmid (1999).

15. Para uma apresentação do debate, cf. Carr (2001, p. 273-295).

16. Cf. diferentes contribuições em Curtis e Römer (1992).

17. Para Oseias, cf. Yee (1987). Para Amós, Miqueias (e Jeremias), cf. Alvarez Barredo (1993). Poder-se-ia também defender uma redação deuteronomista em Zacarias, cf. Person Jr. (1993). Para uma coleção deuteronomista como precursora do Livro dos Doze, cf. Albertz (2003, p. 232-251).

to claro se os textos "deuteronomistas" nesses livros provêm do início do deuteronomismo ou de um período tardio. Seja como for, existem indícios suficientes a favor de uma edição deuteronomista de partes do *corpus* profético, o que pode também explicar por que os livros de Josué até Reis foram considerados pela tradição judaica como a primeira parte dos "Profetas" (*Nebiim*).

2.3.5 Críticas recentes à hipótese da História Deuteronomista

Bibliografia seleta

AULD, A. G. The deuteronomists and the former prophets, or "what makes the former prophets deuteronomistic?" *In*: SCHEARING, L. S.; MCKENZIE, S. L. (eds.). *Those elusive deuteronomists*: The phenomenon of pan-deuteronomism (JSOTSup 268). Sheffield: Sheffield Academic Press, 1999. p. 116-126.

BARSTAD, H. M. History and Hebrew Bible. *In*: GRABBE, L. L. (ed.). *Can a "history of Israel" be written?* (JSOTSup 245). Sheffield: Sheffield Academic Press, 1979. p. 37-64.

BÍBLIA SAGRADA. 6. ed. Petrópolis: Vozes, 2007.

JAPHET, S. Postexilic historiography: How and why? *In*: PURY, A. de; RÖMER, T.; MACCHI, J.-D. (eds.). *Israel constructs its history*: Deuteronomistic historiography in recent research (JSOTSup 306). Sheffield: Sheffield Academic Press, 2000. p. 144-173.

KIRKPATRICK, P. G. *The Old Testament and folklore study* (JSOTSup 62). Sheffield: Sheffield Academic Press, 1998.

KNAUF, E. A. Does "Deuteronomistic Historiography" (DtrH) exist? *In*: PURY, A. de; RÖMER, T.; MACCHI, J.-D. (eds.). *Israel constructs its history*: Deuteronomistic historiography in recent research (JSOTSup 306). Sheffield: Sheffield Academic Press, 2000. p. 388-398.

NIDITCH, S. *Oral world and written word*: Ancient Israelite literature (Library of Ancient Israel). Louisville: Westminster John Knox Press, 1996.

RÖMER, T. The form-critical problem of the so-called deuteronomistic history. *In*: SWEENEY, M. A.; BEN ZVI, E. (eds.). *The changingface of form criticism for the twenty-first century*. Cambridge: Eerdmans, 2003.

RÖSEL, H. N. Does a comprehensive "*leitmotiv*" exist in the deuteronomistic history? *In*: RÖMER, T. (ed.). *The future of the deuteronomistic history* (BETL 147). Lovaina: Leuven University Press-Peeters, 2000. p. 195-211.

SMITH, C. F. (trad.). *Thucydides* (LCL). Cambridge: Harvard University Press, 1956. p. 37-41.

VAN SETERS, J. *In search of history*: History in the Ancient World and the origin of biblical history. New Haven: Yale University Press, 1983.

WAHL, H. M. *Die Jakobserzählungen*: Studien zu ihrer mündlichen Überlieferung, Verschriftung und Historizität (BZAW 58). Berlim: De Gruyter, 1997.

WESTERMANN, C. *Die Geschichtsbücher des Alten Testaments*: Gab es ein deuteronomistisches Geschichtswerk? (ThB.AT 87). Gütersloh: Kaiser, 1994.

WÜRTHWEIN, E. Erwägungen zum sog. deuteronomistischen Geschichtswerk – Eine Skizze. *In*: WÜRTHWEIN, E. *Studien zum deuteronomistischen Geschichtswerk* (BZAW 227). Berlim: De Gruyter, 1994. p. 1-11.

A multiplicação de numerosas camadas deuteronomistas, especialmente em obras de estudiosos da Escola de Göttingen, já é um desafio real à ideia de uma obra deuteronomista coerente. E quase não causa surpresa que recentemente a existência de uma História Deuteronomista tenha sofrido pesados ataques e um bom número de estudiosos pareçam hoje tentados a abandonar a ideia de uma

História Deuteronomista unificada. Um dos pontos do debate é a compreensão de "historiografia", o outro ponto é a questão da coerência da assim chamada História Deuteronomista.

2.3.5.1 História Deuteronomista e historiografia

Com muita frequência a expressão "*deuteronomistisches Geschichtswerk*" de Noth é traduzida como "Historiografia Deuteronomista" e não causa surpresa que essa expressão tenha provocado fortes objeções. Não podemos tratar detalhadamente do debate bastante apaixonado e às vezes também ideológico sobre se existe sequer uma historiografia bíblica[18]. Iremos nos restringir ao problema da definição de historiografia.

Se adotarmos a concepção grega de *historia*, parece realmente muito difícil caracterizar como "historiografia" obras como a História Deuteronomista. Segundo Tucídides[19], um historiador deveria usar apenas fontes confiáveis, evitar explicações miraculosas baseadas em intervenções divinas e procurar dar descrições objetivas dos fatos que aconteceram no passado. Nesse sentido, é bem apropriado descrever os Profetas Anteriores como ainda "míticos", já que, por exemplo, ocorrem continuamente na História Deuteronomista narrativas de intervenção divina. Outra diferença entre a história bíblica e a história grega diz respeito à concepção de *autoria*. Todas as histórias na Bíblia hebraica são obras anônimas, o que mostra que elas têm outra função diferente da função das obras dos autores gregos. Nessas histórias, a individualidade e singularidade do narrador não são apresentadas; estão ocultas, já que os autores das histórias bíblicas se esforçam por apresentar uma visão gnômica do passado, ou seja, uma visão que está além de qualquer interpretação crítica alternativa.

---

18. Cf., por exemplo, Thompson em *The Anchor Bible Dictionary* (1992, p. 206-212).

19. *Tucídides* 1.21-22. Cf. Smith (1956, p. 37-41).

Que nome deveríamos dar, portanto, a uma obra como a História Deuteronomista? Seguindo John van Seters (1983, p. 1), que adota a definição do historiador holandês Huizinga, para o qual "a História é a forma intelectual que uma civilização emprega para prestar contas a si mesma de seu passado", é possível qualificar a obra deuteronomista como historiografia. Se, pelo contrário, alguém deseja acentuar as diferenças entre as histórias da Bíblia hebraica e a historiografia grega ou moderna, deveremos antes falar de uma "*história narrativa*", entendendo-se com isso "a organização do material numa ordem cronologicamente sequencial e a convergência do conteúdo numa ordem coerente única, embora com subtramas" (Barstad, 1979). Existe, de fato, uma nítida estrutura sequencial na História do Dtr, como Noth mostrou claramente: o fundamento (Deuteronômio), a conquista (delimitada por Js 1 e 23), o tempo dos juízes (delimitado por Jz 2,6-19 e 1Sm 12), as origens da monarquia (delimitadas por 1Sm 12 e 1Rs 8), a história dos dois reinos (delimitada por 1Rs 9 e 2Rs 17) e a história de Judá até sua queda (com um "final aberto" em 2Rs 25). Isso é realmente uma narração histórica que constrói uma cronologia e cria seu passado (Barstad, 1979, p. 55). Além da História Deuteronomista, o outro exemplo bíblico de uma "história narrativa" semelhante seria a obra do cronista, que aparentemente procura apresentar uma visão alternativa da história de Israel, com outra organização sequencial e uma ideologia muito mais otimista (cf. Japhet, 2000). Para evitar mal-entendidos, parece preferível falar de uma *História* Deuteronomista em vez de uma *Historiografia* Deuteronomista. Mas ainda permanece a questão se tal História jamais existiu.

2.3.5.2 Os livros de Deuteronômio até Reis revelam uma redação deuteronomista coerente?

C. Westermann (1994) retoma antigas críticas lançadas contra Noth, argumentando que os diferentes livros que constituem a assim chamada História Deuteronomista não trazem as marcas do mesmo estilo ou ideologia deuteronomista. Juízes, ao contrário de Reis, apresenta uma visão cíclica da história, enquanto Samuel mostra muito poucas características claras de linguagem deuteronomista. Por isso, Westermann afirma: cada livro dos Profetas Anteriores provém de um contexto social e histórico diferente. Mesmo se houve alguns redatores, eles transmitiram fielmente as antigas tradições orais; por isso, os textos contidos nos livros históricos deveriam ser considerados como provenientes de testemunhas oculares dos acontecimentos narrados. Mas a ideia de Westermann de "tradição oral" não está de acordo com os resultados das pesquisas antropológicas e sociológicas, que mostram claramente que o pôr por escrito aquilo que se pode chamar de "tradição oral" significa transformação na forma e no conteúdo do material selecionado[20].

E. Würthwein (1994) e A. G. Auld afirmam que o núcleo mais antigo da editoração deuteronomista deve encontrar-se no Livro dos Reis. Mais tarde, num processo que inclui diversas etapas, foram acrescentados progressivamente os livros de Samuel, Juízes e, finalmente, Josué; o Deuteronômio e o Tetrateuco vieram ainda mais tarde e foram influenciados por textos e personagens dos Profetas Anteriores. E. A. Knauf aproxima-se dessa posição, já que também acredita que apenas os livros de (Samuel e) Reis poderiam ser rotulados como "História Deuteronomista". Ele não considera o Deuteronômio uma introdução apropriada para o livro histórico seguinte; já que, segundo a ideologia deuteronomista, a história de Israel começa com o êxodo, pareceria muito mais lógico iniciar com essa história. Mas, se alguém adota a ideia de que essa "História Deuteronomista mais ampla" teria sempre incluído os livros de Êxodo e Números, surgem outros problemas. Como explicar, então, a presença de textos

---

20. Cf. Kirkpatrick (1998) e Wahl (1997). Cf. também a obra muito importante de S. Niditch (1996) e sua rejeição da "noção romântica de um período oral na história de Israel" (1996, p. 134).

como Dt 1–3, que recapitulam os acontecimentos narrados em Êxodo e Números? Se o Deuteronômio tivesse sempre seguido Êxodo e Números, simplesmente não haveria motivo para iniciar com um sumário dos eventos relatados nos livros anteriores. Finalmente, Knauf argumenta que a assim chamada História Deuteronomista (Deuteronômio–Reis) nunca é atestada nos sumários históricos ou nos salmos "históricos", ao contrário do Pentateuco (por exemplo: Sl 74; 95), do Hexateuco (Sl 105; 114) ou da "História Primária" que cobre os livros de Gênesis a Reis (exemplo: Sl 78; 106). Mas, se todas essas coleções estão documentadas nos Salmos, nenhum menciona *todas* as tradições narrativas que elas contêm, exceto o tardio Sl 105. Por isso, parece um tanto duvidoso poder afirmar que essas coleções estão firmemente atestadas nos Salmos. Evidentemente, existem alguns textos tardios, que procuram recapitular ou até criar um Hexateuco (Js 24) ou uma "História Primária" (Ne 9). Mas também temos no Sl 136 um sumário do Tetrateuco (que termina com a Conquista da Transjordânia, como faz o Livro dos Números); esse salmo parece considerar que o Deuteronômio pertence aos livros seguintes. Finalmente, 2Rs 17,7-23 poderia muito bem ser entendido como um sumário da História Deuteronomista. É verdade que o texto começa com a tradição do êxodo. Mas, como não se alude a nenhum outro tema do Tetrateuco, o versículo inicial pode perfeitamente ser considerado um sumário do Livro do Deuteronômio: "O povo de Israel pecou contra Javé seu Deus, que os havia tirado da terra do Egito [...] e prestaram culto a outros deuses" (v. 7). A identificação de Javé como o Deus que tirou Israel do Egito e a advertência contra outros deuses são dois temas primordiais do Deuteronômio[21]. O versículo 8 alude à conquista; nos versículos seguintes há alusões ao tempo dos juízes e de Samuel; os versículos 16-17 referem-se a acontecimentos relatados no Livro

21. Cf., por exemplo, Dt 5,6-7, 6,12-14, 29,14-15.

dos Reis. Podemos concluir, portanto, que 2Rs 17,7-23 pressupõe ou resume todo o âmbito da História Deuteronomista[22].

Contrariamente a Rösel (2000) e outros, que afirmam que não existem temas deuteronomistas ligando os livros do Deuteronômio até Reis, não se pode negar a existência desses temas. Há alguns desses traços que faltam quase totalmente no Tetrateuco. É o caso dos *ᵉlōḥîm ᵃhērim*, os "outros deuses". Essa expressão é um emblema deuteronomista que ocorre em toda a História Deuteronomista; no Tetrateuco só é atestado duas ou três vezes no Livro do Êxodo[23]. O tema do culto a outros deuses e da rejeição de Javé percorre todos os livros do Deuteronômio até Reis, e apresenta uma importante explicação para a catástrofe do exílio e para destruição tanto de Israel como de Judá.

O próprio exílio, a deportação para longe da terra dada a Israel, é outro "*leitmotiv* abrangente" na História Deuteronomista. À exceção de Lv 26,27-33, que é um texto muito tardio, não há no Tetrateuco nenhuma alusão direta ao exílio. Evidentemente, um bom número dos textos contidos nesse *corpus* pode ser entendido à luz dos acontecimentos de 597/587, como por exemplo, Ex 32, Nm 13–14 e muitos outros, mas esses textos nunca mencionam o exílio explicitamente. Só no Livro do Deuteronômio aborda-se claramente o desaparecimento de Israel da terra (cf., por exemplo, Dt 28,63-64). E a partir daqui o anúncio da deportação ocorre repetidas vezes, especialmente nos discursos e comentários deuteronomistas. Relacionado com isso está o uso da raiz *šmd* ("ser exterminado"), que é atestada frequentemente no Deuteronômio e nos *Nebiim*, mas não no Tetrateuco[24].

22. Para mais detalhes sobre 2Rs 17, cf. Römer (2003, p. 240-252).

23. Ex 20,3 (= Dt 5,7); 22,13; Ex 34,14 (singular). Fora da História Deuteronomista, a expressão ocorre dezoito vezes nas partes deuteronomistas de Jeremias, uma vez em Oseias (3,1) e depois nas Crônicas.

24. No Tetrateuco só em Gn 34,30; Lv 16,33; Nm 33,52.

Dt 28,63 e 68 fazem os seguintes anúncios: "[...] serás arrancado da terra de que vais tomar posse. [...] Javé te fará voltar em navios para o Egito, por um caminho que eu te prometi nunca mais verias novamente [...]". Essas ameaças são cumpridas no final dos livros dos Reis: "Assim o povo de Judá foi deportado para longe do seu país. [...] Então a população em peso e os comandantes das tropas [que não foram deportados para a Babilônia] [...] partiram para o Egito [...]" (2Rs 25,21.26). Os livros do Deuteronômio até Reis estão assim estreitamente ligados, a tal ponto que *juntos* explicam por que Israel e Judá não puderam escapar ao destino que fora anunciado por Moisés desde o começo.

Existe também um argumento da crítica das formas para a unidade de Deuteronômio–Reis. Na medida em que é deliberadamente composto como um único e grande discurso de Moisés pronunciado no final de sua vida, o Deuteronômio proporciona o verdadeiro modelo para os discursos e testamentos no restante dos livros históricos (especialmente Js 23; 1Sm 12; 1Rs 8).

Essas observações permitem ainda pensar que os livros do Deuteronômio até Reis formam uma "História Deuteronomista", mas num sentido diferente do sentido dado por Noth.

2.4 O atual estado da discussão: um tempo para compromisso?

Bibliografia seleta

BÍBLIA SAGRADA. 6. ed. Petrópolis: Vozes, 2007.

LOHFINK, N. Kerygmata des Deuteronomistischen Geschichtswerks. *In*: LOHFINK, N. *Studien zum Deuteronomium und zur deuteronomistischen Literatur II* (SBA.AT 12). Stuttgart: Katholisches Bibelwerk, 1991. p. 125-142 (Publicado pela primeira vez em 1981).

O'BRIEN, M. A. *The deuteronomistic history hypothesis*: A reassessment (OBO 92). Friburgo (Suíça): Universitätsverlag, 1989.

PROVAN, I. W. *Hezekiah and the Book of Kings*: A Contribution to the Debate about the composition of the deuteronomistic history (BZAW 172). Berlim: De Gruyter, 1988.

Considerando a diversidade dos modelos de História Deuteronomista defendidos nos últimos 50 anos e a recente rejeição da hipótese, um estudante da Bíblia hebraica poderia perguntar-se como deverá lidar com essas concepções conflitantes. É verdade que, por longo tempo, houve muito pouco debate entre as escolas de Cross e de Smend; suas posições assemelhavam-se a uma mesquinha guerra religiosa, que tornava difícil avaliar criticamente ambos os modelos. E é verdade também que os pontos fracos da teoria, recentemente sublinhados por alguns estudiosos, haviam sido muitas vezes negligenciados com muita facilidade.

Cada uma das posições acima apresentadas, no entanto, contém intuições valiosas. O modelo de Cross apresenta uma explicação conveniente para aqueles textos que parecem pressupor uma ideologia monárquica e são um tanto otimistas quanto ao futuro do Estado e da terra. Textos como 2Sm 7 (que Noth não levou muito em consideração), ou os relatos da conquista em Js 6–11 não parecem refletir ainda a experiência do exílio, mas encaixar-se melhor no período pré-exílico tardio, num tempo em que a hegemonia assíria estava declinando e o Reino de Judá pôde obter certa autonomia política (ou seja, pelo final do século VII a.C., especialmente sob Josias). No entanto, um contexto josiânico para a maioria dos textos da História Deuteronomista, como defendia Cross, não consegue explicar satisfatoriamente as numerosas alusões à destruição de Jerusalém e ao exílio babilônico encontráveis na História Deuteronomista, alusões que não podem ser explicadas simplesmente pela "atualização" exílica de um documento anterior. A Escola de Göttingen tem razão quando realça o quanto o desastre do exílio perpassa a maior parte da História Deuteronomista, como aparece muito claramente nas contínuas advertências de Javé ao povo e seus reis. Igualmente, a identificação de três (ou até mais) camadas redacionais pela Escola de Göttingen pode indicar a exagerada simplificação de uma hipótese de duas edições. Ao mesmo tempo, a multiplicação de camadas deuteronomistas, especialmente na ciência bíblica alemã, está de certo modo ligada à recente crítica da teoria da História Deuteronomista: de fato, existem realmente diferenças entre a editoração deuteronomista em Juízes e em Reis por exemplo, e essas diferenças deveriam ser levadas a sério.

Assim, deveríamos refletir se os pontos realçados pelas diferentes posições da ciência bíblica permitem a possibilidade de um novo e promissor compromisso. Em seu estudo sobre os livros dos Reis, Iain W. Provan defende que a grande preocupação da escola deuteronomista gira em torno da abolição dos *bāmôt* (santuários ao ar livre), realizada, segundo o registro bíblico, por Ezequias. Na opinião de Provan, a edição josiânica da História Deuteronomista deveria terminar, portanto, com 2Rs 18–19. Além disso, essa primeira edição não consistia em Deuteronômio–Reis, mas incluía apenas uma primeira versão dos livros de Samuel e Reis. Os livros do Deuteronômio, Josué e Juízes foram acrescentados mais tarde, durante o período neobabilônico. A História Deuteronomista primitiva limitava-se, portanto, à história das monarquias israelita e judaíta. Isso coincide com a supramencionada posição de Auld, Knauf e outros.

Norbert Lohfink (1991) postulou a existência de uma narrativa da conquista, que se teria limitado aos livros do Deuteronômio e Josué (Dt 1–Js 22*). Ele designa essa narrativa original da conquista como "DtrL" ("L" significando *Landoberung*, "conquista") e pensa que ela teria sido escrita sob Josias como propaganda para a política expansionista do rei.

Tomadas em conjunto, essas observações podem confirmar a ideia de que o período neoassírio (mais especificamente o século VII a.C.) deveria ser considerado o ponto de partida para a produção literária deuteronomista. A existência de uma atividade de escribas deuteronomistas no tempo de Josias não significa, porém, que possamos fazer remontar até esse tempo a elaboração da História Deuteronomista em sua forma atual, que vai da fundação mosaica (Deuteronômio) até à queda de Judá (2Reis). Ao invés, é muito mais provável que essa "história" não tenha sido concebida antes do período exílico, numa tentativa dos antigos escribas régios de enfrentar a crise nacional e teológica de 597/587. Conforme veremos, existem também alguns indícios de que essa História passou por uma nova redação no período persa.

Se os escribas deuteronomistas já estavam atuando sob o reinado de Josias, sua atividade literária deve estar ligada de uma maneira ou de outra aos interesses da corte real: não era, portanto, um exercício sofisticado de composição histórica, mas antes uma literatura de *propaganda*. Uma primeira versão de Samuel–Reis* deve, portanto, ter sido composta a fim de reforçar a legitimidade de Josias, apresentando-o como o verdadeiro sucessor de Davi, enquanto um documento escrito no espírito dos relatos da conquista assíria (Deuteronômio–Josué*) teria apoiado a política de Josias legitimando a posse da terra por parte de Judá em nome do próprio Javé. Semelhante compromisso entre as diferentes opiniões sobre a composição da História Deuteronomista parece promissor. A apresentação que segue é, em parte, uma tentativa de explorar essa direção da pesquisa.

3
A História Deuteronomista do período assírio ao período persa

3.1 Quem foram os "deuteronomistas"?

Bibliografia seleta

AULD, A. G. ; STEINER, M. *Jerusalem I*: From the Bronze Age to the Maccabees (Cities of the Biblical World). Cambridge: Lutterworth Press, 1996.

BÍBLIA SAGRADA. 6. ed. Petrópolis: Vozes, 2007.

DAVIES, P. R. *Scribes and schools?* – The canonization of Hebrew scriptures (Library of Ancient Israel). Louisville: Westminster John Knox Press, 1998.

JAMIESON-DRAKE, D. W. *Scribes and schools in monarchic Judah*: A socio-archaeological approach (JSOTSup 109). Sheffield: Sheffield Academic Press, 1991.

LOHFINK, N. Was there a Deuteronomistic movement? *In*: SCHEARING, L. S.; MCKENZIE, S. L. (eds.). *Those elusive Deuteronomists*: The phenomenon of Pan-Deuteronomism (JSOTSup 268). Sheffield: Sheffield Academic Press, 1999. p. 36-66.

NIDITCH, S. *Oral world and written word*: Ancient Israelite literature (Library of Ancient Israel). Louisville: Westminster John Knox Press, 1996.

NOTH, M. *The Deuteronomistic history* (JSOTSup 15). 2. ed. Sheffield: Sheffield Academic Press, 1991.

PERSON JR., R. F. *The Deuteronomic school*: History, social setting and literature (Studies in Biblical Literature 2). Atlanta: Society of Biblical Literature, 2002.

TIGAY, J. H. The evolution of the Gilgamesh Epic. Filadélfia: University of Pennsylvania Press, 1982.

VAN SETERS, J. The redactor in biblical studies: A nineteenth century anachronism. *Journal of Northwest Semitic Languages*, [*s. l.*], vol. 29, n. 1, p. 1-19, 2003.

De acordo com Noth, o Dtr foi um indivíduo que, sem nenhum vínculo institucional, escreveu sua história, aparentemente para seu próprio interesse, a fim de explicar a ruína de Judá e Jerusalém em 587; a História Deuteronomista foi "provavelmente o projeto independente de um homem em quem as catástrofes históricas por ele presenciadas insuflaram a curiosidade acerca do sentido daquilo que acontecera, e que procurou responder a essa questão num relato histórico abrangente e completo" (Noth, 1991, p. 145). No tocante à antiga sociedade israelita ou judaíta, trata-se de uma posição anacrônica. Como mostra a pesquisa socioarqueológica e histórica, a instrução nas sociedades agrárias, como o eram Judá e Israel, estava restrita a uma porcentagem muito pequena da população, que de acordo com alguns estudiosos não excedia 1% no Egito ou na Mesopotâmia. Evidentemente, um número maior de pessoas era capaz de escrever seu nome e talvez algumas palavras ou até cartas básicas; mas a capacidade de escrever rolos limitava-se a um pequeno grupo de funcionários superiores: sacerdotes e escribas[25]. No Judá monárquico, esses "intelectuais" só podem es-

25. Cf. especialmente a importante obra de Jamieson-Drake, que mostra que se pode pressupor para Judá, desde o século VII a.C., capacidades rudimentares de escrita entre a população.

tar situados no palácio e no santuário real, o Templo de Jerusalém. Não há indícios de um sistema educacional difundido no Judá monárquico nem de uma atividade literária como "atividade de lazer" ou como ocupação não institucional. Na Palestina, esse fenômeno não ocorre antes do período helenístico; o Livro de Coélet pode na verdade refletir a individualização da atividade literária.

Existe quase que um consenso sobre o fato de que Judá não se tornou um Estado monárquico desenvolvido antes do século VIII a.C. Há indícios arqueológicos do crescimento de Jerusalém nessa época (Auld; Steiner, 1996, p. 39); essas mudanças implicam uma administração real mais desenvolvida com registros, arquivos etc. De certa forma, o progresso de Judá e Jerusalém é também consequência da destruição da capital de Israel, a cidade de Samaria, pelos assírios e sua transformação em província assíria. Lê-se muitas vezes sobre refugiados do Norte que chegavam a Jerusalém. Também aqui deve-se ter cuidado com concepções demasiado anacrônicas de refugiados. No entanto, alguns habitantes de Israel podem ter chegado a Judá após 722. O crescimento de Jerusalém resulta primariamente do vácuo criado pela incorporação de Israel e dos estados arameus ao Império Assírio, e certamente implicou um número sempre maior de funcionários poderosos.

Os "deuteronomistas" deveriam, portanto, ser situados entre os altos funcionários de Jerusalém, provavelmente entre os escribas, mesmo que não se deva excluir que funcionários de outros grupos (sacerdotes, "ministros") tenham apoiado suas ideias políticas e ideológicas.

Isso nos leva à seguinte pergunta: Devemos falar de um "movimento" deuteronomista, de um "partido" deuteronomista, ou de uma "escola" deuteronomista; ou existem outros termos preferíveis? Conforme destaca Lohfink, "movimento" implica uma grande parte da população tomando parte[26] nele e isso dificilmente se ajusta aos deuteronomistas. Se a ideia de um "partido" for tomada no sentido estrito de partido político com numerosos membros, deve ser evitada; se tomarmos "partido" num sentido mais vago de grupo de indivíduos que pensam da mesma maneira, o termo poderia ser apropriado para os deuteronomistas. Se a expressão "escola deuteronomista" for tomada primariamente como referindo-se a uma instituição educativa, ela seria enganosa, mas se denotar um (pequeno) grupo de autores, redatores ou compiladores que compartilham a mesma ideologia e as mesmas técnicas retóricas e estilísticas, poderíamos falar de uma "escola deuteronomista" (assim como se fala também de uma escola de artistas ou de filósofos). Outros podem preferir termos mais neutros como "grupo" ou "círculo"; no entanto, a expressão "escola" lembra mais claramente o ambiente de escribas e intelectuais; por esse motivo, esse termo será preferido, mas não será usado com exclusividade.

Como deveremos imaginar as atividades literárias desses escribas (deuteronomistas)? A tarefa dos escribas é manter os arquivos e registros dos impostos para as necessidades da corte e da elite urbana; na Antiguidade, os santuários e palácios eram também receptores de impostos. Os escribas também mantinham os anais, estavam envolvidos na correspondência diplomática e compilavam as leis. Sabemos que também mantinham registros de acontecimentos memoráveis, por exemplo de atividades proféticas em palácios e templos. Estavam também incumbidos de compor propaganda, inscrições ou textos. Mas sua capacidade de escrever conferia-lhes também certa independência do rei, que nem sempre sabia escrever, e, como podemos deduzir de textos egípcios, podem ter-se considerado a si mesmos intelectualmente superiores (Davies, 1998, p. 19). É

26. Lohfink está inclinado a admitir a ideia de um movimento deuteronomista para o tempo de Josias; mas essa é uma ideia bastante romântica, baseada em determinada leitura de 2Rs 22–23.

claro que os escribas podiam também escrever por iniciativa própria e tentar, por meio de seus escritos, influenciar a política da corte.

Os rolos (de papiro ou às vezes de couro) em que eles escreviam eram guardados em arquivos ou "bibliotecas" situados no palácio ou no templo. Não existem provas, para os tempos da monarquia, de rolos guardados por indivíduos privadamente. E não devemos imaginar centenas de rolos circulando por todo o país. A primeira localização dos livros é no palácio e no santuário, e esses rolos existiam provavelmente num único exemplar (Lohfink, 1999). Esses rolos ou partes deles talvez tenham sido lidos em ocasiões especiais para o rei ou para o povo reunido no santuário (cf., por exemplo, Jr 36)[27]. Provavelmente os rolos eram também usados para ensinar aos escribas a "história" e a escrita. De tempos em tempos faziam-se novas cópias desses rolos, seja porque o papiro estava muito danificado, ou por causa da necessidade de atualizar ou corrigir o rolo anterior. Seja como for, não devemos imaginar a ação de copiar rolos nos moldes do trabalho dos monges nos mosteiros medievais. Copiar um rolo significava sempre transformação. Podemos, seguindo Person, imaginar uma organização hierárquica da corporação deuteronomista, em que os escribas inferiores punham por escrito aquilo que os poucos escribas do escalão superior lhes ditavam (Person, 2002, p. 150). A ideia muito comum de que copiar incluía preservar servilmente os textos mais antigos não se aplica às práticas escriturais na Antiguidade. Os exemplos da recópia da *Epopeia de Gilgamesh* (na qual temos alguns documentos mais antigos conservados) ou de inscrições assírias mostram claramente uma atitude muito livre em relação aos textos mais antigos. Isso significa que não podemos reconstruir exatamente os textos mais antigos que foram reeditados em tempos posteriores, mesmo que alguns biblistas ainda pensem

27. Mesmo que este texto tenha sido escrito no período persa, pode refletir práticas do tempo da monarquia.

poder fazê-lo. Devemos, portanto, contentar-nos com as linhas gerais dos documentos mais antigos hipoteticamente reconstruídos.

Devemos chamar a corporação de escribas deuteronomistas de autores ou de redatores? Conforme observou Noth acertadamente, eles eram ambas as coisas. Em alguns casos usavam realmente outros documentos, seja para reunir informações (cf. as frequentes referências aos anais reais nos livros dos Reis) ou para integrá-los em sua obra (esse pode ser o caso do "Livro dos Salvadores", que foi usado para criar o período dos juízes); podem também ter posto por escrito assim chamadas "tradições orais". Provavelmente combinavam também rolos independentes menores num único rolo (isso aconteceu de certa forma também com a *Epopeia de Gilgamesh:* histórias heroicas independentes mais antigas foram arranjadas cronologicamente e editadas como uma única história numa série de tabuinhas [Tigay, 1982]). Já que a Bíblia hebraica contém textos e literatura anônimos (com exceção de Coélet?), devemos ter cuidado de não introduzir um conceito moderno anacrônico e individualista de autoria. Para os escribas palestinenses do século VIII ao IV a.C. não se pode fazer nenhuma distinção nítida entre autor e redator[28].

Será que possuímos ulteriores indicações acerca das origens e da composição da escola deuteronomista? Há um texto na Bíblia hebraica que muitas vezes é usado para reconstruir a assim chamada reforma de Josias: 2Rs 22–23.

28. Recentemente John van Seters (2003, p. 1-19) fustigou a frequente referência a redatores na ciência bíblica. De acordo com ele, a ideia de redatores é um grande defeito na atual crítica da Bíblia hebraica. Concordo com Van Seters que não se deveria usar o termo redator para os editores da "forma final" de um texto, já que nunca existiu uma tal forma final. Mas pode-se e até dever-se-ia usar o termo no sentido mais amplo para designar a reelaboração criativa e editoração de documentos mais antigos (cf., por exemplo, *The Chambers Dictionary*).

3.2 O mito fundante da escola deuteronomista em 2Rs 22-23: encontro do livro e reforma cúltica

Bibliografia seleta

AHLSTRÖM, G. W. *The history of Ancient Palestine from the Palaeolithic Period to Alexander's Conquest* (JSOTSup 146). Sheffield: Sheffield Academic Press, 1993.

BARRICK, W. B. Dynastic politics, priestly succession and Josiah's Years. *ZAW*, Berlim, vol. 112, p. 564-582, 2000.

BARRICK, W. B. *The king and the cemeteries*: Towards a new understanding of Josiah's Reform (SVT 88). Leiden: Brill, 2002.

BÍBLIA SAGRADA. 6. ed. Petrópolis: Vozes, 2007.

DIEBNER, B.-J.; NAUERTH, C. *Die Inventio des (Sefer ha-tôrah) in 2 Kön 22*: Struktur, Intention und Funktion von Auffindungslegenden. *DBAT*, [*s. l.*], vol. 18, p. 95-118, 1984.

ELAYI, J. Name of Deuteronomy's author found on Seal Ring. *Biblical Archaeology Review*, Washington, D.C., vol. 13, p. 54-56, 1987.

HANDY, L. K. Historical probability and the narrative of Josiah's Reform in 2 Kings. *In*: HOLLOWAY, S. W.; HANDY, L. K. (eds.). *The pitcher is broken*: Memorial essays for Gösta W. Ahlström (JSOTSup 190). Sheffield: Sheffield Academic Press, 1995. p. 252-275.

HANDY, L. K.; NIEHR, H. Die Reform des Joschija – Methodische, historische und religionsgeschichtliche Aspekte. *In*: GROSS, W. (ed.). *Jeremia und die "deuteronomistische Bewegung"* (BBB 98). Weinheim: Beltz Athenäum, 1995.

HOBBS, T. R. *2 Kings* (WBC 13). Waco: Word Books, 1985.

HOFFMANN, H.-D. *Reform und Reformen*: Untersuchungen zu einem Grundthema der deuteronomistischen Geschichtsschreibung (ATANT 66). Zurique: Theologischer Verlag, 1980.

KNAUF, E. A. From history to interpretation. *In*: EDELMAN, D. V. (ed.). *The fabric of history*: Text, artifact and Israel's past (JSOTSup 127). Sheffield: Sheffield Academic Press, 1991.

LEVIN, C. *Fortschreibungen* – Gesammelte Studien zum Alten Testament (BZAW 316). Berlim: De Gruyter, 2003.

LEVIN, C. Joschija im deuteronomistischen Geschichtswerk. *ZAW*, Berlim, vol. 96, p. 351-371, 1984.

LOHFINK, N. The cult reform of Josiah of Judah: 2 Kings 22–23 as a source for the history of Israelite religion. *In*: MILLER JR., P. D.; HANSON, P. D.; MCBRIDE, S. D. (eds.). *Ancient Israelite religion*: Essays in honor of Frank Moore Cross. Filadélfia: Fortress Press, 1987. p. 459-475.

PEISER, F. E. *Keilschriftliche Bibliothek*: Sammlung von assyrischen und babylonischen Texten in Umschrift und Überseztung, III/2. Berlim: H. Reuther, 1890.

STERN, E. *Archaeology of the Land of the Bible – II*: The Assyrian, Babylonian, Persian Periods 732-332 BCE (ABRL). Nova York: Doubleday, 2001.

UEHLINGER, C. Gibt es eine joschijanische Kultreform? Plädoyer für ein begründetes Minimum. *In*: GROSS, W. (ed.). *Jeremia und die "deuteronomistiche Bewegung"* (BBB 98). Weinheim: Beltz Athenäum, 1995.

WALLIS BUDGE, E. A. *The book of the dead*. Vol. II. 2. ed. Londres: Routledge & Kegan Paul, 1956. p. 221-222.

2Rs 22–23 desempenha um papel central no debate sobre as origens da escola deuteronomista. Esses capítulos relatam como, no 18º ano do reinado de Josias, foi encontrado um rolo no Templo de Jerusalém durante obras de renovação. A descoberta feita pelo sacerdote Helcias e a leitura deste rolo ao rei pelo alto funcionário Safã provoca uma reação muito forte. Josias parece profundamente afetado pelas maldições do livro; envia Helcias, Safã e outros funcionários à Profetisa Hulda para indagar sobre o sentido do rolo. E Hulda fala à delegação como se ela fosse Jeremias (comparar 2Rs 22,16-17 com Jr 19,14 e 7,20); mas ela se refere também a textos importantes da História Deuteronomista como Dt 6,12-15; 31,29; Jz 2,12-14a. Ao fazer isso, ela confirma o julgamento divino, que Javé lançará sobre Jerusalém e Judá. Quanto ao Rei Josias, ela profere uma mensagem mais positiva: já que esteve atento às palavras do livro, ele será sepultado em paz (2Rs 22,18-20). Depois de os funcionários terem transmitido a mensagem, o próprio Josias lê o livro para "todo o povo" e estabelece um tratado com Javé (2Rs 23,1-3). Em seguida Josias começa a empreender importantes modificações cultuais em Jerusalém e Judá. Elimina os símbolos cultuais e os sacerdotes das divindades Baal e Asera, e do "exército celeste", o que é uma alusão à veneração do Sol, da Lua e das estrelas. Também profana e destrói os *bāmôt*, santuários abertos (os "lugares altos") para a veneração de Javé, bem como o *tofet*, aparentemente um lugar para sacrifícios humanos. De acordo com 23,15, ele até demole o altar em Betel, o antigo santuário javista oficial de Israel. Esses atos de destruição têm sua contrapartida positiva na supramencionada conclusão de um (novo?) tratado entre Javé e o povo e na celebração de uma Páscoa (v. 21-23). Ambos os rituais são mediados por Josias e apresentados como prescrições do rolo descoberto.

Comentadores judeus antigos, bem como alguns Padres da Igreja, já identificaram o livro mencionado em 2Rs 22–23 como o Livro do Deuteronômio, já que os atos de Josias e a ideologia da centralização, que sustenta sua "reforma", parecem concordar com as prescrições da lei deuteronômica (cf., por exemplo, Dt 17,1-3 e 2Rs 23,4-5; Dt 12,2-3 e 2Rs 23,6.14; Dt 23,18 e 2Rs 23,7; Dt 18,10-11 e 2Rs 23,24). Essa identificação foi depois, nos séculos XIX e XX, usada como uma forma de situar a primitiva edição do Deuteronômio no tempo de Josias no último terço do século VII. De acordo com a teoria da *pia fraus* ("piedosa fraude"), defendida por Wellhausen e outros, a primeira edição do Deuteronômio foi escrita a fim de promover a reforma josiânica, disfarçada de testamento de Moisés e escondida no templo para ser rapidamente descoberta.

Para essa teoria, o relato do livro descoberto reflete um fato histórico, o que não está isento de dificuldades. 2Rs 22–23 é sobretudo o "mito fundante" dos deuteronomistas e não pode ser usado ingenuamente como relato da assim chamada reforma feita por uma testemunha ocular. A narrativa, como existe agora, já reflete sobre a destruição de Jerusalém e o exílio babilônico (especialmente nos discursos da Profetisa Hulda, em 22,16-17); por isso, no texto presente de 2Rs 22–23, para usar as palavras de T. R. Hobbs, "o ponto importante a respeito do reinado e da reforma de Josias é seu fracasso" (1985, p. xxv). A "purificação" do templo não adiantou muito, já que ele foi destruído poucos decênios mais tarde. Mas a descoberta do livro forneceu a possibilidade de *entender* essa destruição e de adorar Javé *sem qualquer templo*.

O motivo do encontro de livros é na verdade um conceito muito comum na literatura antiga[29] e é geralmente empregado a fim de legitimar mudanças no campo religioso, econômico ou político. Isso significa que a história da restauração do templo e da descoberta do livro em 2Rs 22 é com toda probabilidade uma construção literária complexa, baseada em motivos do Oriente Médio. Devemos na verdade distinguir em 2Rs 22–23 diversas fases de composição. Quanto a 2Rs 22, é bastante óbvio que o relato da restauração nos versículos 3-7 depende literalmente de 2Rs 12,10-16 (Hoffmann, 1980). A notícia do encontro do livro pelo sacerdote Helcias no versículo 8 é introduzida muito abruptamente e interrompe a primeira cena (cf. 3-7.9). Assim, como muitas vezes se afirmou, é muito provável que em 2Rs 22 se deva fazer distinção entre duas histórias: o

29. Cf. o convincente estudo de Diebner e Nauerth (1984, p. 95-118).

relato da restauração (*Instandssetzungsbericht*) e a narrativa sobre a descoberta do livro (*Auffindungsbericht*). É possível que o relato da descoberta (22,8.10.11.13*.16-18.19*.20*; 23,1-3) seja uma inserção posterior, que se poderia atribuir a um redator pós-exílico[30].

A origem do motivo da "descoberta de livros" deve ser situada provavelmente no depósito de tabuinhas de fundação nos santuários mesopotâmicos, que muitas vezes são "redescobertas" por reis posteriores que empreendem obras de restauração. A variante egípcia desse motivo ocorre, por exemplo, na rubrica final do capítulo 64 do Livro Egípcio dos Mortos, que foi padronizado não antes do período saítico (664-525 a.C.). O capítulo 64 é apresentado como encontrado no Templo de Sokaris e remontando às primeiras origens do Egito[31].

Nas inscrições reais babilônicas, os relatos de descoberta são muitas vezes variações do padrão seguinte: (1) Uma pessoa importante (rei, príncipe) deseja empreender mudanças políticas ou cultuais, que muitas vezes são apresentadas como uma restauração de um estado inicial; (2) Ele teme encontrar oposição; (3) Ele ou um de seus servos leais é enviado a um lugar sagrado; (4) Lá, descobre um documento escrito de origem divina; (5) Essa descoberta dá impulso divino aos projetos do monarca.

---

30. Como defende C. Levin (1984, p. 351-371), aqui p. 355 = Levin (2003, p. 198-216), aqui p. 201. Pode-se também sustentar que ambos os motivos se encaixam muito bem e poderiam, portanto, ser a obra de um único escriba do período exílico ou, mais provavelmente, do período persa.

31. Esse texto existe na versão mais longa e na versão abreviada do capítulo 64. O Papiro de Nu contém o seguinte texto: "Este capítulo foi encontrado na cidade de Khemennu [...] sob os pés do deus durante o reinado de Sua Majestade o rei do Norte e do Sul, Men-kau-Rã [...] triunfante, pelo filho real Heru-tã-tã-f; encontrou-o quando estava viajando para fazer uma inspeção dos templos. [...] Ele o trouxe ao rei como um objeto maravilhoso quando viu que era uma coisa de grande mistério, que nunca [antes] fora vista ou olhada. Este capítulo deve ser recitado por um homem que seja cerimonialmente limpo e puro [...]" (*apud* Wallis Budge, 1956, p. 221-222. Para variantes, cf. p. 217 e 221).

De interesse especial são as inscrições de Nabônides, que procurou aparecer como o descobridor de numerosos documentos. Todos os seus relatos seguem o mesmo esboço. No cilindro de Sippar, Nabônides conta a seguinte história[32]. Ele queria reconstruir o Templo de Ibarra (dedicado a Shamash) em Sippar:

> [19] um rei anterior (= Nabucodonosor) havia procurado a antiga pedra fundamental sem nenhum sucesso. [20] Por iniciativa própria ele havia construído um novo templo para Shamash, mas este não foi construído (suficientemente bom) para seu reino... [22] As paredes cederam e ameaçavam ruir... [26] Eu supliquei a ele (= Shamash), ofereci-lhe sacrifícios e andei em busca de suas decisões. [27] Shamash, o Senhor altíssimo, escolheu-me desde os primeiros dias... [32] Fiz investigações e reuni os anciãos da cidade, os babilônios, os arquitetos, [33] os sábios... [34] [...] Eu lhes disse: "Procurai a antiga pedra fundamental, [35] tomai conta do santuário do juiz Shamash..." [36] Os eruditos procuraram a antiga pedra fundamental, implorando a Shamash, meu Senhor, e suplicando aos grandes deuses, [37] inspecionaram o apartamento e os quartos e a viram. Vieram até mim e contaram-me: [38] "Vi a antiga pedra fundamental de Naram-Sin, o rei anterior, o santuário real de Shamash, a morada de sua divindade". [39] Meu coração exultou e minha face ficou radiante.

De acordo com esse texto, a pedra fundamental contém o documento do "templo original" e possibilita a Nabônides empreender suas obras de restauração.

Parece bastante claro que os autores ou redatores de 2Rs 22 recorrem à mesma convenção literária. Isso confirma a suposição de que 2Rs 22–23 deve ser interpretado como o mito fundante do grupo deuteronomista. A pedra fundamental é substituída em 2Rs 22–23 pelo livro, que se torna o fundamento "real" para o culto a Javé.

---

32. Traduzido de Peiser (1890, p. 80-121, especialmente p. 108-113). Uma história semelhante é narrada no cilindro de Nabônides de Abû Happa, cf. p. 103-105.

E os mediadores dessa "religião do livro" não são nem o rei nem o sacerdote e seu culto sacrificial, mas os escribas que produzem e leem esses livros. Por isso não deveríamos situar com demasiada facilidade a história do encontro do livro e a consequente reforma no final do século VII a.C., como geralmente se faz. É fácil de compreender que alguns estudiosos sustentem que toda a ideia de uma reforma josiânica seja uma invenção tardia (Handy; Niehr, 1995, p. 33-56).

Na verdade, não temos provas primárias em favor de uma assim chamada reforma josiânica[33] (ou seja, não temos nenhum documento que possa ser claramente datado como proveniente do reinado de Josias e que prove a existência de uma reorganização política e cultual). Existem, no entanto, alguns indícios que apontam para mudanças cultuais e políticas em Judá pelo final do século VII a.C. De acordo com 2Rs 23, Josias suprimiu numerosos elementos ligados a um culto aos astros, que era uma parte importante da ideologia religiosa neoassíria. As referências aos cavalos e carros de Shamash, o Deus do Sol (23,11), e aos sacerdotes-*kemarim*[34] que serviam "ao Sol, à Lua, às constelações e a todo o exército dos céus" (23,5), têm plausibilidade histórica no período assírio. Sua eliminação do Templo de Jerusalém não é necessariamente sinal de uma insurreição antiassíria; pode simplesmente denotar o fato de que a influência assíria na Síria e na Palestina havia diminuído sensivelmente nos últimos decênios do século VII a.C. Uehlinger (1995) mostrou que existe uma clara mudança na glíptica judaíta do século VII ao século VI. Durante o século VII, selos da classe alta e dos funcionários estão fortemente marcados por motivos astrais. Por outro lado, num *corpus* de aproximadamente 260 selos, a

33. Para a distinção entre provas primárias e provas secundárias, cf. Knauf (1991, p. 26-64).

34. Esse termo raro na Bíblia hebraica está ligado provavelmente à palavra assíria *kumru*, que designa os sacerdotes estrangeiros; para mais detalhes, cf. Hobbs (1985, p. 333).

serem datados no início do século VI, faltam completamente símbolos e divindades astrais, o que indica claramente que, por volta de 600 a.C., os motivos astrais haviam caído da moda entre a elite jerosolimitana.

O vácuo temporário nos últimos decênios do século VII a.C. (logo preenchido pelo Egito) criado na Síria-Palestina pelo enfraquecimento das estruturas de poder assírias confere também alguma plausibilidade à hipótese de que Josias ou seus conselheiros empreenderam uma reorganização política e cultural[35]. A tentativa de centralizar o culto, o poder e os impostos (os santuários eram também postos de coleta de impostos) em Jerusalém tem uma boa plausibilidade histórica nesse contexto. A relativa independência de Judá por volta de 620 a.C. talvez tenha despertado em alguns círculos a convicção de que Josias era o inaugurador de um vasto e independente reino judaíta (Ahlström, 1993). Afirma-se muitas vezes que Josias anexou as províncias assírias estabelecidas no antigo Reino de Israel. Mas há pouco indícios que confirmem essa afirmação. 2Rs 23,15 fala da destruição do Santuário de Betel; mas, se essa notícia for porventura histórica, o que é sumamente incerto, não indica uma ocupação das províncias samaritanas de Samerina, Magidu[36] e Gal'aza. Contudo, é possível que Josias e seus conselheiros tenham reivindicado serem os legítimos herdeiros de "Israel". Podem ter tentado ampliar a fronteira norte, e Josias foi provavelmente bem-sucedido em anexar o pequeno território de Benjamim (isso está provavelmente refletido em alguns textos do Livro de Josué, conforme veremos).

---

35. De acordo com 2Rs 22,1, Josias tinha 8 anos de idade quando começou a reinar. Se essa é uma informação histórica, significa que durante os primeiros anos de seu reinado seus conselheiros (os deuteronomistas?) governaram no lugar dele.

36. De acordo com Stern, o fato de que Josias é morto pelo rei egípcio em Meguido pode indicar que Josias governou essa área por um curto tempo (2001, p. 68). Mas é melhor supor que Meguido estava nesta época sob controle egípcio. Cf. Ahlström (1993, p. 765).

Resumindo: A apresentação bíblica de Josias e de seu reinado não pode ser considerada um documento de evidência primária. Por outro lado, porém, alguns indícios sugerem que ocorreram sob Josias algumas tentativas de introduzir mudanças cultuais e políticas. Sua reforma certamente não se baseou na descoberta de um livro, mas a primeira edição do Deuteronômio pode muito bem ter sido escrita sob Josias. 2Rs 22–23 pode até proporcionar alguma informação sobre nomes ou famílias que podemos associar aos deuteronomistas. Provavelmente nem todos os nomes contidos nesses capítulos são invenções tardias[37], e por isso podemos concluir que Helcias e especialmente Safã e sua família pertenciam ao grupo deuteronomista[38].

A narrativa de 2Rs 22–23 foi evidentemente editada em estágios sucessivos. O núcleo proveniente do período assírio (aproximadamente 22,1-7*.9.13aα; 23,1.3-15*.25aα) focalizou a supressão dos símbolos cultuais assírios e a centralização do culto a Javé no santuário real restaurado. A história da renovação do templo, a consulta da profetisa e o oráculo anunciando o julgamento divino no capítulo 23 foram acrescentados após 587 a.C., a fim de explicar o colapso de Judá e Jerusalém. A última revisão, provavelmente incluindo o motivo da descoberta do livro, foi feita durante o período persa. A finalidade dessa redação foi, conforme veremos com mais detalhes, substituir o culto no templo pela leitura do livro.

A análise da história da composição da História Deuteronomista continua sendo um passo essencial para entender suas origens e suas transformações. Evidentemente, a composição da História Deuteronomista é amplamente discutida hoje; no entanto, é possível discer-

---

37. Um selo de Judá do século VII refere-se a Helcias, que poderia ser a mesma pessoa mencionada em 2Rs 22. Cf. Elayi (1987, p. 54-56).

38. 2Rs 22 menciona Safã e Aicam, filho de Safã (v. 12, cf. também 25,22. Discute-se se esse é o mesmo Safã que o escriba). A família de Safã desempenha também um papel importante em Jr 36, onde um descendente de Safã "encontra" o "Livro de Jeremias" e o lê ao rei. De acordo com Barrick, Helcias foi o mentor de Josias e era provavelmente tio de Safã (cf. o estudo interessante, mas um tanto especulativo, de Barrick [2000, p. 564-582]).

nir em diversos textos da História Deuteronomista três grandes camadas redacionais, correspondentes a *três edições sucessivas* da História Deuteronomista, cada uma das quais pode ser situada num contexto histórico e social diferente. Essa tríplice composição aparece com a máxima clareza exatamente no início da História Deuteronomista, em Dt 12, o início do código de leis deuteronômico.

3.3 Os três diferentes pontos de vista acerca da centralização em Dt 12 como exemplo da tríplice edição da História Deuteronomista

Bibliografia seleta

BÍBLIA SAGRADA. 6. ed. Petrópolis: Vozes, 2007.

DAHMEN, U. *Leviten und Priester im Deuteronomium*: Literarkritische und redaktionsgeschichtliche Studien (BBB 110). Bodenheim: Philo, 1996.

LEVINSON, B. M. *Deuteronomy and the hermeneutics of legal innovation*. Oxford: Oxford University Press, 1997.

LOHFINK, N. Fortschreibung? Zur Technik von Rechtsrevisionen im deuteronomistischen Bereich, erörtert an Deuteronomium 12, Ex 21,2-11 und Dtn 15,12-18. *In*: VEIJOLA, T. (ed.). *Das Deuteronomium und seine Deutungen* (Schriften der Finnischen Exegetischen Gesellschaft 62). Helsinque: Finnische Exegetische Gesellschaft, 1996.

MAYES, A. D. H. *Deuteronomy* (NCB Commentary). Grand Rapids: Eerdmans, 1981.

METTINGER, T. N. D. *The dethronement of Sabaoth*: Studies in the Shem and Kabod theologies. Tradução de F. H. Cryer (ConBOT 18). Lund: Gleerup, 1982.

PAKKALA, J. *Intolerant monolatry in the deuteronomistic history* (Publications of the Finnish Exegetical Society 76). Helsinque: Finnish Exegetical Society, 1999.

RICHTER, S. L. *The Deuteronomistic History and the name theology*: leshakken shemo sham in the Bible and the Ancient Near East (BZAW, 318). Berlim: De Gruyter, 2002.

ROFÉ, A. The Book of Deuteronomy: A summary. *In*: ROFÉ, A. *Deuteronomy*: Issues and interpretation (Old Testament Studies). Edimburgo: T. & T. Clark, 2002.

VAN SETERS, J. *A law book for the diaspora*: Revision in the study of the Covenant Code. Oxford: Oxford University Press, 2003.

Dt 12 é uma declaração bastante extensa sobre a centralização do culto. Conforme veremos, a origem dessa ideologia deve ser situada no contexto das mudanças sociais e econômicas que algumas das famílias relacionadas com a corte tentaram introduzir durante o reinado do Rei Josias. No estado em que se encontra hoje, porém, Dt 12 não pode ser situado inteiramente no final do século VII a.C. Ao contrário, diversos indícios sugerem que a lei original da centralização foi reelaborada sucessivamente.

Dt 12 insiste de fato, diversas vezes, que Javé escolheu para si um único lugar (*māqôm*) "para ali colocar seu Nome" (4-7. 11-12.13-14.26-27). Se partirmos dessa quádrupla insistência sobre o único lugar escolhido pela divindade, podemos notar como as primeiras três afirmações estão no centro de três sequências, todas elas estruturadas da mesma maneira. Nesses três casos, o mandamento principal é precedido por uma declaração negativa: versículos 2-4 (4): não agir para com Javé da mesma forma que as nações; versículos 8-10 (8): não agir como hoje; versículo 13: não oferecer holocaustos em todos os lugares. Além disso, a sequência termina sempre com um apelo a alegrar-se (v. 7.12.18). Essas observações apontam, portanto, para três unidades distintas, delimitadas da seguinte forma: v. 2-7/8-12/13-18(19)[39]. Na última unidade, Javé dirige-se ao povo

39. A preocupação com os levitas no versículo 19 pode provir de uma redação tardia próxima à ideologia das Crônicas, que, no final do período persa, defende o *status* da classe sacerdotal dos levitas. Cf. Dahmen (1996, p. 379).

no singular ("tu"), enquanto as outras unidades usam o plural ("vós"). A primeira unidade está claramente ligada aos versículos 29-31, enquanto os versículos 13-18 são retomados nos versículos 20-28. Essa delimitação permite a identificação de três diferentes ideologias a respeito do santuário único.

Reconhece-se geralmente que, em Dt 12,1-19, os versículos 13-18 constituem o núcleo ao qual foram depois acrescentados primeiramente os versículos 8-12 e depois 2-7. Esse processo redacional sugere uma editoração sucessiva, que pode ser comparada à moderna prática de prefaciar sucessivamente novas edições de livros comercialmente bem-sucedidos.

Dt 12,13-18 dirige-se a proprietários rurais bastante ricos que possuem escravos e gado. Os versículos 8-12 devem ser considerados como a primeira "atualização" do mandamento durante o tempo do exílio babilônico. Aqui a ficção de um discurso colocado na boca de Moisés e dirigido a um grupo que ainda não havia entrado na terra desempenha um papel importante (cf. v. 10). Os versículos 2-7 provêm provavelmente do primeiro século do período persa. A agressiva obsessão de rigorosa separação em relação às "nações estrangeiras" tem paralelos na ideologia dos livros de Esdras e Neemias, que distinguem nitidamente o "verdadeiro Israel" (a *golah* babilônica e os que retornaram a Jerusalém) do "povo da terra". Essa hipótese para a sucessão cronológica das três versões da lei da centralização é confirmada pelo desenvolvimento da fórmula de centralização:

> Versículo 14: O lugar (*māqôm*) que Javé escolherá numa única (*éḥad*) de tuas tribos;
>
> Versículo 11: O lugar (*māqôm*) que Javé, vosso Deus, escolherá como morada (*šakken*) para seu nome;
>
> Versículo 5: O lugar (*māqôm*) que Javé, vosso Deus, escolherá entre todas as vossas tribos para ali colocar seu nome para fazê-lo habitar[40].

40. A vocalização massorética da raiz é problemática. A forma original do verbo era com toda a probabilidade um infinitivo da forma intensiva/factitiva conforme traduzida acima.

É evidente que a formulação original (v. 14) foi gradualmente desenvolvida e reinterpretada pelos escribas responsáveis pelas sucessivas edições de Dt 12. A edição exílica (v. 11) introduz o motivo do *nome* divino morando no santuário (em vez da própria divindade), o que já pode ser considerado uma reinterpretação, após a tomada de Jerusalém em 587/586, do motivo tradicional da presença da divindade – materializada por sua estátua – no templo. A última formulação (v. 5) parece uma combinação das duas anteriores (v. 14 e 11).

3.3.1 Dt 12,13-18: consequências práticas da centralização no final do século VII a.C.

O texto mais antigo em Dt 12 contrapõe primeiro a totalidade dos lugares (*b^{e}kol-māqôm*) sagrados ao único santuário que Javé escolherá para si em "uma única só" tribo. Essa precisão torna difícil interpretar a fórmula da centralização de maneira distributiva, de forma a entender que em cada período Deus iria escolher para si um outro santuário. Assim, o *māqôm* em Dt 12 não aponta para outra coisa senão o Templo de Jerusalém e a "única" tribo não pode significar senão (o Reino de) Judá (Mayes, 1981). A mesma ideologia encontra-se no Sl 78, que está estreitamente relacionado com a ideologia deuteronomista: de acordo com esse salmo, Javé recusa-se explicitamente a escolher Efraim (o Norte), mas escolhe, ao invés, "a tribo de Judá, a montanha de Sião que Ele ama" (v. 68). O autor de Dt 12,13-18 adota a tradição jerosolimitana da escolha do templo-montanha por parte de Javé e a transforma numa escolha *exclusiva*, incompatível com qualquer outro santuário.

Assim, a ideologia deuteronomista da centralização tende a mostrar que o antigo Reino de Israel não tem legitimação divina. Por outro lado, Dt 12 está também em oposição ao início do assim chamado "Código da Aliança": Ex 20,22-26. De acordo com esse texto, deve-se construir altares na totalidade dos lugares (*b^{e}kol-māqôm*) nos quais Javé fizer recordar seu nome (v. 24). Supõe-se muitas vezes que essa é uma concepção mais antiga, que os deuteronomistas procuram corrigir, mas é também possível que Ex 20,22-26 reflita uma reação antideuteronomista vinda da periferia, que pode ser contemporânea a Dt 12,13-18, ou mesmo posterior. Ex 20,22-26 pode, portanto, ser lido como legitimando a existência de outros santuários (Betel ou mesmo Masfa) durante a ocupação babilônica, ou mesmo refletindo a visão dos intelectuais da diáspora judaica, argumentando em favor da presença de Javé fora de Jerusalém e de Judá. Mas isso não significa que todo o "Código da Aliança" (Ex 20,22-23,18) deva ser entendido como contemporâneo da primeira edição do código deuteronômico ou mesmo posterior[41]. Ex 20,22-26 é bem claramente um acréscimo posterior ao Código da Aliança, cujo início original ainda está conservado em 21,1. Há muitos indícios que permitem afirmar que a primeira edição de Dt 12–26 foi composta para atualizar e provavelmente também substituir o Código da Aliança[42]. Essa tentativa de urbanizar e modernizar a coleção de leis mais antiga aponta para o contexto de mudanças políticas e econômicas pelo qual Judá passou durante o século VII a.C. e é muito nitidamente esse o contexto social e histórico de Dt 12,13-18. A ideia da centralização, que está expressa aqui, significa uma concentração de poder político e religioso na capital. A concentração de poder religioso em Jerusalém exigia a unificação do culto à divindade nacional Javé. Semelhante tentativa de unificação encontra uma clara expressão em Dt 6,4-5; a primeira edição do Deuteronômio começava provavelmente com essa declaração que insiste na unicidade de Javé. É possível que Dt 6,4-5[43] fosse, na primeira edição do livro, seguida imediatamente por

41. Para este modo de ver, cf. Van Seters (2003).

42. Isso é quase um consenso entre os estudiosos. Cf. especialmente Levinson (1997).

43. Os versículos 6-9 já pressupõem um pano de fundo exílico ou até pós-exílico.

Dt 12,13-18. A ênfase comum nas palavras "totalidade" (*kol*) e "um só" (*'eḥāḏ*) torna possível lê-los como uma unidade:

> Ouve, Israel, Javé é nosso Deus; Javé é um só (*éḥad*). Amarás Javé teu Deus com todo (*b^ekol*) o teu coração, com toda (*b^ekol*) a tua vida e com toda (*b^ekol*) a tua força. Fica atento para não oferecer teus holocaustos em todo (*b^ekol*) lugar que avistares. Somente no lugar que Javé escolher numa só (*éḥad*) de tuas tribos oferecerás teus holocaustos e ali observarás tudo (*kol*) o que eu te mando (Dt 6,4-5; 12,13).

Pode causar surpresa que Dt 12,13-18 se preocupe principalmente com as consequências práticas da lei da centralização (abate "profano" de animais) e não haja muita insistência em explicar a necessidade da centralização. Assim é possível, como supõe Lohfink (1996), que a versão de Dt 12,12-18 tenha substituído uma forma um tanto mais antiga da lei da centralização, que não estamos em condições de reconstruir. Mas não é necessário adotar essa suposição; parece inteiramente lógico que o fechamento (teórico) dos açougues locais nos santuários exigia novos regulamentos para a matança de animais fora de Jerusalém. A permissão do abate de animais sem envolvimento de sacerdotes é uma tentativa de acabar definitivamente com a influência do sacerdócio fora de Jerusalém. Essa nova concepção do abate de animais não ab-roga a proibição de consumir sangue, que é um tabu muito comum das religiões antigas; e existe evidentemente também uma advertência de que essa nova lei não significa menores impostos e oferendas (dízimo, primogênitos, votos), que agora devem ser trazidos todos para o Templo de Jerusalém (v. 17).

O tema do abate profano de animais é retomado novamente em 12,20-28 com uma certa restrição: "Se estiver longe o lugar que o Senhor teu Deus tiver escolhido para nele fixar o seu nome, poderás matar algum boi e alguma ovelha que o Senhor te houver dado [...]" (Dt 12,21). Afirma-se muitas vezes que a alusão à ampliação do território nesse texto reflete a anexação por parte de Josias de territórios que antes pertenciam a Israel, mas esse ponto está longe de ser seguro: historicamente falando, a expansão real de Judá sob Josias foi muito provavelmente bem modesta, limitada no Norte ao pequeno território de Benjamim (Stern, 2001). Além disso, a narrativa de 2Rs 23,15-20 (que se refere a essa expansão) nunca adota a terminologia de Dt 12,20. O uso de *g^ebûl* ("limite, fronteira, território") em Dt 12,20-28 dificilmente pode referir-se à Terra Prometida, que na terminologia deuteronomista corrente é chamada *'adamâ* ou *'ereṣ*. Por isso, a melhor hipótese pode ser entender esse texto como uma alusão à situação de diáspora nos tempos pós-exílicos: o templo é reconstruído, mas os judeus na Babilônia ou no Egito não podem dirigir-se a ele cada vez que abatem animais. De acordo com A. Rofé (2002), Dt 12,20-28 quer harmonizar a lei deuteronomista da centralização com a legislação de Lv 17, que parece menos preocupada com a ideia da centralização do que com a condenação do abate profano de animais. Essa observação confirma a ambientação de 12,20-28 no período persa. As duas passagens que tratam das consequências práticas da centralização do culto, versículos 13-18 e 20-28, pressupõem a existência do Templo de Jerusalém: em 12,13-18 o *primeiro* templo, em 12,20-28 o *segundo* templo. Isso não acontece com Dt 12,8-12, onde a prescrição original de 12,13-18 é agora atualizada a fim de encaixar-se num contexto histórico.

3.3.2 Dt 12,8-12: uma reinterpretação exílica do conceito de centralização

Dt 12,8-12 dirige-se claramente a ouvintes que supostamente se encontram longe da terra; isso significa que os destinatários dessa instrução são evidentemente os deportados. São identificados como a geração do deserto, à qual é prometida, sob certas condições, a entrada no país. Aqui a ficção literária do Deuteronômio como testamento de Moisés torna-se pela primeira vez transparente, já que o versículo 10 evoca a iminente travessia do Jordão. O redator deuteronomista contrapõe nesse texto a situação de "hoje", em que cada um faz "o que é reto a seus olhos", à entrada no "repouso" (*m^e^nuḥâ*) (v. 9). Qual é, nesse contexto, o sentido desse termo? Em um bom número de textos (Is 66,1; Sl 95,11; 132,8.14), a palavra refere-se ao Templo de Jerusalém. Mais importante ainda, porém, Dt 12,9 prepara, para 1Rs 8,56, uma passagem da oração de Salomão, como muito foi observado.

> Dt 12,9: Ainda não entrastes no *repouso* e na posse que Javé vosso Deus vos está *dando*.
>
> 1Rs 8,56: Bendito seja Javé que *concedeu repouso* ao povo de Israel, de acordo com tudo [...] o que falou através de seu servo Moisés.

Somente nesses dois textos lemos que Javé concede repouso a Israel; isso implica uma conexão muito clara com os livros dos Reis.

Esse forte laço indica que os mesmos redatores exílicos reelaboraram Dt 12 e 1Rs 8. Como resultado dessa editoração parece agora que Javé deu definitivamente a terra somente após a construção do templo. Embora a conquista termine em Js 21,43-45 e 23, os deuteronomistas exílicos apresentam o templo como um microcosmo, que simboliza a presença de Javé na terra que Ele deu a Israel. Por essa razão, a expressão da terra dada aos pais aparece dentro da História Deuteronomista pela primeira vez em 1Rs 8 (34.40.48; nos livros do Deuteronômio e de Josué a fórmula referia-se à terra prometida sob juramento aos pais; após a construção do templo, o juramento divino está cumprido). Essa relação simbiótica entre terra e templo reflete-se também no uso da palavra *māqôm* ("lugar"). Na primeira edição do Deuteronômio, *māqôm* é usado no sentido tradicional de "santuário"; em 12,11 pode muito bem incluir uma referência à terra. É claramente esse o caso na conclusão exílica do código de leis em 26,9; esse versículo afirma: "[Javé] nos trouxe a este *māqôm*. Ele nos deu esta terra".

Já que templo e terra estão estreitamente inter-relacionados, a destruição do templo em 587 a.C. e a deportação da elite judaíta (à qual pertenciam os deuteronomistas) explicam por que a situação durante esse tempo é considerada anárquica (12,9). A expressão críptica do versículo 9 pode aludir a atividades cultuais nas ruínas do templo, em Masfa, ou em Betel durante o tempo da ocupação babilônica (cf. Jr 41,4-6).

Mesmo que o templo permaneça um símbolo central, os deuteronomistas devem, no entanto, encarar o problema do culto javista fora de Judá entre os deportados. Por isso ampliam a fórmula da centralização, acrescentando que Javé escolhe o *māqôm* "para fazer morar seu nome". Existe um paralelo acádico a essa expressão (*šakanu šumšu*), que expressa uma reivindicação jurídica de posse. No contexto da ideologia deuteronomista exílica, a fórmula implica uma certa "secularização" (Mettinger, 1982) do templo: Javé não mora no templo mas no céu (cf. também Dt 26,15 e 1Rs 8). Embora ele possa fazer seu nome morar ali, a presença divina já não depende mais do templo como tal. Após a deportação da elite judaíta para a Babilônia e a fundação de importantes colônias judaicas no Egito, não havia mais unidade geográfica para os adoradores de Javé. Assim, surgiu a questão do sentido da centralização do culto num contexto de diáspora. É a essa questão que o autor de Dt 12,2-7 tenta dar uma resposta.

3.3.3 Dt 12,2-7: centralização do culto e a rejeição dos cultos "ilegítimos" no período persa

Dt 12 é emoldurado por dois textos agressivos (2–7; 29–31)[44]. O tema do santuário único torna-se aqui sobretudo um pretexto para uma ideologia de estrita separação em relação às "nações" que habitam na terra. Uma ideologia semelhante encontra-se em Dt 7,1-6.22-26 e

44. Esses dois textos podem muito bem ser atribuídos ao mesmo redator, embora 12,29-31 não mencione a lei da centralização.

9,1-6. Adeptos da "Escola de Göttingen" (cf. a história da pesquisa) muitas vezes atribuem esses textos ao *DtrN*, que deve ser datado por volta do final do exílio ou, mais provavelmente, no início do período persa (cf. Pakkala, 1999, p. 94-99). De fato, o vocabulário e o conteúdo corroboram essa datação, como, por exemplo, a expressão "procurar Javé" (v. 5), típica do Livro das Crônicas.

Essa linguagem violenta é típica de um grupo minoritário que tem medo de perder seja sua identidade ou seu poder. Se esse grupo se sente em perigo, ele criará estratégias ideológicas para sobreviver, e essas estratégias implicam muitas vezes uma oposição bastante nítida aos "outros". Em Dt 12,2-7 as nações das quais os destinatários devem separar-se estão representando ou a globalização do Império Persa ou, mais provavelmente, o "povo da terra", ou seja, a população judaíta que não fora deportada pelos babilônios. Alguns representantes da *golah* babilônica consideravam essa população como não pertencente ao "verdadeiro Israel"; opunham-se, por conseguinte, a quaisquer relações (sexuais ou de outro tipo) entre os membros da *golah* e a população "autóctone" (cf. Esd 9,1-3; Ne 9,2; Ne 13). As prescrições de Dt 12,2-4 indicam que a população que permanecera em Judá era provavelmente mais "conservadora" em suas práticas religiosas do que a *intelligentsia* deportada e não estava muito ansiosa por observar a centralização deuteronomista do culto. A menção a todos os lugares (*kol hamm^{e}qōmôt*) no versículo 2 indica a existência de santuários locais fora de Jerusalém e a exortação a eliminar as estátuas e nomes de outros deuses "desse lugar"; no versículo 3 aponta para alguns cultos "não ortodoxos" em Jerusalém (cf. também Ez 8; Jr 44,15-19, que atestam a continuação de uma religiosidade popular). A afirmação da centralização nos versículos 4-6 é usada para reforçar a oposição ideológica entre "Israel" e os "*goyim*"[45]. Se Dt 12,2-7 pressupõe a existência do segundo templo, então é digno de nota que, ao contrário de Dt 12,13-18, não se

45. Em Dt 12,2 esse termo, que geralmente significa "nação", assume já o sentido de "pagão", como no hebraico pós-bíblico.

faz nenhuma alusão à possibilidade de abate de animais fora do templo. No entanto, Dt 12,2-7 não foi escrito para substituir, mas para atualizar a afirmação original; essa atualização ocorreu também em 12,20-27, que, como vimos, também foi escrito no período persa. Portanto, é possível atribuir os versículos 2-7 e 20-27 ao mesmo redator que proporcionou uma "moldura" para os textos mais antigos, a fim de fazer a ideologia da centralização encaixar-se num novo contexto histórico.

3.3.4 As três edições de Dt 12 e a atividade dos escribas na História Deuteronomista

Para resumir em poucas palavras nossa investigação sobre Dt 12: Esse capítulo reflete três estágios da atividade dos escribas deuteronomistas.

- 12,13-18 foi escrito por volta de 620 a.C.; esse texto fornece uma legitimação ideológica para a política da centralização sob Josias e esboça suas implicações práticas;
- 12,8-12 é o resultado de uma redação exílica, que insere a lei da centralização no contexto mais amplo de uma História Deuteronomista, que se estende de Josué até 2Reis (cf. em particular os elos com 1Rs 8). Mantém a importância do templo, mesmo num tempo em que este está parcialmente destruído;
- Finalmente, 12,2-7 e 12,20-27 representam a última revisão, provavelmente do período persa. Os versículos 2-7 revelam uma ideologia de segregação. O principal tema da lei da centralização transformou-se agora na proibição e destruição daquilo que é considerado como cultos ilegítimos.

Uma redação tríplice semelhante pode ser encontrada em outros textos da História Deuteronomista, por exemplo Js 7–8; 1Sm 8–12; 1Rs 8; 2Rs 22–23. Evidentemente, o modelo de três redações sucessivas da História Deuteronomista é um tanto esquemático. Em particular, devemos contar provavelmente com intervenções redacionais não relacionadas diretamente a uma dessas três edições principais. Na verdade, é bem plausível que, no contexto da atividade dos escribas deuteronomistas, tenham sido feitas revisões em apenas um rolo ou seção da História Deuteronomista. É bem possível, por exemplo, que um determinado redator tenha atualizado Juízes, mas não as outras partes; deve-se, portanto, levar em consideração revisões que não abrangeram a totalidade da História Deuteronomista. Contudo, muitas vezes é difícil situar essas redações com precisão e elas podem nos dizer pouco sobre a intenção geral dos principais editores da História Deuteronomista. Assim, a identificação das três principais camadas redacionais dentro da História Deuteronomista, correspondendo a três contextos sociais, políticos e históricos diferentes (neoassírio, neobabilônico e persa), aparece como a melhor hipótese de trabalho. É ao longo das linhas desse modelo, portanto, que empreenderemos, nos próximos capítulos, a pesquisa sobre a História Deuteronomista.

4
Editoração deuteronomista no período assírio e propaganda real

4.1 O início da produção literária deuteronomista no século VII a.C.

Bibliografia seleta

BÍBLIA SAGRADA. 6. ed. Petrópolis: Vozes, 2007.

BLUM, E. *Studien zur Komposition des Pentateuch* (BZAW 189). Berlim: De Gruyter, 1990.

EYNIKEL, E. *The reform of king Josiah and the composition of the Deuteronomistic History* (OTS). Leiden: Brill, 1996.

FINKELSTEIN, I.; SILBERMAN, N. A. *The Bible unearthed*: Archaeology's new vision of Ancient Israel and the origin of its sacred texts. Nova York: Free Press, 2001.

HALPERN, B. *The first historians*: The Hebrew Bible and history. San Francisco: Harper & Row, 1988.

MOENIKES, A. Beziehungssysteme zwischen dem Deuteronomium und den Büchern Josua bis Könige. *In*: BRAULIK, G. (ed.). *Das Deuteronomium* (Österreichische Bibelstudien 23). Frankfurt am Main: Peter Lang, 2003.

NA'AMAN, N. The Kingdom of Judah under Josiah. *Tel Aviv*, Tel Aviv, vol. 18, p. 3-71, 1991.

OTTO, E. Mose und das Gesetz – Die Mose-Figur als Gegenentwurf Politischer Theologie zur neuassyrischen Königsideologie im 7. Jh. V. Chr. *In*: OTTO, E. (ed.). *Mose*: Ägypten und das Alte Testament (SBS 189). Stuttgart: Katholisches Bibelwerk, 2000.

PROVAN, I. W. *Hezekiah and the Book of Kings*: A contribution to the debate about the composition of the Deuteronomistic History (BZAW 172). Berlim: De Gruyter, 1988.

RÖMER, T. *Moïse "lui qui Jahvé a connu face à face"* (Découvertes 424). Paris: Gallimard, 2002.

STERN, E. *Archaeology of the law of the Bible – II*: The Assyrian, Babylonian, Persian Periods 732-332 BCE. (ABRL). Nova York: Doubleday, 2001.

STEYMANS, H. U. Die neuassyrische Vertragsrhetorik der "Vassal Treaties of Esarhaddon" und das Deuteronomium. *In*: BRAULIK, G. (ed.). *Das Deuteronomium* (Österreichische Biblische Studien 23). Frankfurt am Main: Peter Lang, 2001.

SWANSON, K. A. A reassessment of Hezekiah's reform in Light of Jar Handels and iconographic evidence. *Catholic Biblical Quarterly*, [*s. l.*], vol. 64, p. 460-469, 2002.

SWEENEY, M. A. *King Josiah of Judah*: The lost Messiah of Israel. Oxford: Oxford University Press, 2001.

Conforme já foi mencionado, o próprio Noth nunca considerou a possibilidade de uma atividade deuteronomista anterior ao exílio – posição ainda adotada pela maioria dos pesquisadores alemães. No entanto, um contexto exílico global para todos os textos deuteronomistas de Deuteronômio até Reis torna difícil explicar as seguintes observações: o tom otimista em alguns relatos da conquista, bem como a visão positiva da dinastia davídica e o elogio dos reis Ezequias e Josias em particular. Esses traços sugerem que pelo menos algumas partes da História Deuteronomista (HD) originaram-se num período em que a realeza judaíta ainda não chegara ao fim. Alguns estudiosos defendem o reinado de Ezequias para o início da atividade literária deuteronomista, já que ele é apresentado como o rei mais eminente desde Davi (2Rs 18,1-6) (cf. Halpern, 1988; Eynikel, 1996). Diz-se também que ele eliminou os santuários abertos (*bāmôt*), que os reis davídicos anteriores, de resto julgados de maneira positiva, haviam deixado subsistir desde Salomão (Asa: 1Rs 15,14; Josafá: 1Rs 22,44; Joás: 2Rs 12,4; Amasias: 2Rs 14,4; Azarias: 2Rs 15,35). É claro que o reinado de Ezequias constitui um primeiro clímax na HD. Mas é bastante difícil presumir que houve uma primeira edição da HD que terminava em algum lugar em 2Rs 18–20*. Em primeiro lugar, a afirmação de que "não houve ninguém semelhante a ele entre todos os reis de Judá posteriores a ele nem entre os que houve antes dele" (18,5) só faz sentido num tempo posterior ao tempo de Ezequias[46]. 2Rs 18,5-6 é provavelmente um acréscimo de um redator que olha retrospectivamente para toda a história e está descontente com a morte vergonhosa de Josias. Levado por uma ideologia da retribuição, ele procura portanto colocar Ezequias acima de Josias. Historicamente pode te havido uma renascença "sionista" e nacionalista sob Ezequias por causa do abortado cerco de Jerusalém pelos assírios em 701. Ezequias foi provavelmente também o primeiro rei judaíta a tirar proveito com o colapso do Reino do Norte em 722. Mas, por outro lado, teve que submeter-se ao rei assírio Senaquerib e pagar um pesado tributo do tesouro do templo (2Rs 18,14-16). Ezequias teve que suportar a destruição da cidade fortificada de Laquis e de aproximadamente outros cinquenta assentamentos judaítas; a parte sul do reino foi quase toda destruída e parece ter sido reconstruída apenas sob o seu sucessor, Manassés, que foi um vassalo leal aos assírios (cf. Stern, 2001, p. 130-131). Pode ter havido uma primeira tentativa de "centralização do culto" sob Ezequias, pelo fato de importantes santuários fora de Jerusalém terem ficado fora de

46. Por isso, I. W. Provan (1988) postula uma primeira edição da HD terminando com Ezequias, mas situa essa edição no reinado de Josias.

alcance[47]. No entanto, havia ainda uma pressão assíria tão avassaladora no tempo de Ezequias que parece mais apropriado situar o início da literatura deuteronomista sob Josias, a não ser que se queira fazer dos deuteronomistas um "movimento secreto e subversivo". Isso soa bonito, mas não é muito realista. Portanto, a solução mais plausível continua sendo situar as origens da escola deuteronomista sob Josias[48]; isso concorda também com a autocompreensão deuteronomista expressa em 2Rs 22–23. Mesmo esse relato não pode ser tomado como fonte histórica (pelo menos em seu estado atual): o relato pretende nitidamente fazer Josias sobressair entre os reis judaítas como o "novo Davi" (2Rs 23,25); quanto aos altos funcionários mencionados nessa narrativa, pode tratar-se de uma referência às figuras eminentes dos deuteronomistas. Afinal de contas, o final do século VII proporciona o mais plausível contexto histórico para o surgimento da literatura deuteronomista.

Embora qualquer reconstrução detalhada do reinado de Josias, que depende abundantemente da narrativa de 2Rs 22–23, deva ser vista com cautela, existem indícios suficientes de uma mudança na situação política do Levante na segunda metade do século VII a.C. A partir do século IX, a influência do Império Neoassírio foi crescendo continuamente na região e, desde o reinado de Teglat-Falasar (745-727), todos os reinos na Síria e na Palestina encontram-se *de facto* sob domínio assírio. O Reino do Norte (Israel), que tinha uma economia e uma estrutura política mais desenvolvidas do que Judá e era portanto mais atraente, foi sem demora forçado a tornar-se um

47. Swanson dá a interessante sugestão de que historicamente a assim chamada reforma de Ezequias pode ter consistido em remover símbolos de culto egípcios (a serpente) para simbolizar sua submissão à Assíria. Cf. Swanson (2002, p. 460-469).

48. É claro que certamente existia atividade de escribas sob Ezequias (cf. Pr 25,1) e pode-se, por exemplo, postular uma primeira edição de Reis no seu reinado. Moenikes (2003, p. 69-85) argumenta em favor de um rolo que cobriria 1Rs 15,8–2Rs 19*). Mas é difícil reconstruir a extensão e os conteúdos de tal rolo.

Estado vassalo. Perdeu definitivamente sua autonomia política em 722, quando sua capital, a cidade de Samaria, foi capturada e todo o reino foi integrado nas províncias assírias. O fim do Reino do Norte causou importantes mudanças demográficas e sociais em Judá. Investigações arqueológicas sugerem nitidamente um aumento da população e uma ampliação da cidade de Jerusalém na segunda metade do século VII, provavelmente após 722: "Em poucas décadas – certamente no espaço de uma geração – Jerusalém deixou de ser uma modesta cidade de montanha de aproximadamente 10 ou 12 acres e transformou-se numa gigantesca área urbana de 150 acres apinhados de casas, oficinas e edifícios públicos. Em termos demográficos, a população da cidade pode ter aumentado até quinze vezes, passando de aproximadamente mil a quinze mil habitantes" (Finkelstein; Silberman, 2001, p. 243). Essas mudanças podem estar relacionadas com a chegada de refugiados de Israel, mas sobretudo com o fato de que Judá ficou integrado no "mercado mundial" assírio. Tais mudanças implicariam uma reorganização das estruturas sociais e políticas no Reino do Sul. Judá passou por uma "revolução econômica" (Finkelstein; Silberman, 2001, p. 246), o tradicional sistema de economia agrícola, baseada no clã, viu-se frente a frente com um poder estatal mais centralizado. Podemos, portanto, presumir que a administração judaíta experimentou um importante desenvolvimento durante o século VII e tornou-se gradualmente profissionalizada. Todas essas observações sugerem que, pela primeira vez, a corte real em Jerusalém deve ter alcançado um certo grau de complexidade. Essa evolução foi alcançada provavelmente sob o reinado de Manassés, que a edição exílica da HD retrata como o pior rei na história de Judá (2Rs 21), mas que conseguiu manter uma situação pacífica permanecendo leal ao Império Assírio. Tal aceitação incontroversa da dominação assíria durante o longo reinado de Manassés (55 anos segundo 2Rs 21,1) deve ter desempenhado um papel significativo na difusão da cultura e da propaganda neoassíria em Judá. É realmente bem plausível que uma cópia do tratado de vassalagem de Manassés com o rei assírio tenha sido conservada em Jerusalém[49]; os escribas de Jerusalém estavam sem dúvida conscientes da propaganda e da produção literária assíria.

A ascensão de Josias ao trono em 639 coincidiu com uma grande mudança política na região. Os conflitos internos e externos com que o Império Assírio se confrontava (lutas pela sucessão no trono e distúrbios na fronteira nordeste) provocaram a diminuição de sua presença militar na Síria-Palestina. Essa situação permitiu ao Reino de Judá aspirar a certa autonomia política, ou pelo menos alimentar sonhos nacionalistas em certos círculos. Se existe algo de verdade no relato bíblico segundo o qual Josias chegou ao trono com a idade de 8 anos (2Rs 22,1), isso significa provavelmente que o poder real estava nas mãos de sacerdotes, escribas e algumas famílias importantes junto à corte real. A escola deuteronomista participava provavelmente dessa coalizão de membros provenientes desses diferentes grupos sociais, com uma nítida orientação nacionalista e sionista. Lembremos que a família Safã desempenhou provavelmente um papel proeminente entre os deuteronomistas, já que é mencionada expressamente em 2Rs 22 e Jr 36. É interessante notar que, em ambos os textos, essa família está implicada na transmissão de um rolo que contém instruções com as quais o rei precisa conformar-se, o que pode ser interpretado como a influência que ela exercia dentro da corte real.

Se as origens da atividade literária da escola deuteronomista devem ser situadas nesse contexto sócio-histórico, a obra deuteronomista visava em primeiro lugar apoiar e incentivar a política nacionalista e expansionista do "partido sionista" em Jerusalém; sendo assim, era simplesmente obra de *propaganda* literária. Os

49. Os assírios conservaram uma cópia de cada tratado num dos três *pirru*, pontos de arrecadação de impostos (situados em Kahlu, Nínive e Dur Sarrukin), e provavelmente entregaram outra cópia a seus vassalos. Cf. Steymans (2001, p. 96).

primeiros rolos deuteronomistas não precisavam necessariamente ter a consistência temática e cronológica da HD completa publicada posteriormente no exílio. Não se deveria, portanto, pensar numa obra literária *unificada* sob Josias, mas antes numa coleção de diferentes documentos (rolos) que expressavam as preocupações do partido nacionalista, que podem ter sido reunidos numa espécie de biblioteca. Conforme veremos detalhadamente, esses documentos consistiam numa coleção de leis preocupadas com a reorganização política, econômica e religiosa da sociedade judaíta pelo final do século VII (conservadas sobretudo em Dt 12–25*); num relato da conquista que refletia certas ambições militares e reivindicações territoriais por parte de Josias e seus generais (Js 3–12*); e numa crônica dos reis de Judá e de Israel, legitimando a dinastia davídica e apresentando Josias como um Davi *redivivo* (Samuel*-Reis*). Todos esses diferentes documentos têm paralelos na literatura de corte mesopotâmica e refletem nitidamente a influência da cultura neoassíria entre os escribas judaítas. O Deuteronômio está bem próximo dos códigos de leis assírios; Js 3–12* tem paralelos interessantes nos relatos de conquista neoassírios; e os livros dos Reis são influenciados pelo gênero literário das Crônicas Reais.

Esses paralelos são mais um argumento para situar as origens da literatura deuteronomista num contexto *real*. Os textos assírios confirmam também a *independência* literária dos documentos que posteriormente vieram a formar a HD. Essa conclusão é apoiada também por observações de crítica literária. O Livro dos Juízes apresenta escassa atividade editorial deuteronomista, que às vezes difere consideravelmente das redações deuteronomistas dos livros precedentes e seguintes; e não existe nenhum argumento conclusivo para atribuir qualquer uma das redações deuteronomistas presentes no Livro dos Juízes ao tempo de Josias.

Os discursos sumariantes presentes em Deuteronômio–Reis, que criam e ligam os períodos sucessivos da história de Israel e Judá, apontam nitidamente para uma data exílica, ou mesmo pós-exílica;

esses textos mencionam ou aludem frequentemente à perda da terra e à deportação; também realçam continuamente as consequências da desobediência do povo. Por isso, a existência de escritos deuteronomistas no final do século VII não implica que eles já estivessem organizados numa sequência cronológica. Contudo, alguns dos documentos contidos na biblioteca deuteronomista provavelmente já faziam parte de uma tradição mais ampla que tratava das origens de Israel. É isso sem dúvida que ocorre nas primeiras edições dos livros do Deuteronômio (se as instruções legais já estavam colocadas na boca de Moisés, ponto ao qual retornaremos mais adiante) e de Josué (sendo Josué o sucessor de Moisés). Blum (1990), Otto (2000) e outros demonstraram com argumentos sugestivos a existência de uma tradição mosaica no século VII, e é muito tentador supor que essa tradição deve ter pertencido também à biblioteca deuteronomista. Nesse caso, essa *vita Mosis* serviu provavelmente como manifesto antiassírio, na medida em que apresenta Moisés em contraposição a Sargon, o (suposto) fundador da monarquia assíria (cf. particularmente a narrativa do nascimento de Moisés em Ex 2); a libertação do trabalho forçado no Egito aludiria então às tentativas, feitas no reinado de Josias, de livrar-se das exigências impostas pelo Império Assírio aos seus vassalos.

Agora que sugerimos a possibilidade e a natureza de uma atividade literária deuteronomista na segunda metade do século VII, e situamos brevemente essa atividade em seu contexto sócio-histórico, podemos examinar os diferentes documentos que atribuímos à biblioteca deuteronomista no reinado de Josias.

4.2 A primeira edição do Deuteronômio no período assírio

Bibliografia seleta

BÍBLIA SAGRADA. 6. ed. Petrópolis: Vozes, 2007.

DION, P. E. The suppression of alien religious propaganda in Israel during the Late monarchical Era. *In*: HALPERN, B.; HOBSON, D. W. (eds.). *Law and ideology in monarchical Israel* (JSOTSup 124). Sheffield: Sheffield Academic Press, 1991.

DUTCHER-WALLS, P. The circumscription of the King: Deuteronomy 17:16-17 in its Ancient Social context. *Journal of Biblical Literature*, [*s. l.*], vol. 121, p. 601-616, 2002.

DUTCHER-WALLS, P. The social location of the Deuteronomists: A sociological study of factory politics in Late Pre-Exilic Judah. *JSOT*, [*s. l.*], vol. 52, p. 77-94, 1991.

GERTZ, J. C. *Die Gerichtsorganisation Israels im deuteronomischen Gesetz* (FRLANT 165). Göttingen: Vandenhoeck & Ruprecht, 1994.

KNOPPERS, G. N. The Deuteronomist and the Deuteronomic Law of the King: A reexamination of a relationship. *ZAW*, Berlim, vol. 108, 1996.

LEVINSON, B. M. *Deuteronomy and the hermeneutics of legal innovation*. Oxford: Oxford University Press, 1997.

LEVINSON, B. M. The reconceptualization of Kingship in Deuteronomy and the Deuteronomistic History's transformation of the Torah. *Vetus Testamentum*, [*s. l.*], vol. 51, p. 511-534, 2001.

MORROW, W. S. *Scribing the center*: Organization and redaction in Deuteronomy 14:1-17:13 (SBLMS 49). Atlanta: Scholars Press, 1995.

O'BRIEN, M. A. The Book of Deuteronomy. *CRBS*, [*s. l.*], vol. 3, p. 95-128, 1995.

OTTO, E. *Das Deuteronomium*: Politische Theologie und Rechtsreform in Juda und Assyrien (BZAW 284). Berlim: De Gruyter, 1999.

OTTO, E. Die Ursprünge der Bundestheologie im Alten Testament und im Alten Orient. *Zeitschrift für Altorientalische und Biblische Rechtsgeschichte*, [*s. l.*], vol. 4, p. 1-84, 1998.

OTTO, E. Von der Gerichtsordnung zum Verfassungsentwurf – Deuteronomische Gestaltung und deuteronomistische Interpretation im "Ämtergesetz" Dtn 16,18-18,22. *In*: KOTTSIEPER, I. *et al.* (eds.). *"Wer ist wie du, Herr, unter den Göttern"*: Studien zur Theologie und Religionsgeschichte Israels (Festschrift O. Kaiser). Göttingen: Vandenhoeck & Ruprecht, 1994.

PARPOLA, S.; WATANABE, K. *Neo-Assyrian treatises and Loyalty Oaths* (SAA 2). Helsinque: Helsinki University Press, 1988.

RÖMER, T. The Book of Deuteronomy. *In*: MCKENZIE, S. L.; GRAHAM, M. P. (eds.). *The history of Israel's tradition*: The heritage of Martin Noth (JSOTSup 182). Sheffield: Sheffield Academic Press, 1994.

STEYMANS, H. U. *Deuteronomium 28 und die adê zur Thronfolgeregelung Asarhaddons*: Segen und Fluch im Alten Orient und in Israel (OBO 145). Friburgo (Suíça): Universitätsverlag, 1995.

TILLESSE, G. M. de. Sections "Tu" et sections "Vous" dans le Deutéronome. *Vetus Testamentum*, [*s. l.*], vol. 12, p. 29-87, 1962.

Em sua forma atual, o Livro do Deuteronômio é o resultado de um longo processo redacional, que é indicado pelos seguintes pontos: o livro tem pelo menos dois prólogos (caps. 1-3[4] e 5-11) e diversas conclusões (caps. 26; 27-28; 30-34). Numerosas leis no cerne do livro (caps. 12-26) não pressupõem as introduções históricas (esp. caps. 1-4; 9-10), que tendem a integrar o Deuteronômio numa perspectiva histórica mais ampla, com diversas alusões a episódios paralelos no Êxodo e em Números. Esses capítulos passaram por diversas etapas de edição, como se pode constatar por afirmações[50] ou mudanças de estilo incoerentes. Nesse contexto, é

50. Cf., por exemplo, Dt 10: o relato da permanência temporária de Moisés na Montanha de Javé parece terminar nos versículos 6-9, que relatam a partida do povo, a morte de Aarão e instituições relativas aos levitas; no entanto, nos versículos 10-12, Moisés está novamente na montanha. Os versículos 6-9 são claramente acréscimos posteriores (a ser distinguidos em 6-7 e 8-9).

preciso mencionar a assim chamada *Numeruswechsel*; esse termo designa a frequente alternância entre a segunda pessoa do singular e a segunda pessoa do plural na forma de tratamento. Tal critério é muitas vezes usado para determinar as sucessivas etapas de desenvolvimento dentro do Deuteronômio: assim, muitas vezes afirma-se que os textos no *plural* pertencem a redatores exílicos, ao passo que textos que aparecem numa forma de tratamento no *singular* deveriam ser considerados pertencentes ao livro original do Deuteronômio[51]. Mas esse modo de ver é certamente muito simplificado, conforme se pode observar no exemplo seguinte:

> São estes os estatutos e decretos que vós deveis observar diligentemente na terra que Javé, o Deus dos teus pais, te deu para ocupar durante todos os dias em que vós viverdes sobre a terra (Dt 12,1).

É impossível reconstruir aqui uma sentença original no singular e não faz muito sentido tampouco postular para esse versículo três níveis redacionais. Por isso, alguns estudiosos consideram a combinação entre formas no singular e formas no plural um simples expediente *estilístico*. Há, na verdade, numerosos textos no Deuteronômio em que é impossível postular uma nova camada para cada mudança de forma de tratamento; e o fenômeno da *Numeruswechsel*, que na Bíblia hebraica não está limitado ao Deuteronômio (cf. também Ex 23,20-33; Lv 19), aparece também em textos não bíblicos, na inscrição de Sefire, bem como em tratados assírios. O exemplo seguinte vem de um Tratado de Asaradon: "(92) Deverás guardar lealdade absoluta com respeito a Assurbanipal [...] em nome do qual Asaradon, rei da Assíria, concluiu (este) tratado convosco" (Parpola; Watanabe, 1988, p. 28-58).

No Deuteronômio, a oscilação entre pronome singular e pronome plural *pode* indicar em alguns casos a presença de diferentes

51. Essa ideia foi apresentada por G. Minette de Tillesse (1962, p. 29-87).

estratos diacrônicos, provavelmente nas etapas mais antigas de desenvolvimento (cf. III.3 acima sobre Dt 12). Para os redatores posteriores, a combinação já existia, e eles podem facilmente tê-la imitado.

4.2.1 Deuteronômio e literatura assíria de tratados

A conclusão de tratados de vassalagem é um traço muito comum no Oriente Próximo desde o segundo milênio a.C. Nesses tratados, o rei suserano põe por escrito diversas estipulações às quais os reis vassalos devem conformar-se. A ideia central é obrigar os vassalos a uma lealdade absoluta a seu senhor. Maldições, e muitas vezes também bênçãos, constituem uma parte importante desses tratados; elas fornecem motivações para a necessidade de submissão. O Livro do Deuteronômio assemelha-se indiscutivelmente a esses tratados. Uma vez que já ocorrem tratados sob os imperadores hititas (segunda metade do segundo milênio a.C.), alguns estudiosos usaram essa analogia para datar o Deuteronômio no segundo milênio. Tal visão apologética é impossível: na segunda metade do segundo milênio a.C. não existe em Judá ou em Israel (que nesse tempo nem sequer existiam) nenhum contexto social onde editar semelhante documento.

Pelo contrário, há elos claros entre o Deuteronômio e os juramentos de lealdade neoassírios, e esses elos sugerem até dependência literária. Especialmente importantes são os *adê* (juramentos de lealdade) de Asaradon escritos em 672 a.C. Esse documento concentra-se no reconhecimento, por parte dos reis vassalos, de Assurbanipal como legítimo sucessor de Asaradon e inicia com uma lista de testemunhas divinas. As seguintes estipulações de lealdade insistem no "amor" a Assurbanipal e na necessidade de as futuras gerações observarem os mandamentos:

> (266-268) Amarás Assurbanipal [...] rei da Assíria, teu senhor, como a ti mesmo.

(195-197) Prestarás ouvidos a tudo quanto ele disser e a tudo quanto ele mandar, e não procurarás outro rei ou outro senhor contra ele.

(283-291) Este tratado [...] tu o exporás a teus filhos e netos, à tua semente e à semente de tua semente que nascer no futuro.

Estas estipulações estão bem próximas a Dt 6,4, texto que muitas vezes é considerado a abertura original do Deuteronômio:

> Ouve, Israel, Javé é nosso Deus, Javé é Um só. Amarás Javé teu Deus com todo o teu coração, com toda a tua vida e com toda a tua força. Guarda em teu coração estas palavras que hoje eu te ordeno [...] e ensina-as a teus filhos (Dt 6,4-7a).

Como já vimos, o código deuteronômico original iniciava com a lei da centralização em 12,13-18; essa lei está ligada ao capítulo seguinte, Dt 13, pela mesma ideologia da centralização. É interessante notar que Dt 13 tem paralelos também com estipulações do tratado de vassalagem de Asaradon (TVA), que adverte contra os instigadores de insurreição[52]. O versículo inicial, o 13,1: "Observa cuidadosamente tudo quanto eu te mando; nada acrescentarás e nada tirarás" inspira-se provavelmente em afirmações semelhantes do Tratado de Asaradon: (57) "Não mudarás nem alterarás a palavra de Asaradon, rei da Assíria".

O texto original de Dt 13 estava preocupado com alta traição contra Javé:

> (2a) Se surgir em teu meio um extático ou um visionário (3*) e te disser: "Vamos seguir outros deuses e servi-los", (4a) não prestes atenção às palavras do extático ou do visionário. (5) Mas seguireis Javé vosso Deus, só a Ele temereis, guardareis seus mandamentos, obedecereis à sua voz, a Ele servireis, a Ele vos apegareis. (6aα) E este extático ou visionário deverá ser morto por ter proferido traição contra Javé vosso Deus. (7abα) Se teu

52. Para esses paralelos, cf. especialmente: Dion (1991, p. 147-216) e Otto (1999, p. 14-90).

> irmão, filho de tua mãe, ou teu filho ou tua filha, ou a esposa de teu coração, ou o amigo que amas como a ti mesmo, te seduzir dizendo: "Vamos servir a outros deuses", (9) não deverás consentir seguí-lo. Não mostres piedade ou compaixão para com ele nem ocultes o fato. (10) Mas deverás realmente matá-lo[53].

A melhor maneira de entender esse mandamento é considerando-o como uma adaptação das prescrições de Asaradon:

> (108-123*): Se ouvires alguma palavra má, imprópria, feia, que não é decente ou boa para Assurbanipal [...] da boca de teus irmãos, de teus filhos, de tuas filhas, ou da boca de um profeta, de um extático, de um investigador de oráculos, ou da boca de qualquer ser humano, não a ocultarás, mas vem e relata-a a Assurbanipal. [...]
>
> [Cf. também 201-211, especialmente: "Não lhe prestarás atenção nem o deixarás ir embora, mas deves segurá-lo firmemente até que alguém de vós, que ama seu senhor, [...] vá até ao palácio" e [502] "proferindo traição contra Assurbanipal"].
>
> (138-140) Se fores capaz de segurá-los e entregá-los à morte, deverás depois destruir seu nome e sua semente da face da terra.

O autor de Dt 13, que copiou do Tratado de Asaradon, pretendia aplicar a ideologia de uma lealdade absoluta e exclusiva à relação entre Javé e "Israel"[54]; no Deuteronômio, Javé assume a posição do rei assírio. Também outra parte do Deuteronômio é adaptada do mesmo tratado: a lista de maldições em Dt 28,20-44 (Steymans, 1995). Vamos limitar-nos aos seguintes exemplos:

53. Para a reconstrução desse texto cf., embora com algumas diferenças, Otto (1999).

54. O termo Israel, do século X ao século VII a.C., era a designação do "Reino do Norte", cuja capital era Samaria. Quando Israel deixou de existir como unidade política, tornou-se um termo ideológico para designar o "povo de Javé" e foi reivindicado provavelmente por Josias (o mesmo aconteceu com o "Sacro Império Romano").

Dt 28

(24) Javé transformará a chuva de tua terra em pó e descerá poeira do céu até seres destruído;
(26) Teu cadáver será alimento para todas as aves do céu e animais da terra, e não haverá ninguém para espantá-los;
(27) Javé te ferirá com os tumores do Egito, com úlceras, escorbuto e sarna, dos quais não poderás ser curado;
(28) Javé te ferirá com loucura, cegueira e confusão da mente.

Tratado de vassalagem de Asaradon

(530) Assim como a chuva não cai de um céu de bronze, assim não desçam chuva e orvalho sobre teus campos e teus prados; em lugar de orvalho chovam sobre tua terra carvões ardentes;
(425-427) Oxalá Ninurta, o primeiro entre os deuses, te abata com sua seta feroz; oxalá cubra a planície com teu sangue e dê tua carne como alimento à águia e ao abutre;
(419-421) Oxalá Sin, o esplendor do céu e da terra, te cubra de lepra e te proíba chegar à presença dos deuses e do rei. Vagueia pelo deserto como o asno selvagem e a gazela;
(422-424) Oxalá Shamash, a luz do céu e da terra, não te julgue com justiça. Oxalá ele faça desaparecer tua visão. Perambula na escuridão.

Esses e outros paralelos[55] só permitem concluir que uma cópia desse tratado estava disponível em Jerusalém, o que influenciou fortemente a primeira edição do Deuteronômio. Otto é de opinião que Dt 13* e 28* existiram primeiro independentemente como um juramento e lealdade para com Javé antes de serem combinados com outros textos do código de leis. Mas pode-se perceber influên-

55. Por exemplo Dt 28,38-44 corresponde aos temas do TVA 490-493: alimentos, bebidas, unguentos, casa. Para mais detalhes e outros paralelos, cf. Steymans (1995) e Otto (1998, p. 41-43).

cia assíria também em outros capítulos do Deuteronômio[56], de modo que essa suposição permanece bastante especulativa.

4.2.2 Conteúdo, preocupações e ideologia da primeira edição do Deuteronômio

A primeira edição do Deuteronômio começava com Dt 6,4-5(6-7a) e terminava com as maldições de Dt 28. Em seu centro estavam as leis da centralização e da lealdade nos capítulos 12* e 13*; como também as prescrições seguintes, que de certa maneira podem ser entendidas como consequências da ideologia da centralização. A maioria dessas leis atualizava as prescrições mais antigas do Código da Aliança e as adaptava à nova situação social e econômica sob Josias. Dt 14,21-29[57] centraliza o pagamento dos impostos anuais (o "dízimo"), que antes eram recolhidos pelos santuários locais. As prescrições sociais em Dt 15* podem ser entendidas como uma compensação pela perda de poder econômico por parte dos santuários locais, mas de maneira mais geral o capítulo aplica-se a todos os pobres na sociedade judaíta. Essa preocupação social resulta da perturbação das estruturas clânicas e familiares tradicionais após a destruição das áreas rurais de Judá pelos assírios, a deportação de porções da população rural e a instalação de camponeses em cidades fortificadas sob Ezequias. O desenvolvimento de Judá sob Manassés e Josias estava ligado ao crescimento da população urbana, ao passo que a população rural passava por dificuldades econômicas que já não podiam mais ser resolvidas pelo apelo à solidariedade clânica. Por isso, o poder central precisava preocupar-se com a coesão social.

Em Dt 16,1-17 a lei da centralização é aplicada aos três grandes festivais anuais (Páscoa, Festa das Semanas, Festa dos Tabernáculos),

56. Vimos que Dt 6,4-7 também depende do mesmo Tratado de Asaradon.

57. Dt 14,1-20 é uma inserção posterior, que, em estilo sacerdotal, fornece informações complementares sobre animais puros e impuros.

como se vê pela citação de 12,17-18 em 16,5-6 (cf. também v. 11 e 15). A lei sobre os juízes (*šōfeṭîm*) e funcionários públicos (*šōṭerîm*)[58] em 16,18 e 17,8-13*[59] reflete com toda probabilidade a criação de juízes profissionais, que podem ter existido antes em Jerusalém, mas que agora controlam também toda e qualquer jurisprudência fora da capital. Essa lei é motivada por um desejo de controle e padronização.

A origem e a intenção da lei sobre o rei (Dt 17,14-20) são objeto de acalorados debates. Diz-se muitas vezes que essa lei pertenceu à edição josiânica do Deuteronômio[60]. De acordo com Dutcher-Walls, tal lei reflete uma estratégia corporativa de poder; revela a tentativa dos deuteronomistas, pertencentes à elite judaíta, de limitar o poder do rei. A restrição do poder real deve ser entendida como a tentativa de criar "um cauteloso equilíbrio entre ser leal a Javé e ser leal à Assíria, ou seja, que o rei pode ser ao mesmo tempo um bom servo de Javé e um bom vassalo da Assíria" (2002, p. 616)[61]. No Antigo Oriente Próximo, os altos funcionários, especialmente os escribas, podiam sem dúvida exercer algum controle sobre o rei, que muitíssimas vezes não sabia ler nem escrever, e isso com certeza vale também para Josias. Mas a presença de semelhante "lei" na edição josiânica do Deuteronômio seria estranha: não há nenhum paralelo em outros códigos de leis do Oriente Próximo. E mesmo se a "reforma josiânica" foi apoiada vigorosamente pelos deuteronomistas,

58. É bem possível que esse título e função tenham sido tomados da administração assíria. Cf. Gertz (1994, p. 82-84).

59. Dt 16,19–17,7 interrompem a lei relativa aos juízes e são acréscimos posteriores. 16,19-20 é uma exortação geral (dirigida na segunda pessoa) acerca da necessidade de procurar a justiça; 17,1-8 apresenta um caso de culto a outros deuses e inspira-se em Dt 13. Em 17,8-13, os versículos 9b e 10 foram acrescentados posteriormente, bem como a transformação do sacerdote num sacerdote levítico (9a). Para uma análise diacrônica desses textos, cf. Gertz (1994) e Morrow (1995).

60. Cf., entre as publicações recentes: Knoppers (1996, p. 329-346); Levinson (2001, p. 511-534); Dutcher-Walls (2002, p. 601-616).

61. Em publicações anteriores, a autora sublinha a existência de facções conflitantes entre a classe de elite nas sociedades agrárias. Cf. especialmente Dutcher-Walls (1991, p. 77-94).

eles não teriam restringido tão abertamente o poder do rei numa publicação "oficial". A "lei do rei", em seu teor atual, não é uma lei, mas muito mais uma introdução à história do fracasso da monarquia, como vem relatado na edição exílica dos livros de Samuel e Reis[62]; voltaremos, por conseguinte, a esse texto quando tratarmos da edição exílica da HD. As estipulações acerca dos rendimentos sacerdotais e a possibilidade de os levitas locais alistarem-se no quadro de funcionários do santuário central (18,1-8*) provêm da edição josiânica do Deuteronômio, enquanto a lei sobre os profetas deve-se provavelmente ao redator exílico. A instituição de cidades de asilo em 19,2a.3b.4-6.11-12[63] é uma consequência lógica da lei da centralização; tradicionalmente os santuários locais eram lugares de asilo. O fechamento (teórico) desses santuários tornava necessários substitutos para essa função. As leis de guerra no capítulo 20 provavelmente não pertenciam à primeira edição do Deuteronômio, mesmo que a proibição contra a destruição de árvores frutíferas (20,19-20) possa ser entendida como polêmica contra uma prática assíria. A função de Dt 20 é menos legal do que programática. Esse capítulo prepara os relatos de conquista no Livro de Josué. As leis sociais e cultuais em 21,1-4.5-9*.15-21*; 22*; 23,18-26[64]: 24,1-25,16* são muito comuns nos códigos de leis do Antigo Oriente Próximo (cf. os paralelos com o Código da Aliança, com o Código de Hamurabi e também com os códigos de leis assírios). Encaixam-se bem na ideologia real, segundo a qual o rei é o protetor dos pobres e dos fracos em

62. Um cenário exílico de Dt 17 é defendido também por Otto (1994, p. 142-155).

63. Para esta reconstrução da lei original, cf. Gertz (1994, p. 118-127).

64. A "lei" contra os prostitutos e prostitutas (cúlticos) nos versículos 19-20 é compreensível no contexto de uma ideologia de javismo exclusivo, já que esses prostitutos estão associados à deusa Ishtar (talvez Aserá em Judá). Uma preocupação semelhante pode ser detectada na proibição do travestismo em 22,5, que também está relacionada com o culto de Ishtar. Já que esse versículo interrompe o tema do comportamento para com os animais nos versículos 1-4 e 6-7, o 22,5 poderia ser um acréscimo posterior.

seu reino. Dt 26,2*.3a.10-11 concluem a primeira edição das prescrições deuteronômicas. Esses versículos aludem a temas importantes da abertura em Dt 12,13-18: o único santuário escolhido por Javé (cf. 26,2 e 12,18) e a apresentação dos primeiros frutos no santuário, o que é um sinal da liberalidade de Javé (26,10-11 e 12,17-18). Assim, todo o código de leis é dominado pela ideologia da centralização. O código terminava com as maldições em Dt 28* (cf. acima)[65] e talvez com a invocação do céu e da terra como testemunhas (divinas) em 30,19a.

O código de leis deuteronômico do século VII pode ser entendido como um programa para a reorganização do Estado judaíta a fim de proporcionar mais poder a seu centro. Os numerosos paralelos com documentos assírios, especialmente o Tratado de Asaradon, estão de acordo com a forte influência da cultura assíria sobre todos os estados do Levante. Mas o fato de os escribas deuteronomistas, em alguns casos, quase terem copiado o Tratado de Asaradon pode também revelar uma intenção subversiva ou uma intenção polêmica. Apresentando o Deuteronômio como um tratado entre Javé e Judá ("Israel"), eles sublinham também o fato de que o suserano de Judá não é o rei assírio e as divindades que ele representa, mas Javé, o "único" deus (nacional) de Judá-Israel. Uma intenção bastante semelhante pode ser detectada na primeira edição do Livro de Josué.

4.3 Propaganda política e militar no Livro de Josué

Bibliografia seleta

BÍBLIA SAGRADA. 6. ed. Petrópolis: Vozes, 2007.

65. Se a edição josiânica do Deuteronômio inspira-se sobretudo no Tratado de Asaradon, podemos supor que, seguindo o modelo assírio, ela contém apenas maldições e nenhuma bênção.

FINKELSTEIN, I. ; SILBERMAN, N. A. *The Bible unearthed*: Archaeology's new vision of Ancient Israel and the origin of its sacred texts. Nova York: Free Press, 2001.

NELSON, R. D. *Joshua*: A commentary (Old Testament Library). Louisville: Westminster John Knox Press, 1997.

NISSINEN, M. *Prophets and prophecy in the Ancient Near East* (Writings from the Ancient World 12). Atlanta: Society of Biblical Literature, 2003.

ROWLETT, L. L. *Joshua and the rhetoric of violence*: A new historicist analysis (JSOTSup 226). Sheffield: Sheffield Academic Press, 1996.

VAN SETERS, J. *In search of history*: History in the Ancient World and the Origin of Biblical History. New Haven: Yale University Press, 1983.

VAN SETERS, J. Joshua's Campaign of Canaan and Near Eastern Historiography. *SJOT*, [*s. l.*], vol. 2, p. 1-12, 1990.

YOUNGER, K. L. *Ancient conquest accounts*: A study in Ancient Near Eastern and Biblical history writing (JSOTSup 98). Sheffield: JSOT Press, 1990.

4.3.1 O problema da composição em Josué

O Livro de Josué pode facilmente ser dividido em duas grandes partes, contendo tipos muito diferentes de materiais. Js 2–12 é sobretudo uma narrativa que relata a preparação e realização da conquista, ao passo que a maior parte dos capítulos 13-22 contém listas com os territórios e fronteiras das tribos de Israel após seu assentamento. Todo o livro é emoldurado por discursos de Javé e Josué (Js 1; Js 23–24). A idade e a proveniência dos vários materiais contidos nessas duas seções são objeto de ampla discussão hoje, mas, de qualquer forma, a óbvia diferença de gênero sugere claramente que os capítulos 2-12 e 13-22 devem ter passado por uma evolução separada. Os discursos de moldura (Js 1 e 23–24) são geralmente atribuídos às edições deuteronomistas do livro; mas Js 24 é, como veremos, provavelmente ainda mais tardio (pós-exílico).

É difícil determinar as origens das listas conservadas em Js 13–19 (20–21). A maioria dos especialistas situam-nas no contexto da administração real, e alguns chegaram a atribuir partes das listas dos territórios tribais ao tempo dos juízes[66]. Por outro lado, alguns estudiosos, particularmente devido à presença de estilo e terminologia sacerdotais nesses capítulos, consideram todas as listas contidas em Js 13–21 como criações tardias do período pós-exílico (Van Seters, 1983, p. 331-337). Devemos concordar que a visão bíblica da organização de Israel em doze tribos é uma projeção tardia sem qualquer base histórica; deve-se, portanto, abandonar um cenário para uma lista incluindo doze tribos composta antes da monarquia israelita. No entanto, pode-se perguntar se é totalmente satisfatório atribuir todas as listas contidas em Js 13–21 a autores dos períodos babilônico ou persa; não deveríamos excluir que algumas delas provenham dos arquivos reais e possam refletir tentativas de reorganização territorial sob Josias. Js 15,20-62 e 18,21-28 poderiam refletir os distritos de Judá por volta de 620 a.C., incluindo Benjamim. Mas está claro que a forma presente dessas listas provém de um período muito posterior, como já o mostra a combinação dos estilos sacerdotal e deuteronomista nesses capítulos.

Também a seção narrativa em Js 2–12 deve ter passado por uma gênese complexa. Seja como for, é claro que a opinião tradicional sobre as origens do relato da conquista já não pode mais ser sustentada. Essa opinião baseava-se na observação de que os relatos detalhados da conquista em Js 6–9 ocorrem no território de Benjamim. A. Alt e M. Noth tiraram a conclusão de que esses relatos eram

66. Especialmente Alt; para mais detalhes, cf. a história da pesquisa feita acima.

originalmente tradições locais do final do segundo milênio a.C.; seu propósito era explicar o assentamento da tribo de Benjamim. Mais tarde, um editor judaíta teria coletado e revisto essas etiologias, aplicando a elas uma perspectiva pan-israelita.

Já que na presente narrativa o herói, Josué, provém do Norte, da tribo de Efraim, Alt e Noth precisavam supor que um herói benjaminita original teria sido suprimido posteriormente e substituído por Josué. Isso é pura especulação. Além disso, a existência de uma ampla atividade literária no sul da Palestina no início do primeiro milênio foi questionada por investigações socioarqueológicas. Finalmente, a reconstrução de Alt e Noth pressupõe uma concepção da origem *exógena* de Israel (por conquista ou lenta infiltração), que parece impossível sustentar. Não há nenhuma dúvida razoável de que o surgimento do primitivo Israel (mencionado na estela de vitória do Faraó Mernefta no fim do século XIII a.C.) foi o resultado de mudanças socioeconômicas ocorridas em Canaã. A maioria dos israelitas primitivos era de pessoas locais que se instalaram nas regiões altas de Canaã[67].

Quanto ao "cenário benjaminita" de Js 6–9, que ainda precisa de explicação, parece que os relatos de conquista neoassírios e neobabilônicos apresentam um ponto de partida mais seguro para a investigação do que algumas considerações dúbias sobre as supostas origens tribais de Israel.

4.3.2 Relatos de conquista neoassírios e sua importância para a primeira edição de Josué

Relatos de conquista são bastante comuns no Antigo Oriente Próximo e desempenham um papel importante na ideologia da corte; tais relatos podem ser encontrados nas literaturas hitita, egípcia e mesopotâmica. Temos diversos testemunhos da literatura neoassíria em

67. Sobre a questão das origens israelitas, cf. Finkelstein e Silberman (2001, p. 97-122).

particular, nos quais os relatos de conquista parecem ter sido um dos principais gêneros literários usados para propaganda real[68]. É evidente que esses relatos não são descrições "realistas" ou objetivas de acontecimentos históricos. Refletem a autocompreensão nacionalista e militarista dos assírios e pertencem a estratégias de "guerra psicológica", como já se pode ver pela presença de muitos estereótipos nesses relatos. É interessante que os relatos de conquista neoassírios em particular apresentam numerosos paralelos com as histórias presentes em Js 6–12; esse fenômeno só pode ser explicado por dependência literária.

Os elementos que ocorrem com maior frequência nos relatos assírios são os seguintes:

(a) A conquista de certos lugares estratégicos é contada mais longamente, ao passo que outros lugares ou terras derrotados aparecem em exposições sumarizantes;

(b) Antes de empreender a guerra, o rei recebe um oráculo de salvação da divindade tutelar;

(c) Os relatos acentuam também a submissão voluntária de povos estrangeiros, alguns dos quais até vieram de longe para submeter-se ao rei;

(d) Os inimigos estão muitas vezes organizados em coalizões impressionantes;

(e) O exército assírio, no entanto, sai sempre vitorioso devido a intervenções miraculosas dos deuses assírios;

(f) A vitória completa implica frequentemente executar os reis inimigos, que em vão tentam fugir.

Todos estes elementos podem ser encontrados também no Livro de Josué.

(a) Js 6–12 relata detalhadamente a conquista de Jericó e Hai-Betel (caps. 6-8), ao passo que as vitórias subsequentes são contadas de maneira mais enumerativa (10,28–12,24);

68. Esses textos são convenientemente coligidos e discutidos em Younger (1990).

(b) Js 10,8 contém um oráculo de salvação para Josué, pronunciado por Javé na iminência de uma batalha decisiva: "Não temas, pois os entreguei a ti; nenhum deles resistirá diante de ti" (cf. também Js 1,3-6; 11,6). Esse oráculo está muito próximo a numerosos oráculos proferidos a Asaradon por profetas da deusa Ishtar, assegurando-o da futura vitória, como no exemplo seguinte (SAA 9 1.1): "Asaradon, rei das terras, não temas. [...] Eu sou Ishtar de Arbela, esfolarei teus inimigos e os entregarei a ti. Eu sou Ishtar de Arbela, vou à tua frente e atrás de ti" (*apud* Nissinen, 2003, p. 102);

(c) O motivo da submissão voluntária de povos estrangeiros é também atestado em Js 9, onde os gabaonitas, desejando tornar-se vassalos dos israelitas, fingem vir de longe. Eles são integrados e "protegidos" pelo exército israelita, como o são os vassalos da Assíria;

(d) Js 10,1-5 descreve uma impressionante coalizão de cinco reis "amorreus", que Josué irá derrotar com a ajuda de Javé;

(e) Js 10,10-11 tem um paralelo num texto do rei assírio Sargon II, chamado "Carta ao deus". Esse texto relata a vitória do exército assírio graças a uma intervenção do deus da tempestade Adad. Ambos os textos relatam uma grande carnificina de inimigos na descida ou na subida de uma montanha, e ambas as histórias são seguidas de intervenção militar divina. "O resto do povo, que fugira para salvar sua vida [...]. Adad, o violento, o filho de Anu, o valoroso, soltou seu forte grito contra eles; e com nuvem torrencial e pedras do céu aniquilou completamente os restantes" (Younger, 1990, p. 210). Js 10,11 descreve de forma semelhante: "Ao fugirem diante de Israel; enquanto desciam a encosta de Bet-Horon, Javé lançou grandes pedras do céu sobre eles até Azeca e eles morreram; foram mais numerosos os que morreram por causa do granizo do que aqueles que os israelitas mataram à espada";

(f) Todas as campanhas do Rei Senaquerib incluem a aniquilação dos fugitivos e a morte dos reis ou governadores inimigos:

"E os príncipes poderosos temeram meu aparato de batalha; fugiram de suas casas e como morcegos (vivendo em) gretas (cavernas) fugiram sozinhos para lugares inacessíveis. [...] Os governadores (e) nobres que haviam pecado eu executei; e pendurei seus cadáveres em postes ao redor da cidade" (*apud* Younger, 1990, p. 221, 223)[69]. Esses textos estão bem próximos a Js 10,16 e 26: "Entretanto, estes cinco reis fugiram e esconderam-se na caverna de Maceda. [...] Josué golpeou-os e matou-os, e pendurou-os em cinco árvores. E eles ficaram pendentes das árvores até ao entardecer".

Esses paralelos sugerem que os relatos de conquista presentes no Livro de Josué foram diretamente influenciados pelo gênero e ideologia dos relatos de guerra neoassírios; por isso, dificilmente são anteriores ao século VIII ou VII a.C[70]. Na verdade, não admira que os escribas reais em Jerusalém conhecessem os documentos neoassírios e que tenham resolvido imitá-los em sua tentativa de criar uma literatura de conquista legitimando a autonomia nacional de Judá, pois os assírios haviam desenvolvido notáveis estratégias de propaganda. Documentos (como os que analisamos acima), inscrições, todo tipo de recursos iconográficos (desenhos, baixos-relevos etc.) e até rituais foram mobilizados para manifestar a supremacia militar do rei neoassírio. É o que ocorre nas frequentes representações que mostram o cerco de uma cidade em que os soldados assírios são muitas vezes representados como várias vezes mais altos do que seus adversários e às vezes até tão altos como a própria cidade, dando assim a entender a

69. O relato da campanha de Assurbanipal contra os elamitas também contém interessantes paralelos com Js 10; para o texto, cf. Nissinen (2003, p. 146-150).

70. Conforme já mencionamos, os relatos militares não se limitam aos textos assírios e babilônicos, mas podem ser encontrados em quase todo o Antigo Oriente Próximo. Os temas da divindade expulsando diante de seu povo os inimigos derrotados e do anátema dos prisioneiros (que devem ser mortos), também ocorrem, por exemplo, na estela do rei moabita Mesa (aproximadamente 840 a.C.). Mas os paralelos mais precisos e diretos com os relatos de conquista da Bíblia hebraica encontram-se nos documentos neoassírios.

avassaladora superioridade do exército assírio. Não seria exagerado falar de uma "guerra psicológica", sugerindo às populações sitiadas que não adianta resistir e que seus deuses locais em nada ajudam. Essa estratégia assíria reflete-se na Bíblia hebraica, em 2Rs 18–19. Esses capítulos relatam o cerco de Jerusalém sob Ezequias (701 a.C.). De acordo com o relato, o rei assírio envia um alto funcionário. Este discursa aos habitantes da capital judaíta, dizendo-lhes que os deuses das nações são incapazes de resistir ao soberano assírio e pedindo-lhes que abandonem seu deus nacional e se rendam à supremacia assíria. A deportação dos deuses das cidades conquistadas para templos assírios, que é bem-atestada, tinha também a função de visualizar o predomínio da Assíria e de seus deuses sobre os países derrotados. Por isso, os escribas jerosolimitanos não podiam ignorar essa propaganda maciça e nada mais lógico que ela constituísse sua grande fonte de inspiração ao comporem a primeira versão dos relatos da conquista em Josué.

4.3.3 A função do primeiro relato da conquista no tempo de Josias (Js 5–12)*

Como já vimos, o mais favorável contexto social e político para os inícios da atividade literária deuteronomista é o tempo de Josias. Assim como o Deuteronômio, a primeira edição de Josué deve ter servido muito bem à política nacional de Josias e seus conselheiros. Essa edição consistia provavelmente quase só de narrativas de batalha e conquista; imitando o gênero da propaganda assíria, destinava-se a afirmar a independência política e militar de Judá, num tempo em que a influência assíria estava declinando na região. Como consequência, o deus judaíta Javé era apresentado como assumindo as principais características do deus nacional assírio Assur e sendo, portanto, o garante da autonomia política de seu povo.

Já não é possível reconstruir a extensão exata da versão primitiva do Livro de Josué. Pode ter começado com a investidura de Josué em Js 5,13-14, embora seja evidente que o texto como subsiste hoje não pode constituir o início original da história de Josué; no entanto, esse curto episódio proporciona uma boa introdução aos relatos seguintes, já que Josué é designado por intervenção divina como líder militar. Esse texto tem também um paralelo perfeito com o relato da campanha de Assurbanipal contra Elam; essa campanha é precedida por uma visão na qual um profeta vê a deusa Ishtar armada e de pé diante do rei, dizendo-lhe que ela lutará por ele em sua guerra contra os elamitas:

> Ishtar que reside em Arbela entrou, trazendo aljavas pendentes do lado direito e do lado esquerdo e segurando na mão um arco. Ela havia sacado uma espada pontiaguda, pronta para a batalha. Tu estavas diante dela e ela te falou como uma mãe que te deu à luz. [...] Tu lhe disseste: "Aonde quer que fores, eu irei contigo!" Mas a Senhora das Senhoras respondeu-te: "Permanece aqui em teu lugar! [...] enquanto eu vou realizar essa tarefa" (*apud* Nissinen, 2003, p. 147-148).

No Livro de Josué, a visão foi originalmente seguida por 6,2, que introduz a história da conquista de Jericó[71]. Essa história abre o ciclo das conquistas em Js 5–12* com um relato exemplar, mostrando como as vitórias de Israel devem-se todas à intervenção miraculosa de Javé. Provavelmente a história limitava-se originalmente aos versículos seguintes: 6,2a.3.4b*.5.11.14-15.20b-21.27. Expõe os principais elementos para uma conquista bem-sucedida de acordo com os escribas jerosolimitanos: a mediação de Josué, que aqui representa o rei como intermediário entre a divindade nacional e o povo e que alude claramente a *Josias*, a obediência do povo e a execução do anátema sobre a cidade conquistada como sinal de consagração da vitória a Deus. No início a conquista de Jericó era seguida

71. A resposta de Javé em 5,15 não pode ser a resposta original à pergunta de Josué em 5,14. Mas sua declaração em 6,2 fornece uma boa resposta a essa pergunta e segue tranquilamente, sem destoar, após 5,14, de modo que é provável que 5,15 e 6,1 sejam interpolações posteriores. Aparentemente 5,15 procurou estabelecer um paralelo entre Josué e Moisés. Cf. Ex 3,5.

imediatamente pela conquista de Hai em Js 8*, sendo a história de Acã muito provavelmente uma interpolação posterior. Mas, enquanto Js 6* realçava a intervenção divina na conquista da cidade, no relato da conquista de Hai o acento recai nas estratégias militares usadas por Josué e pelo exército de Israel. Assim, o cerne do episódio é formado pela descrição da emboscada com a qual Josué conseguiu derrotar os habitantes de Hai e Betel. A versão original incluía provavelmente 8,1-2*.10-12.14-16.19b.20-21.23.25.27.29.

A menção de *Betel* nessa narrativa, junto com Hai, é particularmente notável (cf. 8,12). À primeira vista, essa menção é surpreendente numa história que relata a conquista de Hai. Contudo, isso faz perfeitamente sentido no contexto do reinado de Josias, já que essa cidade junto com Jericó e Gabaon (cuja submissão é relatada em Js 9*) representam importantes centros culturais e políticos na região de Benjamim e teriam sido logicamente os alvos mais imediatos da política de expansão nacional e territorial de Josias. É difícil saber até que ponto a campanha de Josias foi bem-sucedida. Segundo 2Rs 23,15, Josias destruiu o Santuário de Betel, mas essa notícia pode ser uma ficção tardia sem qualquer fundamento histórico. No entanto, mesmo se não temos nenhum registro histórico para a anexação de Benjamim sob Josias, Benjamim deve ter constituído o primeiro passo para uma campanha que visava conquistar alguns dos territórios do Norte sob a hegemonia neoassíria. O fato de que, sob o domínio neobabilônico, Benjamim e Judá puderam ser agrupados numa única entidade administrativa (cuja capital muito provavelmente foi Masfa) sugeriria também que os conquistadores neobabilônicos já percebiam que essas duas regiões formavam de certa maneira uma unidade política e territorial; essa situação reflete-se também em alguns textos bíblicos como, por exemplo, Jr 17,26; 32,44; 33,13.

A história do tratado com os habitantes de Gabaon em Js 9 não é um relato de conquista propriamente dito; no entanto, reflete tanto uma prática concreta na política neoassíria de conquista e ocupação quanto um expediente literário frequente na tradição de propaganda dos escribas, em que povos estrangeiros são representados entregando-se espontaneamente ao rei assírio. De acordo com a ideologia neoassíria, a conclusão de tais tratados garantia proteção aos povos que capitulavam, os quais se tornavam assim vassalos (em linguagem administrativa: "amigos") do rei assírio. No episódio original de Js 9, que pode ter incluído 9,3-6.8b e 9-15a*, os gabaonitas são representados de forma semelhante: tendo ouvido falar da fama de Josué após sua vitória sobre Jericó e Hai, resolveram render-se a ele. Aqui Josué é apresentado à maneira do suserano assírio que recebe a submissão de seus vassalos e por sua vez os protege, como se mostra na história seguinte (Js 10). Nesse capítulo, Josué age como suserano defendendo os gabaonitas, que se haviam tornado seus vassalos, contra impressionantes coalizões de inimigos, que finalmente são derrotados. A ideia de grandes coalizões de inimigos, cujos reis são finalmente mortos (10,1-5 e 16-27), é um tema favorito nos relatos de conquista neoassírios, bem como o pronunciamento de um oráculo divino anunciando a vitória (1,8) e a intervenção da própria divindade (10,10-11). Mas os autores deuteronomistas de Js 10* vão além de seu modelo literário; descrevem nessa ocasião o controle de Josué até mesmo sobre o próprio sol e a própria lua (10,12-13), que são importantes divindades assírias, implicando assim a superioridade de Javé (e de seu líder escolhido) sobre o panteão assírio.

Assim, Js 6–10* apresenta ao leitor três tipos diferentes de relatos de conquista: um no qual a cidade, seus habitantes e posses são aniquilados (Js 6*); outro no qual a cidade é destruída mas leva-se algum butim (Js 8*); e um terceiro tipo no qual o povo resolve render-se e tornar-se vassalo. O primeiro tipo aparece como uma espécie de "ideal" deuteronomista de guerra, que pode ser encontrado também, por exemplo, na estela de Mesa. Esse monumento, que celebra a vitória de um rei moabita contra Israel, afirma que "todo Israel" foi exterminado e posto sob anátema em honra de Camos, o deus nacional de Moab. No entanto, Mesa menciona um pouco depois o número de cativos que tomou, o que mostra que o anátema sobre Israel não era completo e, portanto, tinha sobretudo um significado simbólico e ideológico. Uma estrutura semelhante pode ser observada quando passamos de Js 6 para Js 8. O último relato sugere também que a destruição da cidade não foi absoluta, já que o gado é levado pelos israelitas como butim. Finalmente, os capítulos 9-10* sugerem que existe uma alternativa à destruição em caso de submissão ao exército israelita. É tentador interpretar a alternativa construída por esses capítulos no contexto da propaganda josiânica dirigida ao antigo Reino de Israel, especialmente se Josué é uma espécie de criptograma para o próprio Josias, como alguns autores têm sugerido. O relato de conquista de Js 6–10* convidaria assim os habitantes do Norte a aceitar Josias como seu novo senhor.

Sem excluir totalmente a possibilidade de que alguma parte do material conservado nas listas de Js 13–19 provenha do século VII e possa ter pertencido à edição josiânica de Josué, já vimos que os capítulos 13-19, em sua forma atual, são de origem muito posterior. Se a primeira edição de Josué não continha textos como Js 15* ou 18*, talvez se encerrasse com a afirmação de 11,23 ("Assim Josué tomou toda a terra [...] e deu-a como herança a Israel de acordo com suas divisões tribais. E a terra descansou da guerra"), que é uma conclusão adequada. Caso contrário, a conclusão da edição josiânica deveria provavelmente encontrar-se em Js 21,43-45*[72]; sobretudo, esses versículos insistem no fato de que Javé deu a totalidade da terra ao povo de Israel e derrotou todos os seus inimigos[73].

72. Como veremos mais adiante, a maior parte dos capítulos 20-24 pertence a redações posteriores, exílicas ou pós-exílicas.

73. É possível que a referência à promessa divina feita aos pais, presente nesses versos, seja uma inserção posterior, destinada a criar um elo redacional entre o

Assim, a versão original do Livro de Josué adota elementos da ideologia real assíria a fim de construir uma narrativa militar legitimando a ocupação da terra por parte de Israel. Essa narrativa está em oposição a outros mitos das origens de Israel, que podem ser encontrados nas narrativas patriarcais (Gn 12–36) e em alguns salmos, bem como em Oseias. Em todas essas tradições, a ocupação da terra por Israel é descrita de forma pacífica, quer Israel seja considerado uma população nativa, como nas histórias mais antigas do Gênesis, ou como proveniente de fora e sendo introduzido na terra por Javé (Os 13,4-6). Nesse aspecto, a versão original de Josué está lançando o fundamento da ideologia nacionalista característica da escola deuteronomista pelo final da monarquia judaíta. É bem possível que a assim chamada "tradição da conquista" nada mais seja do que uma invenção dos escribas deuteronomistas.

4.4 Juízes, Samuel e Reis

4.4.1 O Livro dos Juízes

Como já mencionamos, Juízes é, dentro dos Profetas Anteriores, o livro que tem o menor número de passagens tipicamente deuteronomistas. Esses textos (Jz 2,6–3,6; 6,11-18; 10,6-16) são tidos geralmente como composições um tanto tardias e não podem, portanto, ser atribuídos aos escribas reais do final do século VII. Isso não significa necessariamente que todo o Livro dos Juízes seja uma criação posterior. A observação de que todos os juízes exceto um (Otoniel) vieram do Norte levou à convincente hipótese de que, por trás do atual Livro dos Juízes, está uma coleção de relatos acerca de "Salvadores" israelitas originários do Reino do Norte. Embora essa coleção tenha sido ligeiramente reelaborada pela escola deuteronomista quando, num tempo posterior, o Livro dos Salvadores

Livro de Josué e o Livro do Deuteronômio. O texto original de Js 21,43-45 ter-se-ia limitado, portanto, aos versículos 43* (sem "que ele prometera dar a seus pais") e 44. Se o Livro de Josué e o Livro do Deuteronômio já formavam uma composição coerente no tempo de Josias é tema de debate.

foi integrado na História Deuteronomista, é perfeitamente lógico supor que ela não foi usada pelos escribas reais no tempo de Josias, já que a orientação nortista dessa coleção não se encaixava absolutamente na política nacionalista judaíta deles. Isso implica que, no tempo de Josias, ainda não havia propriamente falando uma "história" deuteronomista, já que os livros de Deuteronômio até Reis não estavam relacionados um com o outro por uma estrutura cronológica coerente e pela sucessão de períodos distintos diferentes. A obra deuteronomista nesse tempo era, ao invés, uma coleção um tanto solta, que contava a história das origens de Israel (Deuteronômio e Josué) e da monarquia davídica até Josias (Samuel e Reis).

4.4.2 Os livros de Samuel

Bibliografia seleta

BÍBLIA SAGRADA. 6. ed. Petrópolis: Vozes, 2007.

CRYER, F. H. Of epistemology, Northwest-Semitic epigraphy and irony: The bytdwd/House of David Inscription Revisited. *JSOT*, [*s. l.*], vol. 69, p. 3-17, 1996.

DIETRICH, W.; NAUMANN, T. *Die Samuelbücher* (Erträge der Forschung 287). Darmstadt: Wissenschaftliche Buchgesellschaft, 1995.

FINKELSTEIN, I.; SILBERMAN, N. A. *The Bible unearthed*: Archaeology's new vision of Ancient Israel and the origin of its sacred texts. Nova York: Free Press, 2001.

FISCHER, A. A. *Von Hebron nach Jerusalem*: Eine redaktionsgeschichtliche Studie zur Erzählung von König David in II Sam 1-5 (BZAW 355). Berlim: De Gruyter, 2004.

KNAUF, E. A. Le roi est mort, Vive le roi! A biblical argument for the historicity of Solomon. *In*: HANDY, L. K. (ed.). *The age of Solomon*: Scholarship at the turn of the millennium (Studies in the History and Culture of the Ancient Near East 11). Leiden: Brill, 1997. p. 81-95.

MCCARTER, P. K. *I Samuel*: A new translation with introduction, notes and commentary (AB 8). Nova York: Doubleday, 1980.

MCCARTER, P. K. *II Samuel*: A new translation with introduction, notes and commentary (AB 9). Nova York: Doubleday, 1984.

MCCARTER, P. K. The Books of Samuel. *In*: MCKENZIE, S. L.; GRAHAM, M. P. (eds.). *The history of Israel's tradition*: The heritage of Martin Noth (JSOTSup 182). Sheffield: Sheffield Academic Press, 1994. p. 260-280.

MCKENZIE, S. L. The so-called succession narrative in the Deuteronomistic History. *In*: PURY, A. de; RÖMER, T. (eds.). *Die sogenannte Thronfolgegeschichte Davids*: Neue Einsichten und Anfragen (OBO 176). Friburgo (Suíça): Universitätsverlag/Vandenhoeck & Ruprecht, 2000.

NA'AMAN, N. Beth-David in the aramaic Stela from Tel Dan. *Biblische Notizen*, [*s. l.*], vol. 79, p. 17-24, 1995.

VAN SETERS, J. The court history and DtrH: Conflicting perspectives on the house of David. *In*: PURY, A. de; RÖMER, T. (eds.). *Die sogenannte Thronfolgegeschichte Davids*: Neue Einsichten und Anfragen (OBO 176). Friburgo (Suíça): Universitätsverlag, 2000.

Distinguem-se geralmente diversas unidades nos livros de Samuel. 1Sm 1–3 (1,1–4,1a) relata o nascimento de Samuel e seu serviço no santuário local de Silo. 1Sm 4–6 (4,1b–7,1) relata a perda da "arca" (provavelmente um paládio de batalha) de Javé numa luta contra os filisteus. Em 1Sm 7–15, são descritos a instituição da realeza em Israel (8–12) e os primeiros anos de Saul, primeiro rei de Israel (13–15). A introdução do personagem de Davi em 1Sm 16, que acabará substituindo Saul no trono de Israel, marca a inauguração de uma nova seção, geralmente designada como "História da Ascensão de Davi" (HAD), que começa em 1Sm 16 e tradicionalmente concluía em 2Sm 5, quando o judaíta Davi é feito rei sobre "todo o Israel" (cf. v. 3). Os capítulos 5-8 de 2Sm relatam vários episódios centrais do reinado de Davi: a tomada de Jerusalém, futura capital de

Davi (2Sm 5), o retorno da arca de Javé a Jerusalém (2Sm 6), o ardente desejo de Davi de construir um templo para a arca residir e a promessa de uma dinastia perpétua que em troca Davi recebe de Javé (2Sm 7) e, finalmente, as batalhas e a administração de Davi (2Sm 8).

Os capítulos 9-20 são geralmente chamados de "Narrativa da Sucessão" (NS), já que os filhos de Davi e o problema de sua sucessão se tornaram o principal foco do relato (em particular na narrativa sobre a tentativa de Absalão de substituir seu pai no trono, 2Sm 13–20). Finalmente, 2Sm 21–24 apresenta uma coleção das várias tradições sobre Davi, que constitui uma espécie de "apêndice" ao reinado de Davi e aos livros de Samuel como um todo.

Como dá a entender este breve sumário, os livros de Samuel estão entre os menos unificados e menos homogêneos no conjunto dos livros dos Profetas Anteriores. 1Sm 1,1 proporciona uma boa introdução à nova era que começa após o período dos juízes, mas a história contida em 1Sm 1–6 tem pouco a ver diretamente com a introdução do governo monárquico em Israel. A divisão em dois livros é também um tanto artificial: a conclusão de 1Sm no capítulo 31 com a morte de Saul combina com o uso bíblico (cf. Gn 50; Dt 34; Js 24; etc.), mas divide a HAD em duas. O final de 2Sm é especialmente problemático: a NS é evidentemente continuada em 1Rs 1–2, com o relato sobre a sucessão e morte de Davi, que deve ter formado a conclusão lógica aos livros de Samuel. Em vez disso, 2Sm 21–24 interrompe a NS. Esses capítulos formam uma coleção solta de tradições sobre Davi com poucas conexões temáticas, embora o arranjo presente do material não esteja destituído de coerência[74]. O artificialismo da divisão entre os livros de Samuel e Reis aparece

74. O arranjo de 2Sm 21–24 apresenta uma estrutura invertida:

A 21,1-14: Praga (seca).

  B 21,15-22: Heróis de Davi.

    C 22: Salmo de Davi.

    C' 23,1-7: Último ensinamento de Davi B' 23,8-39: Heróis de Davi.

A' 24: Praga (peste).

também no fato de que a tradição grega agrupa Samuel–Reis numa única coleção (1-4Reis). Essas observações confirmam a ideia tradicional de que os livros de Samuel não resultam da obra de um único autor ou redator, mas antes da integração de diversas coleções de tradições. A opinião de que a maioria dessas tradições foi posta por escrito logo após o acontecimento durante o século X ou IX a.C. é ainda muito popular. Mas essa ideia deve ser definitivamente abandonada[75]. Não existem provas ou indícios extrabíblicos contemporâneos de um império davídico e salomônico unido e vasto, e Jerusalém nesse tempo não passava de uma modesta aldeia de montanha. A busca do Davi ou Salomão históricos é tão difícil quanto a busca do Rei Artur. Há talvez uma única menção de Davi fora da Bíblia, numa inscrição descoberta em 1993 em Dã, que data do século IX ou VIII a.C. e se refere à "casa de Davi". Se essa interpretação for correta[76], ela mostra que, como Amri para o Norte, Davi era considerado o fundador da dinastia judaíta. Mas isso não autoriza a situar as histórias relatadas em Samuel logo após o reinado de Davi. Em sua forma escrita, a maioria das histórias pressupõe o colapso do Reino do Norte em 722, ao qual se faz alusão no destino do Rei Saul. Os autores provavelmente sabiam de tradições mais antigas, por exemplo a ameaça dos filisteus. Não obstante, esses tipos de memórias não permitem interpretar as coleções contidas nos livros de Samuel no contexto do século X.

Entre essas coleções, provavelmente poucas fizeram parte da biblioteca josiânica. Embora a narrativa da arca em 1Sm 4,1b–7,1, que contém bem poucos traços de linguagem deuteronomista, conserve provavelmente uma tradição mais antiga (a importância do Santuário

---

75. Cf. também os argumentos arqueológicos e históricos em Finkelstein e Silberman (2001, p. 128-145).

76. O sentido alternativo se referiria ao santuário de uma divindade chamada "Dod"; hoje em dia, essa ideia é adotada por uma minoria de estudiosos; para um debate sobre isso cf. Cryer (1996, p. 3-17). Na'aman (1995, p. 17-24).

de Silo aponta para uma origem nortista e o núcleo de 1Rs 8 possivelmente relata a instalação da arca no Templo de Jerusalém), o arranjo atual de 1Sm 1–6 já parece refletir a destruição do Templo de Jerusalém em 587/586 a.C. O comentário redacional sobre a perda da arca em 4,21 ("A Glória é banida de Israel") está bem próximo da descrição da retirada da Glória do templo em Ez 8–10, dando a entender que a história da perda da arca prefigura a posterior destruição do Templo de Jerusalém. Da mesma forma, o fato de Samuel ser elevado à categoria de sacerdote no Santuário de Silo, mas finalmente se tornar profeta (3,19–4,1a) e sobreviver à destruição do santuário *em seu ofício de profeta* e intercessor por "todo o Israel" (cf. 1Sm 7,2-14) também lembra a substituição do templo pela palavra profética como meio de acesso à vontade divina, um tema central da teologia deuteronomista nos períodos exílico e pós-exílico. É também difícil imaginar que a totalidade de 1Sm 7–15, que contém diversos textos muito críticos em relação à realeza enquanto instituição (cf. particularmente 1Sm 8; 10,17-27; 12), tenha sido composta pelos escribas de Josias, mesmo que esses capítulos conservem sem dúvida tradições anteriores sobre Saul, talvez de origem benjaminita (1Sm 9,1–10,16*; 11*; 13–14*). A história do nascimento de Samuel no capítulo 1 talvez tenha constituído originalmente o início de uma história de Saul, já que o jogo de palavras sobre *šā'al* ("pedir", cf. 1Sm 1,20), calha melhor para o nome de *šāûl* (Saul) do que para o de *šᵉmû'āl* (Samuel). Seja como for, a tradição original sobre Saul foi provavelmente narrada como uma história fundante da monarquia do Norte.

A questão da composição da NS é atualmente discutida, já que alguns autores a consideram uma composição totalmente tardia (do exílio ou do início do pós-exílio)[77]. Seja como for, a apresentação de Davi na NS, onde ele aparece como um personagem um tanto fraco,

77. Cf. em particular Van Seters (2000, p. 70-93). De acordo com Van Seters, 2Sm 7* estava originalmente situado no final da vida de Davi. O oráculo divino era originalmente seguido pela incontestada sucessão de Salomão (2Rs 2,1-4.10-12*; Salomão já foi mencionado em 2Sm 5,14).

se não censurável (2Sm 11–12), torna um tanto improvável que a NS tenha feito parte da biblioteca josiânica. No entanto, é possível que um relato mais breve da história da corte, sem os "escandalosos capítulos" 2Sm 11–12; 15–17* e 19*[78], já tenha existido no século VII. O objetivo dessa narrativa da sucessão teria sido introduzir Salomão como sucessor de Davi. O fato de essa sucessão ter sido bastante turbulenta talvez seja um problema para a concepção que um leitor moderno tem de historiografia pró-monárquica. Mas, comparando-se com o que as fontes assírias relatam sobre a sucessão de Senaquerib (e o papel desempenhado pela mãe do rei posterior) ou de Asaradon, que favorecia o filho mais novo contra seu sucessor "normal", um público judaíta do século VII teria ficado pouco chocado com certos acontecimentos relacionados com a sucessão de Davi.

A coleção de material que aparece como provável candidata a uma composição josiânica é a "História da Ascensão de Davi" (HAD). Embora a linguagem deuteronomista seja esparsa em 1Sm 16–2Sm 5*, a HAD passou, no entanto, por uma edição deuteronomista, que aparece de forma evidente, por exemplo, na fórmula usada em 2Sm 2,4; 3,2-5; 5,4-5 para referir-se à realeza. A descrição extremamente positiva de Davi na HAD pode facilmente ser entendida como uma peça de propaganda josiânica. Na HAD, Davi é sempre bem-sucedido, já que goza do apoio do deus nacional, Javé. Um dos temas recorrentes na HAD é a afirmação de que "Javé estava com Davi" (1Sm 16,18; 17,37; 18,12.14.28; 20,13; 2Sm 5,10) e a

78. Para 2Sm 11–12 como interpolação posterior cf. McKenzie (2000, p. 123-135). Outros estudiosos argumentam que o relato do adultério de Davi em 2Sm 11–12 fazia parte de uma edição do século VIII ou VII da Narrativa da Sucessão, escrita a fim de opor-se à suspeita de que o Salomão histórico não era filho de Davi (cf., por exemplo: Knauf [1997, p. 81-95]). Essa ideia, no entanto, permanece altamente especulativa. Para uma Narrativa da Sucessão do século VII sem 2Sm 15–17* e 19*, cf. Fischer (2004, especialmente p. 317). Fischer rejeita a ideia de uma História da Corte independente e de um relato independente sobre a ascensão de Davi. De acordo com ele, uma "redação de Davi" judaíta do século VII produziu a primeira edição de Samuel.

presença divina torna Davi necessariamente irresistível. A ascensão do judaíta Davi ao trono não só de Judá (2Sm 2,4), mas também de "todo o Israel" (2Sm 5,3), é apresentada, portanto, como uma consequência da vontade divina. Além disso, Davi nem sequer precisa lutar contra os territórios do Norte para estabelecer seu reinado sobre Israel, mas todas as tribos israelitas, segundo a HAD (5,1-2), vêm espontaneamente a Davi para ungi-lo rei sobre Israel (5,3). Pode-se ver imediatamente como essa narrativa coincidia com as ambições do partido nacionalista na corte de Josias. Este, descrito pelos escribas régios como um "Davi redivivo", um "novo Davi", aparece como o herdeiro natural escolhido por Javé a fim de restaurar a glória anterior do Estado israelita. Sua política de expansão nacional é apresentada como uma restauração da "Idade de Ouro" do império davídico – restauração que somente Josias é capaz de efetuar.

À luz disso, a HAD aparece como um apelo direto dirigido às províncias do Norte, e especialmente a Benjamim, a que se submetem politicamente a Judá. Com efeito, os autores da HAD apresentam Davi de Judá como o herdeiro natural do benjaminita Saul; ele chega até a ser reconhecido como tal pelos filhos do próprio Saul, em particular por Jônatas, legítimo sucessor de Saul, que está imediatamente pronto a jurar lealdade a Davi e a tornar-se seu vassalo! (1Sm 18,1-3; 20,8; 23,16-18).[79] De modo geral, a recorrência do verbo *ãhab* ("amar") na HAD foi muitas vezes notada (1Sm 16,21; 18,1.3.16.20.22.28; 20,17; 2Sm 1,26). Aqui, o verbo tem um claro sentido político, como nos tratados assírios, e se refere à lealdade de um vassalo para com seu suserano. Declarando explicitamente que toda a casa de Saul (exceto o próprio Saul) prestou homenagem a Davi e o reconheceu como o rei legítimo de Judá e de Israel, a HAD afirma claramente a legitimidade das pretensões da casa davídica

---

79. Existem também alguns matizes eróticos na relação entre Jônatas e Davi, que lembra a relação entre Gilgamesh e Enkidu. A *Epopeia de Gilgamesh* era muito popular no período assírio.

sobre os territórios do Norte no tempo do reinado de Josias[80]. Está bastante claro que isso pressupõe já a integração e a transformação negativa do material mais antigo referente a Saul na assim chamada HAD. E, por isso, é duvidoso que tenha sequer existido uma HAD sem as histórias sobre Saul, já que seu (agora negativo) personagem é necessário para legitimar a ascensão de Davi ao poder. O fim de Saul em sua batalha contra os filisteus (1Sm 31) pode refletir de certa forma a campanha assíria, que terminou com o colapso de Israel. A ocupação de cidades israelitas em ambos os lados do Jordão pode facilmente ser relacionada com a política assíria de ocupação (Fischer, 2004, p. 283-284).

A versão josiânica da HAD pode ter sido transmitida, originalmente, junto com uma primeira versão da promessa de 2Sm 7*. É improvável, com efeito, que a esperança de uma dinastia eterna fosse uma pura criação da escola deuteronomista no período babilônico ou persa, e que esse tema teria corroborado a ideologia davídica enaltecida pela administração josiânica. No entanto, é difícil, se não impossível, recuperar a extensão do documento original que está por trás do presente texto de 2Sm 7,1-17, que pressupõe o transporte da arca para Jerusalém (2Sm 6*) e um elo redacional com o Livro dos Juízes (v. 11), e que agora está preocupado primariamente com o templo em Jerusalém.

Resumindo: Após o colapso do Reino do Norte em 722 a.C., os escribas em Jerusalém transformaram as tradições sobre seu primeiro rei, Saul, numa introdução à história acerca da ascensão de Davi,

---

80. Pode-se notar também que a história da vitória de Davi contra Golias, que contém alguns poucos elementos deuteronomistas, se encaixaria muito bem na propaganda nacionalista da corte de Josias. A descrição do equipamento de Golias (17,5-7) corresponde provavelmente ao equipamento típico de um mercenário grego no Egito no século VII. A derrota de Golias diante de Davi, apesar de seu equipamento pesado e superioridade militar, sugere assim que Judá não tem nada a temer do poderoso vizinho egípcio enquanto gozar da proteção de Javé (cf. em particular 17,36.45) – uma certeza desmentida, porém, pela morte de Josias nas mãos do faraó em 2Rs 23,29.

o "verdadeiro" rei escolhido de Israel. Essa HAD mais ampla (que continha partes do seguinte: 1Sm 1; 9,1–10.16; 11,1–15; 13–14; 16–27; 29; 31; 2Sm 2–5) foi concebida como propaganda e legitimação do reinado de Josias, o "novo Davi". Funcionou também como introdução à história da monarquia, que se encontra nos livros dos Reis.

4.4.3 Os livros dos Reis

Bibliografia seleta

BÍBLIA SAGRADA. 6. ed. Petrópolis: Vozes, 2007.

HUROWITZ, V. A. *I have built you an exalted house*: Temple building in the Bible in Light of Mesopotamian and Northwest Semitic writings (JSOTSup 115). Sheffield: Sheffield Academic Press, 1992.

KAPELRUD, A. S. Temple building: A task for Gods and Kings. *Orientalia*, [*s. l.*], vol. 32, p. 56-62, 1963.

KNAUF, E. A. King Solomon's Copper supply. *In*: LIPÍNSKI, E. (ed.). *Phoenicia and the Bible* (OLA 44. Studia Phoenicia 11). Lovaina: Departement Oriëntalistiek e Peeters, 1991. p 167-186.

MANN, M. *The sources of social power – I*: A history of power from the Beginning to A.D. 1760. Cambridge: Cambridge University Press, 1986.

MCCORMICK, C. M. *Palace and temple*: A study of architectural and verbal icons (BZAW 313). Berlim: De Gruyter, 2002.

MCKENZIE, S. L. The Books of Kings in the Deuteronomistic History. *In*: MCKENZIE, S. L.; GRAHAM, M. P. (eds.). *The history of Israel's tradition*: The heritage of Martin Noth (JSOTSup 182). Sheffield: Sheffield Academic Press, 1994. p. 281-307.

MCKENZIE, S. L. *The trouble with Kings*: The composition of the Book of Kings in the Deuteronomistic History (SVT 42). Leiden: Brill, 1991.

NA'AMAN, N. Sources and composition in the history of Solomon. *In*: HANDY, L. K. (ed.). *The Age of Solomon*: Scholarship at the turn of the millennium (Studies in the History and Culture of the Ancient Near East 11). Leiden: Brill, 1997. p. 57-80.

PROVAN, I. W. *Hezekiah and the Books of Kings*: A contribution to the debate about the composition of the Deuteronomistic History (BZAW 172). Berlim: De Gruyter, 1988.

RUPPRECHT, K. *Der Tempel von Jerusalem*: Gründung oder jebusitisches Erbe? (BZAW 144). Berlim: De Gruyter, 1977.

SCHENKER, A. Jeroboam and the division of the Kingdom in the Ancient Septuagint: LXX 3 Kingdoms 12,24 a-z, MT 1 Kings 11-12; 14 and the Deuteronomistic History. *In*: PURY, A. de; RÖMER, T.; MACCHI, J.-D. (eds.). *Israel constructs its history*: Deuteronomistic historiography in recent research (JSOTSup 306). Sheffield: Sheffield Academic Press, 2000.

WÄLCHLI, S. *Der weise König Salomo*: Eine Studie zu den Erzählungen von der Weisheit Salomos in ihrem alttestamentlichen und altorientalischen Kontext (BWANT 141). Stuttgart: Kohlhammer, 1999.

Embora estejam estreitamente relacionados nas tradições gregas (1-4Reis), os livros de Samuel e dos Reis pertencem a gêneros literários muito diferentes. A estrutura básica de Reis é constituída por uma cronologia contínua dos reis judaítas e israelitas, desde Davi até Sedecias, último rei de Judá. De um modo geral, os livros dos Reis estão divididos nitidamente em três partes: reinado de Salomão (1Rs 1–11), a história de Israel e Judá até a queda do Reino do Norte (1Rs 12–2Rs 17) e a história de Judá até o exílio e o fim da monarquia do Sul (2Rs 18–25). A descrição do reinado de Salomão é muito mais explícita do que a do reinado dos outros reis; isso pode ser explicado, em particular, pelo relato da construção e inauguração do Templo de Jerusalém durante o reinado de Salomão (1Rs 5–8). Na verdade, o templo desempenha um papel central do começo ao fim dos livros dos Reis[81]. Jeroboão, o primeiro rei do Reino do Norte após separar-se de Judá, é descrito como o fundador de dois santuários em Dã e Betel, que aparecem nos livros dos Reis como concorrência ilegítima com o Templo de Jerusalém (1Rs 12). Por isso, todos os reis subsequentes do Norte serão acusados daquilo que é designado como "pecado de Jeroboão". Os reis do Sul serão comparados com seu "pai" Davi (1Rs 15,3.11; 2Rs 14,3; 16,2; 18,3; 22,2) e avaliados, por sua vez, por sua lealdade ao Templo de Jerusalém e por sua condenação dos outros lugares de culto (assim chamados "lugares altos", *bāmôt*). É significativo que diversas narrativas descrevem várias tentativas dos reis do Sul de reformar o Templo de Jerusalém (2Rs 12: Joás; 18: Ezequias; 23: Josias), geralmente seguidas por uma volta à idolatria anterior (2Rs 16,10-18: Acaz; 21: Manassés). Mas apenas a reforma de Josias corresponde a uma restauração completa do Templo de Jerusalém (2Rs 23), estabelecendo assim um paralelo implícito entre Josias, o rei reformador, e Salomão, o fundador do templo. É impressionante observar, além disso, que no caso destes dois reis a grande realização de seu reinado está relacionada com o templo. Por fim, o templo está também no centro do relato da conquista de Jerusalém pelo exército neobabilônico (2Rs 23) e há um paralelo evidente entre a destruição do templo no final de Reis e a *construção* no início. Esse paralelo é até tornado explícito pela menção, em 2Rs 24–25, do exército neobabilônico deportando diversos vasos e utensílios de Salomão (2Rs 24,3; 25,13-17).

O fato de a construção e inauguração do Templo de Salomão terem uma dupla conclusão – no relato da reforma do templo em 2Rs 23 e no de sua destruição em 25 – é mais um indício da presen-

81. A história de Elias e Eliseu, que não tem relação com o problema do templo e a centralização do culto, forma uma unidade à parte dentro do Livro dos Reis (1Rs 17-2Rs 13*), que provavelmente pertence a um estágio bem posterior de editoração dentro dos livros dos Reis, como é o caso da maior parte do material profético.

ça de pelo menos duas redações conflitantes em Reis: uma redação (josiânica) do século VII e uma redação exílica. Isso confirma a ideia comum de que a história da reforma de Josias em 2Rs 23 era originalmente a conclusão da primeira edição dos livros dos Reis. Resta ver agora o que pode ser atribuído a essa edição em cada uma das grandes seções de Reis.

Embora existam ainda algumas tentativas de reconstruir a história de Salomão datando do século X e refletindo o rei supostamente histórico, essa abordagem deve ser abandonada definitivamente. Está bem claro hoje que a ideia de um "império salomônico" é uma pura ficção e que 1Rs 3–11* projeta realidades do Império Neoassírio a fim de construir um passado glorioso para "Israel". A relação de Salomão com os fenícios, que fornecem a madeira necessária para as obras de construção de Salomão, é comparável à situação que predominava na época neoassíria. O retrato de Salomão como o rei sábio, amigo e protetor das artes, toma elementos da ideologia real comum do Egito e da Mesopotâmia, mas pode também estar mais especificamente relacionado com o retrato de diversos suseranos neoassírios, como Senaquerib, Asaradon e Assurbanipal. A descrição do trabalho forçado imposto por Salomão a Israel (1Rs 5,27-32*) pode muito bem ter-se inspirado no trabalho forçado imposto pelos assírios a Judá no século VII a.C.[82] Vários estágios no relato da construção do Templo de Salomão (1Rs 6–8) podem ser encontrados também na literatura da Mesopotâmia, mas a história "é particularmente semelhante aos relatos de construção assírios" (Hurowitz, 1992, p. 313)[83]. Isso vale, em particular, para os seguintes passos: decisão de cons-

---

82. Cf. Knauf (1991, p. 175). Um redator posterior achou esse paralelo entre Salomão e os reis assírios um tanto escandaloso e em 9,22 procurou isentar os israelitas da corveia.

83. Para paralelos entre 1Rs 6–8 e registros de construção de templos de Senaquerib, cf. também McCormick (2002, p. 194), que entende 1Rs 6–8 "como um ícone verbal relacionado com o ícone arquitetural do palácio de Senaquerib".

truir (1Rs 5,15-19), aquisição dos primeiros materiais (5,20-26), descrição da força de trabalho (5,27-32), descrição do templo e de sua mobília e decoração (1Rs 6–7), dedicação do santuário (1Rs 8).

Esses paralelos sugerem a existência de uma primeira versão da história de Salomão no período neoassírio. A reconstrução detalhada desta história, porém, revela-se difícil. Em 1Rs 1–11, como no resto de 1-2Rs, é difusa a presença de redações preocupadas com a explicação do exílio e que levam o leitor à catástrofe da queda definitiva de Jerusalém. Não se deve presumir necessariamente que redatores posteriores, ao revisar documentos mais antigos, tenham sempre preservado cuidadosamente suas fontes originais. Além disso, a reconstrução do relato original a respeito de Salomão é complicada ainda mais pelo fato de que o mais antigo texto grego de 1Rs 1–11 reflete provavelmente um original hebraico diferente, que pode preservar uma versão mais antiga desses capítulos do que a tradição massorética. A edição neoassíria de 1Rs 1–11 pode ter abrangido, aproximadamente, o seguinte[84]: 1Rs 3,1a.4*.5.6aα ("Salomão disse").7*.8a.9a.11*.12aβ ("dar-te-ei um coração sábio").13.15*; 4,1-6 (7-19?); 5,9-16*.19*.20.22-32*; 6,1-36*; 7,15-51*; 8,1-6*.12-21*.62.63b; 9,15-19.23; (10,1-13*?)[85]; 10,14-29*; 11,41-43*.

Assim, a primeira versão de 1Rs 3–11* teria começado com o sonho de Salomão no Santuário de Gabaon, quando Javé lhe aparece e a divindade lhe concede um "coração sábio"[86]. 1Rs 3,4-15

84. Para uma reconstrução semelhante, embora não idêntica, cf. Wälchli (1999).

85. A história acerca da rainha de Sabá parece um conto de *As mil e uma noites*. O "reino de Sabá" surgiu por volta de 730 a.C., mas o melhor contexto para o relato bíblico é provavelmente o período persa. O mesmo pode valer para o "julgamento de Salomão" em 3,16-28. Embora essa história, que originalmente não tratava de Salomão (o nome do rei nunca é mencionado), seja às vezes situada no século VII, ela foi provavelmente inserida em 1Rs 3–11 ao mesmo tempo que a história da rainha de Sabá (para os dois textos cf. também Knauf, 1991, p. 174-175, nota 26).

86. Alguns especialistas sugeriram que 1Rs 3 substituiu um relato original em que Javé mandava Salomão construir um templo (cf., por exemplo, Kapelrud [1963, p. 56-62]). Mas não há indícios claros para apoiar esta interessante ideia.

funciona, portanto, como abertura para toda a história de Salomão, que é colocada sob o tema do "rei sábio", motivo clássico na ideologia real do Antigo Oriente Próximo. Segue-se no capítulo 4 um breve relato listando os funcionários de Salomão e detalhando a organização do reino. A narrativa da fama de Salomão por causa de sua sabedoria em 5,9-14, que confirma a realização da promessa divina feita em 3,4-15, serve como introdução ao relato da construção em 1Rs 5–8, o verdadeiro centro da história de Salomão. A construção do Santuário de Jerusalém implica uma colaboração internacional com o rei fenício Hiram, que fornece a madeira necessária para a construção (5,15-32*). A narrativa da construção como tal ocorre nos capítulos 6-7*; vem seguida imediatamente pelo relato do transporte da arca para o santuário (8,1-13*)[87] e por uma oração de Salomão (8,14-21*), que postula um laço indissolúvel entre a dinastia davídica e o Templo de Jerusalém. A ênfase na escolha que Javé fez "dentre as tribos" lembra claramente a formulação de Dt 12,14, que pertence à camada josiânica de Dt 12. A narrativa conclui com sacrifícios para a dedicação do templo (8,62.63b). O texto mais antigo nos capítulos 9 e 10 retoma a descrição das atividades reais de Salomão. Por fim, a narrativa original de Salomão conclui com uma notícia final especificando a duração total do reinado de Salomão (11,42-43). A referência, no versículo 41, a um "Livro dos Atos de Salomão" pode provir da edição exílica da História Deuteronomista. Designaria a história original de Salomão, datada do reinado de Josias e parcialmente integrada em 1Rs 3–11.

Além das listas e relatos administrativos em 1Rs 4; 9 e 10, a história original do reinado de Salomão concentra-se na apresentação do rei como um construtor de templos (caps. 5-8). Todos os reis

87. Não podemos discutir aqui o problema levantado pelos versículos 12-13, que afirmam que Javé deseja morar nas trevas. A versão grega cita esse poema em outro lugar, após 8,53. De modo que podemos ter aqui um fragmento de um texto mais antigo. A menção das trevas alude provavelmente às nuvens nas quais o deus do tempo Javé se esconde.

do período neoassírio e neobabilônico são também apresentados como construtores ou restauradores de templos e palácios[88]. Portanto, essa narrativa original reflete tipicamente a ideologia dos escribas reais do século VII, que usam a literatura real neoassíria para apresentar Salomão como o rei fundador. Pode causar surpresa que seja Salomão, e não Davi – o fundador da dinastia – que é apresentado, na versão original de 1Rs 3–11*, como o rei ideal de acordo com critérios neoassírios e como um rei cujo reinado é descrito como reinado de paz, prosperidade e renome para seu reino. Aparentemente, havia no século VII mais tradições existentes acerca de Davi do que acerca de Salomão, que evidentemente poderia ser idealizado muito mais facilmente segundo o modelo neoassírio. De acordo com os escribas josiânicos, a grandeza do reino "israelita" no período salomônico é apresentada claramente como resultante da construção do templo. Essa ideologia pode ser encontrada também na narrativa do reinado de Josias, na qual a renovação do templo em 2Rs 23 é apresentada como o prelúdio da recuperação da antiga grandeza da monarquia davídica.

A reconstrução da forma original da subsequente história dos dois reinos de Israel e Judá, desde a morte de Salomão até Josias, é ainda mais complicada. As importantes divergências textuais entre o mais antigo texto grego de 1Rs 12 (= 3Rs 12,24a-z) e a tradição massorética tornam a recuperação do texto original nesse capítulo uma questão complicada, que não pode ser discutida aqui[89]. Seja como for, a narrativa original deve ter incluído uma primeira versão da rebelião de Jeroboão contra Roboão, filho de Salomão, rebelião

88. Observou-se que as atividades edilícias em 1Rs 5–7 assemelham-se mais a uma restauração do que a uma nova construção (Rupprecht, 1977). Isso poderia ser um reflexo de realidades históricas ou do fato de que os reis assírios são muitas vezes descritos mais como restauradores de templos do que como construtores de templos.

89. Para detalhes, cf. Schenker (2000, p. 214-257) e McKenzie (1991, p. 22-40), que é um tanto cético acerca da reconstrução de uma fonte mais antiga a partir de 3Rs 12,24a-z LXX.

que levou à secessão das tribos do Norte e à criação do Reino do Norte. Deve ter contido também uma narrativa da construção dos dois santuários nortistas de Dã e Betel (e a introdução das duas estátuas bovinas) por Jeroboão (cf. 1Rs 12,26-33), já que esse motivo (designado como "pecado de Jeroboão") serve continuamente para a subsequente avaliação e crítica dos reis do Norte posteriores a Jeroboão. Esse motivo chega ao fim em 2Rs 23,15, quando Josias destrói o altar de Betel, pondo fim com isso (segundo a ideologia bíblica) à inovação cúltica de Jeroboão.

A história completa dos dois reinos foi totalmente reescrita e consideravelmente ampliada pelo acréscimo de numerosas histórias, especialmente as que introduzem material profético, como as narrativas de Elias e Eliseu. A maior parte da narrativa original deve ter consistido de uma lista de notícias sobre os sucessivos reis do Norte e do Sul, dando informações como o nome do rei, a data da subida ao trono e a duração do reinado, e estabelecendo uma cronologia relativa entre os reis do Norte e do Sul. Existem diferenças de detalhe entre o padrão das notícias sobre os reis do Norte e os do Sul, que podem indicar que os escribas judaítas tinham mais informações sobre os reis de Judá do que sobre os reis do Norte.

Reis de Judá	Reis de Israel
Sincronismo introdutório	Sincronismo introdutório
Idade do rei em sua entronização	———
Duração do reinado	Duração do reinado
Nome da mãe	———
Julgamento ideológico	Julgamento ideológico
Referência final às Crônicas dos reis de Judá	Referência final às Crônicas dos reis de Judá
Morte do rei	Morte do rei
Enterro	———
Nome do sucessor	Nome do sucessor

Aparentemente os escribas josiânicos tinham à sua disposição crônicas reais dos reinos do Norte e do Sul, às quais se referem como "Livro dos Anais dos reis de Judá/Israel". Os Anais dos reis de Israel devem ter chegado a Jerusalém após a queda de Samaria em 722. Seu uso nos livros dos Reis, porém, reflete claramente uma perspectiva sulista sobre o Reino do Norte, cujos reis são sistematicamente censurados por prosseguir o "pecado de Jeroboão" e não respeitar o Templo de Jerusalém. Os reis do Sul, por sua vez, são julgados segundo sua conformidade ao modelo de Davi, o fundador da dinastia de Jerusalém. Embora a avaliação desses reis varie, nenhum obedece ao modelo davídico, exceto Ezequias (2Rs 18,3-6) e Josias (2Rs 22,2). Dessa forma, as notícias reais já preparam o *clímax* da edição de Reis do século VII, com o reinado de Josias em 2Rs 22–23*. Como acréscimo às notícias relativas aos reinados, a edição original de Reis deve ter incluído também um relato sobre a destruição de Samaria e a deportação em 2Rs 17,1-6, e o comentário em 17,21-23, que aponta para trás para os inícios do Reino do Norte em 1Rs 12 e reitera os pecados de Jeroboão como explicação para o colapso de Samaria.

Finalmente, a conclusão da primeira edição dos livros dos Reis no período neoassírio encerrava-se com a narrativa da reforma de Josias[90], que terminava com a seguinte afirmação a respeito de Josias: "Não houve antes nenhum rei como ele que se tivesse voltado para Javé com todo o seu coração, com toda a sua alma e com toda a sua força" (2Rs 23,25aα), que proporciona uma conclusão apropriada para a edição josiânica de Reis. Já que essa afirmação é um paralelo literal de Dt 6,5, que fazia parte da abertura original da primeira edição [josiânica] do código deuteronômico em Dt 6,4-5, Josias é retratado evidentemente como o único rei a pôr em prática as instruções divinas promulgadas nesse código. Mais precisamente até, a narrativa da reforma de Josias em 2Rs 23

90. Para a versão mais antiga de 2Rs 22–23, cf. acima o subtítulo 3.2.

constitui, junto com Dt 12 e 1Rs 5–8*, o último dos três pilares da ideologia deuteronomista da centralização no período neoassírio. Enquanto Dt 12,13-18 estabelece a exigência da centralização do culto em Jerusalém, Salomão realiza a primeira etapa desse programa ao construir o templo, ao passo que Josias impõe o Templo de Jerusalém como o santuário central de Judá (sobre Ezequias como precursor da reforma de Josias, cf. acima o subtítulo 4.1). A narrativa original da reforma em 2Rs 22–23* pode ter compreendido os versículos seguintes: 22,1-7*.9.13aα; 23,1.3-15*.25aα. Seja como for, a conclusão original de 2Rs 23* fornece um argumento convincente de que a edição neoassíria dos livros dos Reis, exatamente como a do Deuteronômio, Josué e Samuel, foi composta pelos escribas da corte real em Jerusalém e visava apoiar a política de centralização administrativa, econômica e religiosa da corte durante o reinado de Josias.

4.5 Sumário: as origens da biblioteca deuteronomista no período neoassírio

Resumindo a investigação feita acima, é absolutamente evidente que as origens das produções literárias deuteronomistas devem ser situadas na corte de Jerusalém durante o século VII a.C. Os primeiros deuteronomistas eram altos funcionários, a maioria deles provavelmente escribas. Um número considerável de formas literárias que ocorrem nos livros do Deuteronômio até Reis são imitação de convenções literárias assírias. Isso vale especialmente para Deuteronômio e Josué. A retórica do código deuteronômico é tomada dos tratados de vassalagem assírios (o paralelo mais claro vem do juramento de lealdade de Asaradon, do qual provavelmente existia uma cópia em Jerusalém). As narrativas de conquista em Js 5–12* inspiraram-se também na propaganda militar assíria, como mostraram Van Seters e outros. Os primeiros rolos do Deuteronômio e de

Josué foram, portanto, compostos como resposta judaíta à retórica neoassíria de poder e propaganda. Esses livros reivindicam para o deus nacional judaíta Javé as funções e a soberania do rei assírio e das divindades assírias. De acordo com Mann (1997, p. 231-237), a ideologia assíria é militarista e nacionalista, e os mesmos termos se aplicam à relação entre Javé e seu povo no Deuteronômio e em Josué. Os livros de Samuel e Reis apresentam também paralelos com convenções literárias assírias. A descrição de Salomão como um construtor ou restaurador de templos e rei sábio e rico (1Rs 3–11*) depende da propaganda real assírio-babilônica e a estrutura que vai de 1Rs 12 até 2Rs 23 é semelhante às crônicas reais da Assíria e da Babilônia. A história do declínio de Saul e da ascensão de Davi (1Sm 9–2Rs 2*) revela menos influência da Assíria; esse fato pode apontar para tradições mais antigas, que foram aqui reelaboradas. Não obstante, a insistência numa dinastia davídica estável pode ser entendida como polêmica contra as dificuldades assírias que sempre surgiam após a morte de um rei. Será que as histórias de Davi e Salomão e as crônicas dos reis seguintes até Josias já estavam reunidas num único rolo, ou ainda existiam independentemente como uma coleção solta? É muito tentador afirmar que já havia uma primeira edição num único rolo, contendo a ascensão de Davi, a construção do templo por Salomão, a *translatio imperii* do Norte para o Sul e a apresentação de Josias como um novo Davi e um novo Salomão. A finalidade desse rolo, bem como a dos rolos do Deuteronômio e Josué, seria fornecer um suporte ideológico à política de centralização e à pretensão de que o Reino de Judá era o "verdadeiro Israel". A ideologia da centralização afetou o domínio político, econômico e religioso. Após 722, Jerusalém tornara-se a "verdadeira capital", provocando uma concentração de poder político e econômico. Essa nova situação reflete-se na ideologia da centralização do culto e na tentativa dos deuteronomistas josiânicos de promover, no nível da religião de Estado, uma veneração monolátrica de Javé.

A propaganda deuteronomista enfrentou uma primeira crise em 609 a.C., quando entrementes o faraó egípcio matou Josias, que se tornara seu vassalo. Mas o verdadeiro drama aconteceu em 597 e 587, quando Jerusalém foi destruída pelos babilônios e a família real e a corte foram deportadas para a Babilônia.

5
A constituição da História Deuteronomista no período neobabilônico

5.1 Fixando o assim chamado "período exílico"

BIBLIOGRAFIA SELETA

AHLSTRÖM, G. W. The travels of the ark: A religio-political composition. *Journal of Near Eastern Studies*, [*s. l.*], vol. 43, p. 141-149, 1984.

ALBERTZ, R. Exile as purification: reconstructing the "Book of the Four". *In*: REDDIT, P. L.; SCHART, A. (eds.). Thematic threads of the Book of Twelve (BZAW 325). Berlim: De Gruyter, 2003a. p. 232-251.

ALBERTZ, R. *Israel in exile*: The history and literature of the Sixth Century BCE (Studies in Biblical Literature 3). Atlanta: Society of Biblical Literature, 2003b.

AULD, A. G. *Joshua retold*: Synoptic perspectives (Old Testament Studies). Edimburgo: T. & T. Clark, 1998.

AURELIUS, E. *Zukunft jenseits des Gerichts*: Eine redaktionsgeschichtliche Studie zum Enneateuch (BZAW 319). Berlim: De Gruyter, 2003.

BARRICK, W. B. High place. *In*: FREEDMAN, D. N. (ed.). *The Anchor Bible Dictionary*. Nova York: Doubleday, 1992. p. 196-200.

BARRICK, W. B. Loving too well: The negative portrayal of Solomon and the composition of the Kings history. *Estudios Bíblicos*, [*s. l.*], vol. 59, p. 419-449, 2001.

BARSTAD, H. M. *The myth of the Empty Land*: A study in the history and archaeology of Judah during the "Exilic" Period (Symbolae Osloenses). Oslo: Scandinavian University Press, 1996.

BERQUIST, J. L. *Judaism in Persia's shadow*: A social and historical approach. Mineápolis: Fortress Press, 1995.

BÍBLIA SAGRADA. 6. ed. Petrópolis: Vozes, 2007.

BLENKINSOPP, J. The Judean priesthood during the Neo-Babylonian and Achaemenid Period. *Catholic Biblical Quarterly*, [*s. l.*], vol. 60, p. 25-43, 1998.

BRETTLER, M. Z. *The creation of history in Ancient Israel*. Londres: Routledge, 1995.

BRIFFARD, C. Gammes sur l'acte de traduire. *Foi & Vie*, [*s. l.*], vol. 101, p. 12-18, 2002.

BURNEY, C. F. *Notes on the Hebrew text of the Book of Kings*. Oxford: Clarendon, 1920.

CAMPBELL, A. F. ; O'BRIEN, M. *Unfolding the Deuteronomistic history*: Origins, upgrades, present text. Mineápolis: Fortress Press, 2000.

DIETRICH, W. History and law: Deuteronomistic historiography and Deuteronomic law exemplified in the passage from the Period of the Judges to the Monarchical Period. *In*: PURY, A. de; RÖMER, T.; MACCHI, J. D. (eds.). *Israel constructs its history*: Deuteronomistic historiography in recent research (JSOTSup 306). Sheffield: Sheffield Academic Press, 2000. p. 315-342.

EDELMAN, D. V. Did Saulide-Davidic rivalry resurface in Early Persian Yehud? *In*: DEARMAN, J. A.; GRAHAM, M. P. (eds.). *The land that I will show you*: Essays on the history and archaeology of the Ancient Near East in honour of J. Maxwell Miller (JSOTSup 343). Sheffield: Sheffield Academic Press, 2001. p. 69-91.

EDELMAN, D. V. The Deuteronomist's story of King Saul: Narrative art or editorial product. *In*: BREKELMANS, C.; LUST, J. (eds.). *Pentateuchal and Deuteronomistic studies* (BETL 94). Lovaina: Leuven University Press-Peeters, 1990. p. 207-220.

EVANS, R. J. *In defence of history*. Londres: Granta Books, 1997.

FORESTI, F. *The rejection of Saul in the perspective of the Deuteronomistic school*: A study of 1 Sm 15 and related texts (Studia Theologica – Teresianum 5). Roma: Edizioni del Teresianum, 1984.

FRIEDMAN, R. E. From Egypt to Egypt: Dtr1 and Dtr2. *In*: HALPERN, B.; LEVENSON, J. D. (eds.). *Traditions in transformation*: Turning points in Biblical Faith. Winona Lake: Eisenbrauns, 1981. p. 167-192.

GRABBE, L. L. (ed.). *Leading captivity captive*: "The Exile" as history and ideology (JSOTSup 278). Sheffield: Sheffield Academic Press, 1998.

HALBWACHS, M. *On collective memory*. Tradução de L. A. Coser (The Heritage of Sociology). Chicago: Chicago University Press, 1992.

HUROWITZ, V. A. *I have built you an exalted house*: Temple building in the Bible in the light of Mesopotamian and North West semitic writings (JSOTSup 115). Sheffield: Sheffield Academic Press, 1992.

KNOPPERS, G. N. *Two nations under God*: The Deuteronomistic history of Solomon and the dual monarchies (2. vols. HSM 52). Atlanta: Scholars Press, 1993.

LIPSCHITZ, O.; BLENKINSOPP, J. (eds.). *Judah and the Judeans in the Neo-Babylonian Period.* Winona Lake: Eisenbrauns, 2003.

MCKENZIE, S. L. *The trouble with Kings*: The composition of the Books of Kings in the Deuteronomistic History (SVT 42). Leiden: Brill, 1991.

MAYES, A. D. H. Deuteronomy 14 and the Deuteronomic world view. *In*: GARCÍA MARTÍNEZ, F. *et al.* (eds.). *Studies in Deuteronomy* (Festschrift C.J. Labuschagne. SVT 53). Leiden: Brill, 1994. p. 165-181.

MAYES, A. D. H. *Judges* (OT Guides). Sheffield: Sheffield Academic Press, 1989.

NA'AMAN, N. The Law of the Altar in Deuteronomy and the cultic site near Shechem. *In*: MCKENZIE, S. L.; RÖMER, T. (eds.). *Rethinking the foundations*: Historiography in the Ancient World and in the Bible (Festschrift J. Van Seters. BZAW 294). Berlim: De Gruyter, 2000. p. 141-161.

NAUERTH, C. Simsons Taten – Motivgeschichtliche Überlegungen. *DBAT*, [*s. l.*], vol. 21, p. 94-120, 1985.

NENTEL, J. *Trägerschaft und Intentionen des deuteronomistischen Geschichtswerks*: Untersuchungen zu den Reflexionsreden Js 1; 23; 24; 1Sam 12 und 1Kön 8 (BZAW 297). Berlim: De Gruyter, 2000.

NIHAN, C. 1 Samuel 28 and the condemnation of necromancy in Persian Yehud. *In*: KLUTZ, T. (ed.). *Magic in the Biblical world*: From the Rod of Aaron to the Ring of Solomon (JSNTSup 245). Edimburgo: T. & T. Clark, 2003.

OLYAN, S. M. *Asherah and the cult of Yahweh in Israel* (SBLMS 34). Atlanta: Scholars Press, 1988.

OTTO, E. *Das Deuteronomium im Pentateuch und Hexateuch*: Studien zur Literaturgeschichte von Pentateuch und Hexateuch im Lichte des Deuteronomiumsrahmen (FAT 30). Tübingen: Mohr Siebeck, 2000.

OTTO, E. The composition of the Elijah-Elisha stories and the Deuteronomistic History. *JSOT*, [*s. l.*], vol. 27, p. 487-508, 2003.

PERSON JR., R. F. *The deuteronomic school*: History, social setting and literature (Studies in Biblical Literature 2). Atlanta: Society of Biblical Literature, 2002.

POLA, T. *Die ursprüngliche Priesterschrift*: Beobachtungen zur Literarkritik und Traditionsgeschichte von Pg (WMANT 70). Neukirchen-Vluyn: Neukirchener Verlag, 1995.

ROFÉ, A. Classes in the prophetical stories: Didactic legenda and parable. *In*: ANDERSON, G. W. *et al*. (eds.). *Studies on prophecy* (SVT 26). Leiden: Brill, 1974. p. 143-164.

RÖMER, T. Deuteronomy in search of origins. *In*: KNOPPERS, G. N.; MCCONVILLE, J. G. (eds.). *Reconsidering Israel and Judah*: Recent studies on the Deuteronomistic History (SBTS 8). Winona Lake: Eisenbrauns, 2000. p. 112-138.

RÖMER, T. C. Why would the Deuteronomists tell about the sacrifice of Jephthah's Daughter? *JSOT*, [*s. l.*], vol. 77, p. 27-38, 1998.

ROSE, M. *5. Mose* (Zürcher Bibelkommentare: AT 5). Zurique: Theologischer Verlag, 1994.

SEITZ, C. R. *Theology in conflict*: Reactions to the Exile in the Book of Jeremiah (BZAW 176). Berlim: De Gruyter, 1989.

SEOW, C. L. Ark of the covenant. *In*: FREEDMAN, D. N. (ed.). *The Anchor Bible Dictionary*. Nova York: Doubleday, 1992. p. 386-393.

STEIL, A. *Krisensemantik*: Wissenssoziologische Untersuchungen zu einem Topos moderner Zeiterfahrung. Opladen: Leske & Budrich, 1993.

STERN, E. The Babylonian gap: The archaeological reality. *JSOT*, [*s. l.*], vol. 28, p. 273-277, 2004.

SWANSON, K. A. A reassessment of Hezekiahs's reform in light of Jar Handels and iconographic evidence. *Catholic Biblical Quarterly*, [*s. l.*], vol. 64, p. 460-469, 2002.

SWEENEY, M. A. *King Josiah of Judah*: The Lost Messiah of Israel. Oxford: Oxford University Press, 2001.

UEHLINGER, C. Anthropomorphic cult statuary in Iron Age Palestine and the search for Yahweh's cult images. *In*: VAN DER TOORN, K. (ed.). *The Image and the Book*: Iconic cults, aniconism, and the rise of the book religion in Israel and the Ancient Near East (CBET 21). Lovaina: Peeters, 1997. p. 97-156.

VAN DER MEER, M. N. *Formation and reformulation*: The redaction of the Book of Joshua in the light of the Oldest Textual Witnesses (SVT 102). Leiden: Brill, 2004.

VAN SETERS, J. Joshua's campaign of Canaan and Near Eastern historiography. *SJOT*, [*s. l.*], vol. 2, p. 1-12, 1990.

VAN SETERS, J. The Deuteronomistic History: Can it avoid death by redaction? *In*: RÖMER, T. (ed.). *The future of the Deuteronomistic History* (BETL 147). Lovaina: Leuven University Press-Peeters, 2000. p. 213-222.

VAN SETERS, J. *The Pentateuch*: A social science commentary (Trajectories). Sheffield: Sheffield Academic Press, 1999.

VERMEYLEN, J. *La loi du plus fort*: Histoire de la rédaction des récits davidiques de 1 Samuel 8 à 1 Rois 2 (BETL 154). Lovaina: Leuven University Press-Peeters, 2000.

VOS, J. C. de. *Das Los Judas*: über Entstehung und Ziele der Landbeschreibung in Josua 15 (SVT 95). Leiden: Brill, 2003.

5.1.1 De Josias ao exílio

Após a morte de Josias, morto pelo Faraó Necao em 609 por algumas razões obscuras[91], Judá tornou-se por pouco tempo vassalo do Egito. Necao contrariou os planos da aristocracia rural, que tentara colocar no trono um filho mais novo de Josias. Nomeou o filho mais velho de Josias, Eliacim, e, de acordo com o Livro dos Reis, mudou seu nome para Joaquim (interessante notar que é o rei egípcio quem reconhece, por meio desse novo nome Joaquim [Jehoiakim], que o deus nacional de Judá era Javé [Jeho]). Mas logo (a partir de 605)

91. Provavelmente ele já se submetera ao Egito após o declínio da potência assíria e pensou-se que havia traído sua fidelidade.

os babilônios, sob Nabucodonosor, assumiram o controle do Levante. Derrotado o Egito, Joaquim não teve outra opção senão transferir sua aliança e prestar homenagem ao rei babilônio. Mas em 601 os babilônios não conseguiram invadir o Egito e foram derrotados e rechaçados. Os egípcios controlaram novamente, por um breve tempo, o sul do Levante. A retirada do exército babilônico provocou um ressurgimento do nacionalismo e Joaquim aparentemente entrou numa coalizão contra a Babilônia liderada pelo Egito. Isso provocou uma nova campanha babilônica na Síria-Palestina e o cerco de Jerusalém. Durante o cerco, Joaquim morreu (assassinado por um partidário da Babilônia?) e foi sucedido pelo filho Joaquin, que se rendeu e provavelmente evitou a destruição de Jerusalém. De acordo com 2Rs 24 e Jr 52, os babilônios deportaram a família real, a corte e as classes altas da sociedade. Joaquin é mencionado em inscrições babilônicas como um prisioneiro junto com outros reis do Levante; aparentemente manteve o título de rei de Judá. Isso significa que o novo "rei" em Judá nomeado pelos babilônios, Sedecias, um filho de Josias, era de fato um governador, confrontado com um aparato administrativo reduzido e a ausência de um exército forte. Em 595 estourou uma rebelião na Babilônia e isso pode ter inspirado os estados vassalos no Ocidente a formar uma coalizão antibabilônica, que novamente voltou-se para o Egito em busca de apoio. Na verdade, o Faraó Psamético e seu filho Hofra aumentaram sua influência sobre a costa levantina. Por isso, Sedecias e seus conselheiros tornaram-se abertamente pró-Egito e romperam o pacto de fidelidade à Babilônia. Em 589 o exército babilônico invadiu novamente a Palestina e sitiou Jerusalém; a cidade foi conquistada em 587 ou 586 e dessa vez maciçamente destruída, como o foram também a maioria das fortalezas e lugares fortificados judaítas. O templo e o palácio de Jerusalém foram destruídos pelo fogo e os tesouros restantes levados para a Babilônia. Aparentemente foi organizada uma segunda deportação. Godolias, um membro da família de Safã, foi nomeado governador em Masfa, mas alguns anos depois foi assassinado pela resistência antibabilônica. Isso levou provavelmente a uma nova ação punitiva dos babilônios, talvez a uma nova deportação e a uma importante emigração judaíta em direção ao Egito (Jr 43). Não sabemos o que aconteceu depois desses acontecimentos; provavelmente Masfa continuou sendo o centro administrativo, a partir do qual um comandante babilônio governava os judaítas que haviam permanecido na terra.

A maioria dos especialistas pensa que o número da população deportada pelos babilônios não passou de 5-10% da população *total* de Jerusalém e Judá. Se calcularmos em 80 mil a 100 mil, aproximadamente a população judaíta no início do século VI a.C., essa porcentagem pode ser corroborada pelas indicações encontradas em Jr 52,28-30, que dão um total de 4.600 para três deportações. R. Albertz (2003b, p. 81-90) argumentou recentemente que esse número é baixo demais. Ele conjetura que cerca de 25% da população judaíta foi para o exílio; tal percentagem seria comparável com as 18 mil pessoas mencionadas em 2Rs 24,14 e 16. E. Stern (2004) mostrou que, durante o período babilônico, os sítios escavados no território de Judá fora de Jerusalém "atestam uma destruição completa e um hiato na história da grande maioria dos povoados" em contraste com a região de Benjamim. Isso não implica necessariamente um número muito alto de deportados – a crônica babilônica que relata a conquista de Jerusalém em 597 não especifica nenhuma deportação, no entanto apenas menciona um importante butim – mas sugere um êxodo populacional das áreas destruídas especialmente em direção a Benjamim. Essa opinião concorda com 2Rs 25,22-23 e Jr 40,1-6; ambos os textos relatam que a cidade benjaminita de Masfa tornou-se o centro administrativo de Judá durante a ocupação babilônica. Mais importante que o número exato de deportados judaítas é o fato de que os babilônios, ao que parece, deportaram as elites intelectual e econômica. Os camponeses e o zé-povinho permaneceram na terra e provavelmente foram encarregados pelos babilônios de cultivar os campos dos deportados (Jr 39,10). Mas estes últimos eram peritos em escrever e em produzir ideologia; inventaram o "mito da terra vazia" e a ideia de que Javé havia abandonado Judá para acompanhá-los no exílio. Consideravam-se, portanto, o "verdadeiro Israel", ao contrário dos que permaneceram em Judá-Benjamim. Dessa forma, o "exílio" tornou-se um mito fundante para o judaísmo que surgiu no período persa.

5.1.2 *A invenção do "período exílico"*

Quando Noth criou a "História Deuteronomista", ele não tinha dúvida nenhuma de que toda a obra era sobretudo uma reflexão sobre a derrota de Jerusalém e o "exílio". Desde então, o exílio sempre desempenhou um papel central na interpretação da História Deuteronomista, especialmente entre os estudiosos alemães. A conclusão em 2Rs 25,27-30, relatando a melhora da situação do Rei Joaquin na corte neobabilônica, implicava para Noth que o Deuteronomista escreveu pouco depois desses acontecimentos, por volta de 560 a.C. A expressão "período exílico" foi criada, portanto, para designar o contexto histórico da História Deuteronomista. Todavia, esse conceito é um tanto enganador do ponto de vista sócio-histórico, já que é sobretudo uma construção ideológica. Historicamente, o assim chamado "período exílico", geralmente situado no tempo que medeia entre 597 (a primeira deportação da corte e da elite de Jerusalém) e 539 (ascensão de Ciro ao poder), não corresponde ao período neobabilônico (626-539) nem ao fato de que uma parte importante dos deportados ou emigrantes permaneceu na Babilônia e no Egito após 539, apesar da possibilidade de retornar a Judá. A criação de um "período exílico" produz também a falsa impressão de que a deportação foi um acontecimento específico da história judaíta, ao passo que muitas deportações ocorreram sob a dominação neoassíria e a dominação neobabilônica, inclusive em Samaria e Judá. Por fim, a noção de um "período exílico" sugere que toda a população de Judá teria sido deportada para a Babilônia, o que corresponde à ideologia dos escribas deuteronomistas (cf., por exemplo, 2Rs 25,21), mas certamente não à realidade histórica.

Do ponto de vista histórico, é mais apropriado falar de "período neobabilônico" para designar o período que vai até 539 a.C., e interpretar as deportações babilônicas em Judá no contexto mais amplo da dominação neobabilônica no Oriente na primeira parte do século VI. Continua sendo perfeitamente válido, evidentemente, que o exílio babilônico é um tema central na História Deuteronomista. Mas isso não implica necessariamente, como acreditaram Noth e muitos outros depois dele, que a reflexão deuteronomista sobre o exílio corresponde apenas ao assim chamado "período exílico". Para o judaísmo, o exílio continuou sendo um tema decisivo durante os séculos seguintes e, em certo sentido pelo menos, até hoje. O exílio tornou-se parte da construção da identidade judaica. É claro que os acontecimentos de 597 e 587 constituíram uma grande crise para a elite judaíta, e especialmente para a escola deuteronomista. Tal crise levou os deuteronomistas, que haviam presenciado a queda da monarquia judaíta, a modificar de forma significativa suas ideias sobre as origens de Israel e a monarquia judaíta e a reeditar inteiramente as obras literárias de seus predecessores da época neoassíria.

5.1.3 A edição exílica da História Deuteronomista: o conceito de literatura de crise

Não há dúvida de que os acontecimentos de 597 e 587/586 produziram uma grande crise para a identidade judaíta coletiva e, devido às importantes destruições e deslocamentos populacionais, não se pode afirmar que essa crise seja uma pura invenção da ciência bíblica moderna. No entanto, é verdade que a destruição de Jerusalém afetou mais as elites deportadas do que a população rural e os pobres. As elites (especialmente os funcionários reais)[92] haviam sido separados de suas fontes de poder. De maneira mais geral, após 597/587 haviam ruído por terra os pilares tradicionais que sustentavam a coerência ideológica e política de um Estado monárquico no Antigo Oriente Próximo. O rei fora deportado, o templo destruído e a unidade geográfica de Judá chegara ao fim por causa das deportações e emigrações voluntárias. Era perfeitamente lógico explicar essa situação pela derrota da divindade nacional Javé, infligida pelos deuses babilônicos mais poderosos.

Entre a classe alta, diversos grupos procuraram superar esta crise produzindo ideologias destinadas a dar sentido ao colapso de Judá. Podemos apresentar essas ideologias seguindo uma teoria de A. Steil (1993). Esse sociólogo, influenciado pela abordagem de Max Weber, analisou a semântica das crises relacionada com a Revolução Francesa. A meu ver, o modelo de Steil aplica-se também às reações à queda de Judá encontradas na Bíblia hebraica. Steil distingue três tipos de atitudes diante de uma crise: do profeta, do sacerdote e do mandarim[93]. A *atitude profética* considera a crise como o começo de uma nova era. Os representantes dessa opinião são pessoas que se encontram nas margens da sociedade, mas não obstante são capazes de comunicar suas opiniões. A posição dos representantes conservadores das estruturas sociais que ruíram pode ser sintetizada como *atitude sacerdotal*. Aqui, a única maneira de superar a crise é retornar às origens sacrais da sociedade dadas por Deus e ignorar a nova realidade. A assim chamada "*posição mandarínica*" sintetiza a atitude dos altos funcionários, que procuram entender a nova situação

92. É interessante que 2Rs 24,14.16 não menciona explicitamente sacerdotes entre os deportados. De acordo com 2Rs 25,18-20, dois sacerdotes importantes foram mortos após a destruição de Jerusalém: é possível que os membros da classe sacerdotal tenham permanecido em Judá e que algum culto sacrificial tenha continuado (cf. Jr 41,5).

93. A expressão denota um oficial ou burocrata do alto escalão, inclinado geralmente a uma atitude conservadora.

e adaptar-se a ela a fim de manter seus privilégios anteriores. Os mandarins procuram objetivar a crise mediante a construção de uma história que fornece as razões do colapso das estruturas sociais anteriores.

Podemos sintetizar as três atitudes da seguinte maneira.

	Profeta	**Sacerdote**	**Mandarim**
Situação	Marginal	Representante do poder anterior	Pertencente aos altos funcionários
Legitimação	"Conhecimento pessoal"	Tradição	Instrução intelectual
Semântica da crise	Esperança de um futuro melhor	Retorno às origens míticas	Construção de uma história
Referência	Utopia	Mito	"História"

Aplicadas à Bíblia hebraica e à interpretação da destruição de Jerusalém, essas três atitudes podem ser facilmente recuperadas. O assim chamado "Segundo Isaías", o profeta ou grupo profético anônimo cujos oráculos estão reunidos na segunda parte do Livro de Isaías (caps. 40-55), considera o exílio como uma transição necessária para uma nova ordem e como uma recriação de Israel por parte de Javé: "Não lembreis as coisas antigas, nem considereis as coisas de outrora. Eis que faço uma coisa nova. Ela está despontando, não a percebeis? Abrirei um caminho no deserto e rios na terra árida [...] para dar de beber a meu povo escolhido, o povo que formei para mim para que possam proclamar meu louvor" (Is 43,18-21). Esses oráculos foram escritos provavelmente quando o rei persa Ciro estava prestes a derrotar o Império Babilônico. O Segundo Isaías pode ser entendido de certa forma como um propagandista de Ciro, cuja chegada é apresentada como o início de uma nova era; Ciro chega a ser chamado de messias de Javé (45,1-7). Quanto a Javé, este é promovido a único "Deus real"; as outras divindades são criticadas como artefatos humanos. Na Bíblia hebraica, portanto, o Segundo Isaías é o inventor do monoteísmo. A ideologia monoteísta é usada em Is 40–55 para demonstrar que a destruição de Jerusalém e a deportação não se deviam à fraqueza de Javé, mas faziam parte de seu "projeto pedagógico" de criar um novo Israel.

A atitude sacerdotal em relação ao fim da monarquia e à destruição do templo pode ser detectada no chamado documento sacerdotal no Pentateuco. De acordo com a pesquisa recente, o documento sacerdotal original incluía apenas Gn 1–Ex 40* (ou Gn 1–Lv 9*)[94]. Continha histórias e genealogias que apresentavam as origens do mundo e da humanidade, histórias sobre os ancestrais de Israel, a estadia de Israel no Egito, a demonstração do poder de Javé perante o faraó, o êxodo do Egito, a chegada à montanha de Javé e a construção de um santuário móvel no deserto. Os autores sacerdotais situaram todas as instituições importantes para o judaísmo emergente nas origens míticas da humanidade e do povo. O sábado é instituído com a criação do mundo, leis alimentares são dadas após o dilúvio, a circuncisão é tão antiga quanto Abraão, a Páscoa está ligada ao êxodo e o culto sacrificial já fora instituído no deserto. Já não há mais necessidade da monarquia e do Estado; por isso a classe sacerdotal podia facilmente aceitar a perda da autonomia política na medida em que os novos senhores concediam alguma autoridade aos cultos locais, como os persas certamente fizeram[95]. Para a concepção sacerdotal, a estabilidade do mundo está garantida pelos fundamentos míticos; por isso o colapso da monarquia judaíta não afeta realmente a veneração de Javé através do culto e dos rituais.

94. Cf. especialmente Pola (1995). Segundo a visão crítica tradicional, o documento sacerdotal terminava em Dt 34* ou em Js 18–19*. Mas, mesmo que se aceite uma das opiniões tradicionais, isso não altera o fato de que os atores sacerdotais estão interessados sobretudo nas origens míticas de Israel.

95. Não temos nenhum indício claro da atitude babilônica. Segundo o Livro de Ezequiel parece que os deportados podiam reunir-se para celebrações cultuais. Jr 37–43 pode indicar que o culto javista continuou na Palestina.

O candidato bíblico à "atitude mandarínica" perante a crise é a escola deuteronomista. Ao contrário do meio sacerdotal, os deuteronomistas do período babilônico – que são os descendentes dos escribas – e outros funcionários da corte judaíta estão obcecados com o fim da monarquia e a deportação das elites judaítas. Como conciliar esses acontecimentos com a ideologia nacionalista dos primeiros escritos deuteronomistas datados do final do século VII a.C.? Para os deuteronomistas era preciso explicar o exílio. E essa explicação será dada pela construção de uma história que se estende dos inícios sob Moisés até a destruição de Jerusalém e a deportação das classes altas (Dt 1–2Rs 25*). Ao fazê-lo, os deuteronomistas reelaboram os rolos mais antigos da época assíria. Estabelecem uma história coerente, que eles dividem em diferentes períodos (Moisés, conquista, juízes, ascensão da monarquia, os dois reinos, a história de Judá desde a queda de Samaria até a queda de Jerusalém). Essa história visa apresentar todos os acontecimentos negativos – a divisão da dinastia davídica ou as invasões assírias e babilônicas – como consequências "lógicas" da não obediência do povo e de seus líderes à vontade de Javé. E a vontade de Javé está expressa no Livro do Deuteronômio, que lembra a "aliança"[96] ou tratado original entre Javé e Israel. O próprio Javé provocou a invasão dos babilônios (2Rs 24,3.20) a fim de punir Judá por venerar outras divindades. Da mesma forma que o Segundo Isaías, os deuteronomistas procuram contradizer a ideia de que Marduc e as outras divindades babilônicas haviam derrotado Javé. Mas, ao contrário do Segundo Isaías, os escritos exílicos da escola deuteronomista não revelam uma clara ideologia monoteísta. Sua preocupação não é a não existência de outras divindades, mas a superioridade de Javé apesar das evidências.

96. O termo hebraico *b^erît* pode normalmente ser traduzido por "aliança". Na verdade, cobre o mesmo campo semântico que o *adê* assírio.

A obra dos deuteronomistas na época babilônica é, portanto, a primeira tentativa de criar uma história abrangente de Israel e Judá. Existem outros exemplos na Antiguidade que mostram uma ligação entre uma situação de crise e a historiografia. Tucídides escreve no século V a.C. a *História da Guerra do Peloponeso*, para "aqueles pesquisadores que desejam um conhecimento exato do passado como ajuda para interpretar o futuro" (1,22). De forma semelhante, Heródoto compõe sua *História* a fim de explicar as razões das guerras persas e os transtornos delas resultantes (cf. prefácio ao Livro I). No século III a.C. o sacerdote babilônio Berossos compõe uma narrativa histórica da civilização babilônica como resposta à crise cultural provocada pela difusão do helenismo. Quanto à História Deuteronomista, pode-se duvidar se cabe chamar essa obra de "historiografia", mas isso é antes uma questão de definição. Evidentemente, a História Deuteronomista não é historiografia ou história no sentido moderno da definição de Ranke: "como realmente aconteceu"[97]. E Marc Brettler tem razão ao enfatizar que "qualquer compreensão da história que dependa da historicidade não pode ser aplicada com proveito ao *corpus* bíblico" (1995, p. 11). A edição exílica dos deuteronomistas continua sendo, não obstante, uma tentativa de construir um passado abrangente a fim de explicar o presente.

5.2 A estrutura e a ideologia da edição exílica da História Deuteronomista

Existe ainda alguma discussão sobre a localização geográfica dos deuteronomistas do século VI a.C. Noth pensava em Masfa, a capital administrativa de Judá sob a ocupação babilônica, e essa opinião ainda goza de ampla aceitação. Mas, ao contrário de Jr 40–41, em que Masfa é frequentemente mencionada, o relato deuteronomista em

97. Embora seja melhor traduzir essa famosa afirmação por "como foi essencialmente" (Evans, 1997, p. 17).

2Rs 25 não lhe dá grande importância[98]. O Governador Godolias era obviamente um membro da família de Safã e há fortes motivos para pensar que membros dessa família foram figuras-chave na escola deuteronomista desde os dias do Rei Josias. Mas isso não significa que todos os safânidas eram deuteronomistas, ou que todos eles permaneceram em Masfa. Se analisarmos 2Rs 24–25 e Jr 39–41, poderemos facilmente observar duas visões conflitantes sobre a vida em Judá após a invasão babilônica. Os textos de Jeremias, que não deveriam ser atribuídos a uma redação deuteronomista, expressam a esperança de uma continuação da vida em Judá após a destruição de Jerusalém. De acordo com Jr 39,14 e 40,2-6, o Profeta Jeremias, que não é mencionado nos livros dos Reis (!), opta por permanecer na terra com a população não exilada. Esses textos legitimam a ideia de que Javé está do lado da comunidade que permaneceu em Judá (cf. também Jr 32,1-15). A mesma ideia é também enfatizada pelo bem-estar que o governo de Godolias produz na narrativa de Jeremias: "colheram vinho e frutas de verão em abundância" (40,12). É interessante notar que essa afirmação falta na narrativa paralela em 2Rs 25,22-26 que, como observa com razão Seitz, "parece depreciar o potencial governo de Godolias" (1989, p. 217). A apresentação de Jr 40 está em oposição com a conclusão da História Deuteronomista: "Assim Judá foi deportado para longe de sua terra" (2Rs 25,21). Essa ideia reflete claramente uma perspectiva exílica. O mesmo se pode dizer da oração de Salomão (1Rs 8), que apresenta o templo como uma *kiblah*, o ponto para o qual a comunidade deportada devia voltar-se ao rezar (8,48-50). O apelo de 1Rs 8,47 a voltar a Javé é paralelo a Dt 30,1-10, que também se dirige claramente a um grupo no exílio. Parece plausível, portanto, situar

98. Na História Deuteronomista, Masfa desempenha um papel importante em relação a Samuel: em 1Sm 7, Samuel está julgando e reunindo Israel em Masfa, como em 1Sm 10,17.

entre a *intelligentsia* na Babilônia[99] o grupo que produziu a edição exílica da História Deuteronomista. Não possuímos muitas informações sobre a condição social e econômica dos deportados, mas parece razoável afirmar que os altos funcionários da corte foram bem tratados e até envolvidos na administração babilônica dos exilados. "Os escribas de Judá talvez tenham encontrado emprego dentro do palácio e do templo como escribas babilônios, continuando a mesma vida de trabalho, mas a serviço de um novo empregador" (Berquist, 1995, p. 16). Esses antigos funcionários provenientes da corte judaíta podiam facilmente ter trazido consigo rolos, que reeditaram durante o período babilônico. O fato de os capítulos finais da História Deuteronomista não conterem nenhuma afirmação negativa sobre o rei babilônio e seu exército (cf., para a atitude oposta, Is 13–14), que são apresentados como executores da ira de Javé, harmoniza-se perfeitamente com a localização dos deuteronomistas exílicos na Babilônia.

De certa forma, toda a História Deuteronomista mantém a afirmação de que o fim da monarquia, a destruição de Jerusalém e a perda da terra resultam da ira de Javé. O tema da terra está bem no cerne dessa História: o Livro do Deuteronômio repete constantemente a promessa de Javé de dar a terra; o Livro de Josué narra a conquista total da terra e os capítulos finais de Reis relatam a perda da terra, que é anunciada nos discursos deuteronomistas que estruturam toda a história. Esses discursos, conforme já observou Noth, são os pilares que organizam a História Deuteronomista em diferentes períodos. Os discursos mais importantes são Dt 1–30*; Js 1,1-9*; Js 23*; Jz 2,6-3,6*; 1Sm 12,1-15*; 1Rs 8* e 2Rs 17*. Todos esses textos passaram por uma editoração redacional posterior[100], mas parece

99. Para uma localização babilônica dos deuteronomistas, cf. também Albertz (2003, p. 282-285) e Person Jr. (2002, p. 28-29).

100. Cf. a recente pesquisa de Nentel (2000).

bastante claro que, em sua forma original, formam compostos para organizar a edição exílica da História Deuteronomista.

A construção do Deuteronômio como discurso final de Moisés fornece o modelo para os discursos seguintes, especialmente os testamentos de Josué e Samuel. As leis deuteronômicas, especialmente a insistência na centralização do culto e na adoração exclusiva a Javé, funcionam agora como critérios que possibilitam aos destinatários entender a história seguinte: desde a conquista até à perda da terra. O primeiro período após os fundamentos mosaicos é introduzido por um discurso de Javé a Josué em Js 1,1-2.5-6(7)[101], no qual ele confirma a conquista total da terra. A realização da conquista é enfatizada no discurso final de Josué no capítulo 23, que retoma a declaração de Js 21,43-45. Já que o discurso introdutório, assim como outros textos de Josué, insiste numa conquista total, pode-se concluir que a forma primitiva do discurso de despedida em Js 23 refletia a mesma ideologia e que o texto foi reelaborado posteriormente a fim de modificar essa ideologia. O texto original pode ser reconstruído de Js 23,1-3.9.11.14-16a; contém os seguintes elementos: revisão da história precedente (v. 3 e 9), exortações (11), bênçãos e maldições (14-16). O discurso original em Js 23 imita a estrutura do Deuteronômio (caps. 1-3: visão histórica; 5-26: exortações e leis; 28: bênçãos e maldições). Mediante esse estratagema, Josué aparece claramente como sucessor de Moisés. E, assim como as maldições de Moisés no Deuteronômio terminam com o anúncio da deportação, Js 23,15-16 também prevê a perda da terra se os ouvintes não respeitarem o Tratado de Javé.

---

101. A descrição do "grande Israel" nos versículos 3-4 é claramente uma inserção posterior, já que não se encaixa na ideia de que a terra dada é limitada pelo Rio Jordão; a exortação do versículo 8 é também muito tardia, ela tem um paralelo no Sl 1. Ambos os textos foram escritos para correlacionar os "Profetas" e os "Escritos" com a Torá. Muitas vezes afirma-se que o discurso original terminava no versículo 6, mas o versículo 7 encaixa-se muito bem como conclusão. Ele enfatiza a ideia de que a atitude para com a lei mosaica é crucial em qualquer situação.

A introdução do período seguinte está em Jz 2,6-12.14-16.18-19. Esse discurso é proferido nos bastidores pelo próprio autor deuteronomista, já que não havia personagem apropriado à disposição para introduzir o tempo anárquico dos juízes. Na História Deuteronomista esse texto vinha imediatamente após Js 23,16[102]. A introdução original em 2(6-9).10-12.14-16.18-19[103] possibilita aos deuteronomistas inventar um período de guerras e anarquia entre a conquista e as origens da monarquia, o assim chamado "período dos juízes". Jz 2,10-19* constrói o tempo de Josué como uma idade de ouro e apresenta o período seguinte de forma cíclica: os israelitas interessam-se mais por outras divindades do que por Javé. Javé fica encolerizado e envia outros povos para oprimir os israelitas. Mas depois liberta-os enviando "juízes", na realidade líderes carismáticos, que repelem os inimigos. Porém, após a morte do juiz, o ciclo recomeça, até ser enviado um novo libertador, e assim por diante. A ideia de que Javé usa outras pessoas para punir os israelitas já é uma alusão ao fim de Judá, que é obra dos babilônios que executam a vontade de Javé. Na construção deuteronomista o período dos juízes termina com o discurso de despedida de Samuel em 1Sm 12,1-4*.6a.7(8*).9.10a-b.11-15[104]. Esse

102. Js 24 e Jz 1,1–2,5 foram inseridos posteriormente, conforme veremos, a fim de cortar esse elo. Existe muita controvérsia sobre a questão se o relato original da morte de Josué é conservado em Js 24,29-31 ou em Jz 2,6-9. Não precisamos decidir essa matéria, já que a narração é a mesma seja com Js 23*; Js 24,29-32; Jz 2,10-19* ou com Js 23; Jz 2,6-19*.

103. O versículo 13, que interrompe o elo entre os versículos 12 e 14, é uma tentativa posterior de definir a identidade dos "outros deuses" do versículo 12. O versículo 17 contradiz a apresentação do período dos juízes nos versículos 15-16.18-19. O versículo foi acrescentado posteriormente para enfatizar a obstinação do povo. Em oposição a 2,6-19*, 2,10–3,6 reflete a ideia de que a conquista não foi completada inteiramente. A mesma ideia aparece nos acréscimos a Js 23; provavelmente reflete os conflitos territoriais do período persa.

104. Em publicações recentes o discurso final de Samuel aparece cada vez mais como um "texto deuteronomista tardio" (cf. o sumário da pesquisa em Nentel [2000, p. 140-165]). Os motivos para essa classificação dependem sobretudo dos versículos 6-8, que mencionam Jacó, bem como Moisés e Aarão juntos. Parece plausível supor que esses versículos resultam de uma reelaboração de um texto mais

discurso é bastante semelhante ao discurso de Josué em Js 23*. Ambos os textos começam mencionando a idade avançada do orador, contêm uma recapitulação da história precedente (em Js 23 centrada na conquista, em 1Sm 12 nos juízes e na tomada de posse do rei), e ambos os discursos terminam com a alternativa de bênção ou maldições. 1Sm 12,9-11 proporciona uma inclusão com Jz 2,10-19* e recapitula as histórias de Jz 4–11, ao passo que 12,12-13 alude à ascensão da monarquia, como vem relatado nos capítulos 8-11. 1Sm 12,13-15 introduz a história seguinte da monarquia, refletindo já sobre um final negativo.

O período seguinte, que é a história da "monarquia unida", é delimitado pela oração de Salomão durante a inauguração do Templo de Jerusalém (1Rs 8). Os redatores exílicos baseiam-se no texto anterior da edição josiânica de Reis (8,14-20*) e acrescentam, com uma nova introdução, uma longa oração (8,22-51*) e uma bênção final (8,54-56). Assim como Js 23 e 1Sm 12, a primeira parte do discurso é um sumário de acontecimentos anteriores, que sublinha que todas as promessas divinas (aqui as feitas a Davi) foram cumpridas (8,20). Os versículos 14-21 referem-se à promessa dinástica de 2Sm 7. Da mesma forma que 1Sm 12,6-8*, 1Rs 8,16 e 21 apresentam o Êxodo do Egito como o verdadeiro início da relação entre Israel e Javé. A oração seguinte faz ligação com o futuro. A primeira parte dessa longa sequência (22-26) apresenta uma transição. Menciona-se ainda o "pai Davi", que não ocorrerá depois durante o discurso, mas agora o versículo 25 torna condicional a promessa de uma dinastia eterna, resultado da reflexão sobre a situação após 587 a.C. A mesma situação aparece na introdução às sete ocasiões

---

antigo, que mencionava apenas o êxodo e a instalação na terra. O versículo 8, como está agora, atribui de modo interessante o dom da terra a Moisés e Aarão, ao passo que Josué nem sequer é mencionado. Isso talvez seja uma correção posterior, que pode ser cotejada com os últimos versículos do Pentateuco, Dt 34,10-12, nos quais Moisés é apresentado como incomparável com qualquer outro dos heróis de Israel.

para a oração (v. [27]28-30)[105]. Aqui Salomão afirma que Javé não habita realmente no templo, mas no céu; o templo é o lugar onde ele coloca seu nome. A mesma ideologia pode ser encontrada na redação exílica de Dt 12 (8-12). Em contraste com a importância dada à construção do templo no relato anterior, esses versículos salientam que Javé não está confinado ao seu santuário; Ele poderia, portanto, ser adorado fora do templo. As ocasiões para a oração, que são apresentadas nos versículos 31-51*[106], reforçam a mesma ideologia. Cada descrição dessas ocasiões contém os mesmos elementos básicos: a situação da oração, a localização da pessoa que reza, o apelo a Javé para que ouça do céu e a intervenção divina como foi pedido. Em contraste com o apelo a Javé, que permanece idêntico, há uma interessante evolução quanto ao lugar da oração. No primeiro caso mencionado, o lugar é claramente situado no templo, diante do altar (v. 31). Depois (v. 35) a oração vai na direção do santuário. E finalmente, no final da oração, os indivíduos que rezam estão situados em outro país e dirigem seu pedido voltados para a terra dos pais, a cidade e o templo (v. 46-51). Durante a inauguração do templo, a função deste já é definida como apropriada para um grupo que está

105. O versículo 27 é muitas vezes considerado um acréscimo posterior, já que interrompe o elo entre os versículos 26 e 28 e fala de "Deus" na terceira pessoa.

106. A unidade literária dessa passagem é discutida. Muitas vezes afirma-se que os versículos 44-51 constituem uma inserção posterior, já que existem algumas diferenças estilísticas em relação aos versículos 33-41. Mas essas não são realmente importantes, de modo que ainda é possível considerar toda a sequência como obra de um só autor (Nentel, 2000, p. 228-229). No entanto, existe alguma plausibilidade em considerar como uma interpolação não os versículos 44-51, mas os versículos 41-45. Ao contrário dos outros casos, esses versículos não têm paralelos com Dt 28 (cf. mais adiante); a ideia de um estrangeiro (a palavra *nokrî* é encontrada raramente na História Deuteronomista, aparece apenas em Dt 14,21; 15,3; 17,15; 23,21; 29,21; Jz 19,21; 2Sm 15,19; 1Rs 11,1.8; todos esses textos usam o termo com uma conotação negativa, com a possível exceção do texto tardio Dt 29,21) vindo de muito longe para venerar Javé (41) não é uma ideia deuteronomista, mas encaixa-se melhor o período helenístico, quando se desenvolveu o proselitismo. A menção da guerra não é muito lógica após o versículo 33, onde Israel já está derrotado.

fora da terra! É interessante notar que as ocasiões para a oração nos versículos 33-40 e 46-51 correspondem às maldições de Dt 28 (Burney, 1920, p. 112-115): derrota (1Rs 8,33; Dt 28,25), falta de chuva (1Rs 8,35; Dt 28,24), fome, peste, ferrugem, fungos, gafanhotos ou lagartas, inimigos (1Rs 8,37; Dt 28,21-22.38.25), deportação e exílio (1Rs 8,46; Dt 28,64-65). Esses paralelos estabelecem também um nítido elo composicional e temático entre o Livro do Deuteronômio e os livros dos Reis, e sublinham a importância do "exílio" na composição da História Deuteronomista durante o período babilônico. 1Rs 8* conclui o período do "reino unido", ideia que pode muito bem ser uma invenção deuteronomista.

Após esse discurso, o capítulo 9 introduz o declínio do reino de Salomão, que prepara o próximo período: a história paralela dos reinos de Judá e de Israel. Esse período termina em 2Rs 17 com a queda de Samaria e um comentário deuteronomista sobre a mesma. 2Rs 17,7-20 é o último discurso estruturante na História Deuteronomista. Como não havia outro orador disponível, é um comentário anônimo do autor deuteronomista, que foi inserido na forma original dessa passagem entre os versículos 1-6 e 21-23[107]. Este último discurso, que tem numerosos paralelos com Js 1; 23; Jz 2,6-3,6; 1Sm 12 e 1Rs 8, é um sumário de toda a História Deuteronomista. O sumário começa com uma lembrança do êxodo, que, como já foi mencionado, é para os deuteronomistas o mito fundante de Israel. A identificação de Javé como o deus que guiou os israelitas para fora do Egito e a advertência contra outros deuses são dois importantes temas do Deuteronômio, e 2Rs 17 contém muitos outros elos temáticos e semânticos com o primeiro livro da História Deuteronomista (Aurelius, 2003). A menção da expulsão das nações (v. 8) alude às histórias da conquista em Josué. A lista de infrações nos versículos 9-11 tem um estreito paralelo em 1Rs 14,23-24, que trata das práti-

107. Cf. também Aurelius (2003, p. 71-95). Não se exclui que algumas partes dessa sequência possam provir de redatores posteriores.

cas religiosas sob Roboão, o primeiro rei de Judá (!). O abandono de Javé (v. 16) refere-se, num olhar retrospectivo, ao tempo dos juízes (Jz 2,12-13). O tema do contínuo envio dos profetas (v. 13-14) começa provavelmente com Samuel, o último juiz e primeiro profeta, e continua com os diferentes profetas mencionados em Reis[108]. A afirmação do versículo 15: "Eles seguiram as nações que estavam ao seu redor" alude provavelmente ao desejo de ter um rei em 1Sm 8 (cf. v. 5 e 20). As imagens fundidas (v. 16), como também os pecados de Jeroboão no texto mais antigo 2Rs 17,21-22, são uma clara referência a 1Rs 12. O passar crianças pelo fogo (v. 17) cobre o tempo desde Acaz (2Rs 16,3) até Manassés (2Rs 21,6). Finalmente, a comparação de Judá com Israel (v. 19-20) alude ao fim de Judá em 2Rs 24-25.

2Rs 17,7-20 (21-23) resume toda a História Deuteronomista. Com efeito, o último período (2Rs 18–25) já está incluído neste sumário, porque curiosamente não existe nenhum discurso conclusivo após o colapso do Reino do Sul. Marc Brettler afirmou que 2Rs 17,7-12 é "um fragmento deslocado de um discurso que justificava o exílio de Judá" (1995, p. 122). Isso é uma bela especulação mas não uma hipótese necessária. Os escribas deuteronomistas no período babilônico optaram por deixar sua história "em aberto", sem um final, pelas seguintes razões: em primeiro lugar, era difícil fornecer uma explicação detalhada para o fim do reino judaíta tão pouco tempo após o relato positivo da reforma de Josias; e, em segundo lugar, eles provavelmente não sabiam ao certo como avaliar as chances de restauração da dinastia davídica e como encarar o futuro. Talvez houvesse até opiniões conflitantes sobre o futuro do monarca. E finalmente, concluindo a história com 2Rs 25,21: "e

108. Esses versículos podem ser um acréscimo, já que trazem uma linguagem tardia e a maioria dos relatos proféticos em Reis foi inserida num estágio posterior à edição babilônica da História Deuteronomista.

todo Judá foi deportado para longe de sua terra", transformaram o exílio na matriz de uma identidade para o "verdadeiro Israel".

Podemos resumir num diagrama a estrutura da História Deuteronomista através dos discursos mencionados.

Dt 1–30	*Discurso de despedida de Moisés.* Critérios para avaliar a história seguinte. Cap. 28 (e outros lugares). <u>Anúncio do exílio</u>.	ORIGENS
Js 1	Discurso de Javé a Josué. <u>Anúncio da conquista</u>.	
Js 23	*Discurso de despedida de Josué.* Realização da conquista. <u>Anúncio do exílio</u>.	CONQUISTA
Jz 2,6–3,6	Discurso. Introduzindo o tempo dos juízes.	
1Sm 12	*Discurso de despedida de Samuel.* Sumário da história precedente. <u>Anúncio da sanção divina</u>.	TEMPO DOS JUÍZES
1Rs 8	Discurso inaugural de Salomão. Cumprimento das promessas a Davi. <u>Anúncio do exílio</u>.	MONARQUIA UNIDA
2Rs 17	Discurso: comentário sobre o colapso de Israel. Sumário da história precedente. <u>Anúncio do exílio de Judá</u>.	OS DOIS REINOS
2Rs 25	(Fim em aberto): exílio.	ÚLTIMOS DIAS DE JUDÁ

É evidente que o exílio, a deportação para longe da terra, é o tema abrangente que liga as diferentes tradições e períodos, tal como foram organizados na edição babilônica da História Deuteronomista. Essa perspectiva exílica contribui também para criar o mito da terra vazia, expresso em 2Rs 25,21. Consequentemente, os que permaneceram na Palestina não pertencem realmente a Judá e serão considerados por alguns da chamada *golah* (os exilados) como o "povo da terra" impuro, que não tem direito de reivindicar a posse da terra. Esse conflito territorial tornar-se-á uma questão importante durante o período persa; é preparado pela ideologia do exílio na História Deuteronomista. Mas passemos a considerar alguns pontos importantes da edição exílica desta História.

5.3 A edição exílica da História Deuteronomista

5.3.1 O Livro do Deuteronômio: o guia de leitura para a História

Preocupado principalmente com a ideologia da centralização e da lealdade absoluta a Javé em sua edição assíria (Dt 6,4-5; 12–26*; 28*), o Livro do Deuteronômio funciona em sua edição exílica como introdução à história desde a conquista à perda da terra, conforme vem descrita em Josué, Juízes, Samuel e Reis.

5.3.1.1 A ficção literária do Deuteronômio

A ficção literária do Deuteronômio como último discurso de Moisés reflete a situação após 597 e 587 a.C. Dirigindo-se diretamente a seus ouvintes, os deuteronomistas transformaram-nos, de certa forma, em contemporâneos de Moisés, e essa ficção corresponde à situação concreta do grupo residente na Babilônia ao qual os deuteronomistas dirigem sua história: assim como no tempo de Moisés, eles se encontram fora da terra e aguardam instruções sobre a possibilidade de entrar nessa terra. Já que a monarquia desapareceu, os deuteronomistas situam todas as instituições importantes no período das "origens", fazendo de Moisés o mediador entre Javé e

Israel. Tradicionalmente, é o rei quem representa a divindade e transmite a lei; essas funções são agora assumidas por Moisés. De fato, na apresentação deuteronomista, nenhuma nova lei divina é revelada depois de Moisés. Todos os heróis seguintes, como também os reis, precisam conformar seus atos com a lei de Moisés, que funciona como critério para a compreensão da história subsequente.

5.3.1.2 A construção das origens de Israel em Dt 1–3

Os capítulos iniciais de Dt 1–3 (a narrativa original continha provavelmente 1,1*.6-7a*.8*.19-30.32-45; 2,1-3.4-9*.25-30a*.31-35; 3,1-7.10a.12a.23-28)[109] apresentam-se como uma recapitulação de eventos anteriores ocorridos no deserto desde o êxodo do Egito. Essas histórias têm paralelos no Livro dos Números (Dt 1,19-45 e Nm 13–14: recusa da conquista e sanção divina; Dt 2,1-23 e Nm 20,10-21; 21,10-20: travessia de Edom e Moab; Dt 2,25–3,11 e Nm 21,21-35: conquista dos territórios situados além do Jordão; Dt 3,21-29 e Nm 27: ordem divina de instalação de Josué no cargo) e os estudiosos consideraram muitas vezes as narrativas de Números como as "fontes mais antigas" sobre as quais o Deuteronômio se baseou. Mas essa opinião não é convincente e tem sido questionada em diversas obras recentes (Van Seter, 1999, p. 148-151). Se os deuteronomistas queriam realmente recapitular as histórias dos Números, por que iriam citar um número tão pequeno dessas narrativas? E, se dependiam do texto de Números, é difícil acreditar que

109. Quase todos concordam que o capítulo 4, que apresenta uma ideologia monoteísta próxima ao Segundo Isaías, é um acréscimo do período persa. A formação dos capítulos 1-3 parece uma formação muito complexa. Cf. as diferentes propostas de M. Rose (1994, p. 371-416 e 471-488), bem como Otto (2000, p. 12-109 e 129-138). As observações mais importantes, que levam à reconstrução sugerida acima, são as seguintes: 1,9-18 interrompe a ordem de conquistar a terra (1,6-8*) e o relato sobre a recusa da conquista (1,19-45). Dt 2,10-24 repete a história de 2,1-9* e acrescenta numerosos detalhes geográficos (também em 3,8-9.10b-11.12b-16), que não são típicos do estilo deuteronomista. Dt 3,18-22 antecipa o anúncio da instalação de Josué no versículo 28.

tenham excluído cenas tão importantes como, por exemplo, a intercessão de Moisés em Nm 14, que convence Javé a não destruir o povo inteiro. Se os deuteronomistas conheceram Nm 14,12, em que Javé faz uma nítida distinção entre Moisés e o povo, como teriam sido capazes de escrever a afirmação de Moisés em Dt 1,37: "Até mesmo contra mim Javé se irritou" (cf. também 3,26)? Dt 1–3 contém, portanto, narrativas mais antigas sobre as quais os autores de Números se apoiaram[110]. Em Nm 13–14, a assim chamada "história dos espiões" constitui o centro de um grande ciclo de rebeliões (Nm 11–20); ao passo que no Deuteronômio essa história aparece como prólogo à conquista da Transjordânia. É colocada bem no início da "recapitulação" histórica de Moisés e fornece um paradigma para os temas da conquista e da perda da terra, que vão de Josué até Reis: cada revolta contra Javé e Moisés pode implicar a perda da terra e o ser constrangido a viver e morrer fora da terra. Os relatos de conquista em Dt 2–3 refletem além disso uma opinião "moderada" quanto às pretensões territoriais: os territórios de Edom, Moab e Amon são excluídos da terra dada a Israel por Javé. Esse reconhecimento de fronteiras deve provavelmente ser entendido como um apelo a aceitar a organização territorial do Levante sob a ocupação babilônica[111].

Esses capítulos criam uma "memória coletiva" (Halbwachs, 1992); situam as origens do grupo, abordam o mito do êxodo e a promessa e conquista da terra.

5.3.1.3 *As referências aos "pais" e o mito exódico da origem*

Essa construção do passado é reforçada pelas numerosas referências aos "pais" ou "ancestrais" (*'ābôt*), que desempenham um

110. Parece bastante óbvio que os deuteronomistas não inventaram simplesmente esses relatos. Mas é impossível reconstruir e situar essas tradições mais antigas.

111. Os reis Seon e Og são figuras míticas e sua terra não está claramente delimitada. Sua derrota por Israel serve como paradigma de uma conquista bem-sucedida no caso de Israel se conformar com a Lei (aqui especialmente com Dt 20).

papel extremamente importante para a compreensão da ideologia do Deuteronômio[112]. Eles aparecem muitas vezes com expressões estereotipadas. A mais importante dessas fórmulas liga os pais a um juramento de Javé, que diz respeito sobretudo ao dom da terra prometida solenemente aos pais (1,8.35; 6,1.18 etc.), mas também à "aliança" (7,12; 8,18 etc.). Muito frequente também é o uso do título no qual Javé é chamado o "deus dos pais". Outra expressão fala do "não conhecer" dos pais, muitas vezes relacionado a "outros deuses" que os pais não conheceram (13,7; 28,64 etc.). Quem são esses pais? Geralmente supõe-se que a expressão se refere aos patriarcas Abraão, Isaac e Jacó. De fato, certos textos, por exemplo Dt 1,8 e 34,4, identificam os pais explicitamente com os patriarcas; mas essa identificação deve-se com toda a probabilidade a redatores muito posteriores. Se analisarmos cuidadosamente os diferentes contextos em que os pais aparecem, somos obrigados a concluir que, para a escola deuteronomista, os pais mencionados no Deuteronômio não são os patriarcas, mas na maioria dos casos o termo refere-se ao Egito ou designa os ancestrais em geral.

Consideremos o exemplo seguinte em Dt 6,18-19. Esses versículos contêm uma motivação para a necessidade de conformar-se às leis de Javé: "para que tudo corra bem para ti e possas entrar e tomar posse da terra boa que Javé prometeu dar a teus pais, expulsando de tua frente todos os teus inimigos, como disse Javé". O campo semântico dessa afirmação é um campo semântico militar; a frase "entrar e tomar posse" refere-se à tradição das guerras de Javé. Esse contexto militar contradiz a atitude pacifista das narrativas referentes aos patriarcas. Além disso, o uso do adjetivo "bom" para descrever a terra não ocorre nas histórias de Abraão, Isaac e Jacó. Os paralelos em Ex 3,8 e Nm 14,7 referem-se à

112. Para mais detalhes e todas as referências cf. Römer (2000, p. 112-138).

tradição do êxodo. Esse é o contexto em que os pais devem ser situados. Para os deuteronomistas, a terra foi prometida aos pais no Egito (a mesma ideia é atestada em Ez 20). Se os pais deuteronomistas se referem ao Egito, significa isso que os deuteronomistas não conheciam a tradição patriarcal? Não é esse o caso, mas aparentemente eles eram hostis ao mito de origem dos patriarcas. A conclusão da Lei em Dt 26 contém uma oração que começa com as seguintes palavras: "Meu pai era um arameu errante; e desceu ao Egito". Se esse texto pretende aludir a Jacó, este aparece sob uma luz desfavorável: é um estranho e está prestes a morrer. Para a escola deuteronomista, o Egito é o início da história de Israel; os ancestrais anteriores eram "arameus". Essa rejeição da tradição dos patriarcas reflete conflitos ideológicos durante o período babilônico e o período persa. Ez 33,24 mostra que a população que permaneceu em Judá durante a ocupação babilônica reivindicava a posse da terra, argumentando que eram os descendentes de Abraão que já habitaram a terra. Parece, portanto, que durante os séculos VI e V a.C. dois mitos das origens conflitavam entre si: um mito autóctone e genealógico e um mito baseado no êxodo e "vocacional", segundo o qual a identidade de um grupo não se define pela linhagem, mas pela aceitação de uma "constituição" ou tratado original entre a divindade e o grupo.

5.3.1.4 Dt 5 e a organização da Lei

A escola deuteronomista estava defendendo o último conceito, que é detalhado no capítulo 5; na edição exílica, este capítulo vinha imediatamente após Dt 1–3*. O capítulo 5*[113] (com 6,1-3) estava colocado antes da introdução josiânica em 6,4, a fim de fornecer

113. A introdução em 5,1a*, que menciona Moisés na terceira pessoa, foi introduzida após a inserção do capítulo 4. A introdução original em 5,1 era "Ouve, Israel", um paralelo com 6,4.

uma localização clara para a origem da Lei e para legitimar Moisés como o único mediador entre Javé e o povo. De acordo com esse texto, o tratado original está situado na montanha de Javé, o Horeb. Não se deve procurar o Horeb num mapa; o nome é uma construção literária baseada numa raiz hebraica que significa seco, árido ou deserto. A importância do tratado é acentuada pela afirmação seguinte: "Javé não fez este tratado com nossos pais, mas conosco, que estamos hoje aqui, todos vivos" (5,3). A realidade desse tratado (as leis deuteronômicas) é enfatizada para a comunidade exílica, que se tornara "contemporânea" de Moisés. É interessante notar que os deuteronomistas criam uma espécie de sumário dessa aliança, que é o "Decálogo"[114], os "Dez Mandamentos"[115] que Javé comunica ao povo reunido em sua montanha.

O Decálogo em 5,6-31* corresponde à ideologia deuteronomista, especialmente a ênfase no êxodo, o apelo à veneração exclusiva de Javé e a polêmica contra a "religião popular" (imagens, magia). As "leis sociais" nos versículos 17-21 são comuns à lei do Antigo Oriente Próximo e ocorrem também na última parte do código deuteronômico. Observou-se muitas vezes que a organização do Decálogo corresponde aproximadamente ao arranjo das leis em Dt 12–26:

114. Não podemos entrar aqui na interminável discussão sobre as duas versões do Decálogo em Ex 20 e Dt 5. É difícil decidir qual das duas versões é a mais antiga. No atual estado do texto, porém, é bastante claro que Ex 20 está ligado a preocupações sacerdotais (cf. a referência a Gn 1,1–2,3 a fim de legitimar o sábado), ao passo que Dt 5 corresponde à ideologia deuteronomista (refere-se ao Egito na prescrição do sábado). Também deixamos de lado a questão se existiu alguma vez um Decálogo mais antigo e mais curto.

115. De fato, nem em Ex 20 nem em Dt 5 esses mandamentos estão contados. A expressão "dez palavras" só ocorre em Ex 34,28; Dt 4,13 e 10,4. Todos esses textos são provavelmente posteriores à edição exílica do Deuteronômio.

Dt 5,6-11 *Veneração exclusiva de Javé, nenhum outro deus, nenhum uso ilegítimo do nome de Javé.*	*Dt 12–13; 14,21-29*[116] Centralização do culto a Javé, leis sobre a apostasia.
Dt 5,12-15 *Sábado, sétimo dia.*	Dt 15-16 *Leis para o sétimo ano; festas.*
Dt 5,16 *Pais.*	Dt 17-18 *Autoridades.*
Dt 5,17-21 *Vida em sociedade.*	Dt 19-25 *Vida em sociedade.*

O fato de o código de leis deuteronômico estar expresso em forma de Decálogo deveria, portanto, ser considerado como resultado da edição exílica do Deuteronômio; o Decálogo não é, portanto, um sumário independente de uma ética israelita antiga e genuína, mas antes um índice do código de leis de Dt 12–16.

Quatro dos mandamentos do Decálogo vêm acompanhados de motivação expressa. Isso significa que eram princípios novos, que (ao contrário dos v. 17-21) não eram amplamente aceitos. Refletem mudanças ideológicas na religião javística, criadas pela *intelligentsia* durante o século VI a.C. O primeiro desses mandamentos, que se tornaria muito importante para o judaísmo, é a proibição de estátuas e imagens de Javé[117] em 5,8a.9b-10, que posteriormente foi aplicado a uma proibição mais geral das representações visuais (v. 8b-9a). A proibição de um "mau uso" do nome de Javé alude a uma concepção mágica do nome da divindade. A proibição foi mais tarde entendida como uma interdição geral de pronunciar o nome de

116. Dt 14,1-20 é um acréscimo pós-exílico, provavelmente sacerdotal. Cf. Mayes (1994, p. 165-181).

117. Na época monárquica havia provavelmente no Templo de Jerusalém uma estátua de Javé, que, acredita-se, foi destruída ou deportada pelos babilônios; para mais detalhes, cf. Uehlinger (1997, p. 97-156).

Javé[118]. A longa explicação em 5,13-16 mostra a novidade da compreensão do sábado como o sétimo dia da semana, que provavelmente surgiu durante o período exílico; o nome é muitas vezes considerado de origem babilônica, designando originalmente uma festa da lua nova (cf. Am 8,5). Sua transformação talvez esteja ligada à invenção de um "tempo sagrado" em vez do "espaço sagrado" (o templo), que no exílio não era acessível[119]. O mandamento de honrar os pais (vivos) deve ser entendido como uma transformação da veneração dos ancestrais falecidos, a que os deuteronomistas se opunham veementemente (Dt 18,11; 26,14). Pode-se também sublinhar a nova importância das estruturas familiares após o colapso das outras instituições. Em certo sentido, podemos encontrar nessas novas prescrições a origem de marcos importantes da identidade judaica desde o período persa até hoje: uma religião sem imagens, um culto sabático não sacrificial e a importância da família como "agente religioso".

O relato de 5,23-31 legitima o papel de Moisés como mediador entre Javé e Israel. O Decálogo foi dirigido diretamente ao povo, que não podia suportar a presença imediata de Javé e por isso encarregou Moisés de tornar-se seu intermediário. Com esse relato, os deuteronomistas transferem a Moisés as funções tradicionais do rei.

As exortações, que na edição exílica haviam sido construídas ao redor de Dt 6,4-5 (6,1-3; 6,6-7*.10-25*) e que retomam a linguagem do Decálogo, preocupam-se sobretudo com a veneração exclusiva a Javé e com a doação da terra por Ele como também com as condições ligadas a essa doação. O tema da terra torna-se dominante em 8,7-20*; 9,1.4-6*[120]: em Dt 8* opõe-se ao deserto, descrito

---

118. Essa prática está claramente atestada no século III a.C. desde que os tradutores gregos do Pentateuco substituem Javé por *kyrios* (o Senhor).

119. A transformação do sábado pode também ser ligada à introdução do calendário solar em lugar do calendário lunar.

120. O discurso intolerante acerca da separação estrita dos outros povos no capítulo 7 pertence provavelmente a uma nova edição da História Deuteronomista feita no período persa, conforme veremos. Os mesmos redatores acrescentaram provavelmente 8,1-5 como uma nova transição após a inserção do capítulo 7.

como um espaço de morte e perigo onde Israel só poderia sobreviver com a ajuda de Javé. É interessante notar que não há nenhuma alusão à contínua rebelião do povo como no Livro dos Números. Dt 8,14-16 está mais próximo a Jr 2,4-9 do que à ideologia de Números. A visão fortemente negativa da estadia no deserto, expressa em Números, deve, portanto, ser posterior à edição exílica do Deuteronômio. Após o retrospecto de Dt 8*, Dt 9,3-6* apresenta um panorama da conquista da terra, preparando no nível narrativo o Livro de Josué e fornecendo aos destinatários esperança de uma "nova conquista". Dt 10,12-13 retoma novamente a exortação básica de 6,4-5 e conclui a introdução exílica do código de leis de Dt 12–26[121].

Conforme já vimos, a lei original de Dt 12 foi revisada pelo acréscimo dos versículos 8-12, que reinterpretam a ideologia da centralização no contexto de uma situação de exílio. Dt 13,1-10* foi complementado pelos versículos 12-19*. Introduzindo o tema do *ḥērem* (a dedicação/destruição do saque em honra da divindade), esses versos preparam os relatos de Js 6 e 7. Seu estilo e ideologia aproximam-se das leis de guerra (Dt 20), que provavelmente foram também acrescentadas na edição exílica do Deuteronômio como introdução "legal" aos relatos da conquista e não como instruções concretas para a guerra (totalmente inúteis durante o período persa e o período babilônico). Os acréscimos principais às leis relativas às autoridades introduzem prescrições sobre o rei (17,14-20) e os profetas (18,9-22)[122]. Observaremos a lei relativa ao rei em nossa análise da ideologia deuteronomista da realeza durante o período babilônico. As afirmações a respeito dos profetas fazem de Moisés o

121. Os outros textos em 9–11* foram acrescentados posteriormente. O "sumário histórico" em 9,7–10,11, que relata o episódio do bezerro de ouro como uma representação de Javé, remonta à revolta de Israel contra Javé bem no início de sua revelação e pertence provavelmente à edição persa da História Deuteronomista (para uma ideia semelhante, cf. Rose [1994, p. 505-514]). 10,14-22 parece pressupor a edição sacerdotal do Gênesis e mostrar o mesmo estilo e ideologia que Dt 4.

122. Para uma discussão sobre a diacronia desses capítulos, cf. acima o subtítulo: Conteúdo, preocupações e ideologia da primeira edição do Deuteronômio.

primeiro dos profetas de Israel. Dt 18,9-22 revela a tentativa deuteronomista de controlar o ambiente profético e proibir os métodos da religião popular para comunicar-se com a divindade: magia, adivinhação, necromancia etc. O "verdadeiro" profeta torna-se um sucessor de Moisés, enquanto todos os "falsos" profetas são ameaçados de morte. Os deuteronomistas inventam uma maneira muito fácil de distinguir os profetas verdadeiros dos falsos: "Se um profeta fala em nome de Javé, mas a palavra não se torna realidade, é uma palavra que Javé não falou. O profeta falou-a com presunção" (v. 22). Esse critério *post hoc* tende a legitimar os profetas da desgraça que haviam anunciado o colapso de Israel e Judá. Para a escola deuteronomista, que durante o exílio babilônico iniciou a editoração dos rolos de Amós, Oseias, Miqueias, Sofonias e também partes de Jeremias (Albertz, 2003a), só esses profetas tinham legitimidade divina. Semelhante concepção revela também um conflito entre a *intelligentsia* judaíta durante os períodos babilônico e persa. Os deuteronomistas, como também seus colegas sacerdotais, eram hostis aos grupos carismáticos proféticos, que anunciavam uma nova era paradisíaca onde a profecia seria dada a todo o povo e não seria mais necessária a mediação de escribas ou sacerdotes (cf. Jl 3). Para os deuteronomistas, apenas um profeta morto é um bom profeta; isso significa que só são aceitáveis profecias escritas sob controle dos escribas. Essa se tornara a visão dominante no judaísmo posterior. O Talmude afirma que, após o exílio, o espírito de Javé foi tirado dos profetas e dado aos "homens sábios" (*Baba Bathra* 12a). Transformando Moisés no primeiro dos profetas, todas as figuras proféticas da História Deuteronomista[123] aparecem como pregadores ou intérpretes da lei mosaica.

123. A maioria das lendas proféticas (especialmente as histórias acerca de Elias e Eliseu) foi acrescentada à História Deuteronomista numa nova edição pelo final do período babilônico ou no início do período persa, mas já na edição exílica aparecem figuras proféticas: Samuel, Natã, Aías e outros.

Os redatores exílicos revisaram superficialmente as leis sociais nos capítulos 21-25*[124] e mais meticulosamente a conclusão no capítulo 26, acrescentando o sumário histórico nos versículos 5-9, uma confissão de pureza cúltica nos versículos 12-15 e uma fórmula para a conclusão do tratado entre Javé e Israel nos versículos 16-19. O sumário histórico reforça o mito exódico da origem, a oração do versículo 15 tem um estreito paralelo na oração de Salomão em 1Rs 8,34; esse paralelo deixa claro que o lugar escolhido por Javé só pode ser o Templo de Jerusalém. A conclusão da aliança faz uma retroligação com Dt 5,1-3 (cf. também os paralelos entre 26,16 e 6,4-5). Já que o tratado não é concluído (apenas) com os "pais", mas com a geração presente, a fórmula de 26,16-19* pretende atualizar o tratado original para os destinatários exílicos[125]. Essa nova conclusão do tratado foi seguida imediatamente pelas bênçãos e maldições atualizadas no capítulo 28, que agora incluíam claras alusões ao exílio, como, por exemplo, 28,58-68 que concluía o discurso de Moisés. A edição exílica do Deuteronômio terminava com a instalação de Josué como sucessor de Moisés em 31,1-8 e com o relato da morte de Moisés fora da terra prometida em 34,1*.4*.5-6. O fato de Moisés morrer fora da terra é altamente significativo para um público exílico. Tradicionalmente, morrer fora de sua pátria é considerado uma das piores maldições (cf., por exemplo, Is 22,16-18; Am 7,17). A morte de Moisés nos campos de Moab, portanto, proporciona uma possibilidade de identificação para os deportados, que provavelmente temiam morrer numa terra "impura". Segundo 34,6, o próprio Javé sepulta Moisés, de modo que seu túmulo permanece desconhecido "até hoje". A insistência em que ninguém conhece o lugar do túmulo de Moisés

124. Provavelmente acrescentaram também a estranha lei de 25,17-19, segundo a qual todos os amalecitas devem ser exterminados. No nível composicional, esse texto explica a rejeição de Saul por Javé em 1Sm 15.

125. Dt 27 é um acréscimo posterior, possivelmente deuteronomista. Cf. Na'aman (2000, p. 141-161).

pode muito bem ser explicada pela hostilidade deuteronomista contra o culto popular dos mortos (cf. Dt 18,11 e 26,14). Pode-se até suspeitar que existia uma veneração de um túmulo atribuído a Moisés e que os deuteronomistas estavam ansiosos por erradicar esse culto. Na edição exílica da História Deuteronomista, Dt 34,1-6* conclui a época de Moisés. A próxima época (a conquista) abre-se em Js 1,1 ("Após a morte de Moisés, o servo de Javé, Javé falou a Josué..."), uma abertura que calha muito bem após Dt 34,6.

5.3.2 Da conquista da terra à conquista da Lei: reinterpretando Josué

A edição exílica iniciava o relato da conquista com um discurso programático de Javé a Josué em 1,1-2.5-7[126], que descreve Josué como sucessor de Moisés mas não como seu igual. Mesmo após a morte de Moisés, Josué permanece seu "assistente" (*mešāret*)[127], que precisa agir de acordo com tudo o que Moisés mandou (v. 7)[128]. O discurso inicial estabelece uma transição: a instalação de Josué como líder militar termina com um apelo a observar as prescrições do Deuteronômio. Essa estratégia revela uma reinterpretação dos relatos da conquista no período exílico. Já não são mais primariamente um apoio ideológico para a integração de "Benjamim" em Judá (conforme aconteceu na época assíria); a edição revista e ampliada desses relatos apresenta a ideia de que os "israelitas" são os legítimos proprietários da terra, já que Javé a entregou a eles expulsando os outros

126. Para esse discurso, cf. acima o subtítulo 5.2.

127. Js 1,1-2 cria uma diferença entre Moisés, servo (*'ebed*) de Javé, e Josué, assistente (*mešāret*) de Moisés. O título honorífico *'ebed*, que alude à função de um "Primeiro-ministro", é usado na História Deuteronomista sobretudo para Moisés e Davi. Josué é chamado *'ebed* de Javé apenas uma vez: no momento de sua morte em Jz 2,8 (= Js 24,29).

128. O texto original do versículo 7, representado pela versão grega, não fala da lei de Moisés, mas de tudo quanto é mandado. Trata-se, evidentemente, de uma alusão à "lei" deuteronômica.

povos; mas, segundo os deuteronomistas, Israel só pode permanecer na terra se se conformar com a vontade de Javé expressa no Deuteronômio. A terra se torna cada vez mais uma preocupação ideológica, especialmente com o acréscimo da travessia do Jordão em Js 3–4*. Esse relato vinha imediatamente após o discurso de Josué ao povo e seu apelo a que eles o seguissem da mesma forma como haviam seguido Moisés (1,10-18). O anúncio de 1,11 de que os israelitas deverão atravessar o Jordão dentro de três dias é retomado em 3,2 ("no final de três dias..."). A história de Raabe em Js 2, que interrompe essa cronologia, é, portanto, um acréscimo não deuteronomista posterior[129]. A história da travessia do Jordão baseia-se na ideologia de que esse rio constitui a margem oriental da Terra Prometida. Isso contradiz a realidade histórica, já que o Reino de Israel compreendia territórios situados no lado oriental do Jordão. A fim de acomodar-se a essa realidade, os deuteronomistas fizeram as tribos transjordanianas atravessarem junto com as outras tribos, antes de ser-lhes permitido retornar às suas posses (cf. 22,1-6). A concepção do Jordão como uma fronteira da terra de Israel surgiu provavelmente após 733, quando as partes orientais do reino israelita foram transformadas em províncias assírias. A ficção deuteronomista deve, portanto, ser entendida como uma acomodação à divisão territorial do Levante sob os babilônios. A travessia de um rio e sua secagem mais ou menos miraculosa são também tópicos literários comuns de relatos de conquista (cf., por exemplo, a travessia do Rio Idide por Assurbanipal (Van Seters, 1990, p. 7), a travessia do Halys por Creso nas *Histórias* (1,75), de Heródoto, e a travessia do Lysos por Xerxes em 7,108-109). O relato deuteronomista exílico da travessia do Jordão compreendia aproximadamente os versículos seguintes: 3,2.3-4*.6-7.14-16; 4,10-14*[130]. Esse relato realça Josué

129. Conforme veremos mais adiante, essa história foi inserida durante o período persa para opor-se à ideologia deuteronomista da segregação.

130. Para uma reconstrução bastante semelhante, cf. Van Seters (1990, p. 10).

como sucessor de Moisés, que faz tudo de acordo com as ordens de Moisés. Js 4,14 fornece uma conclusão conveniente: "Naquele dia Javé exaltou Josué à vista de todo o Israel e respeitaram-no todos os dias de sua vida, como haviam respeitado Moisés".

A época de Moisés e Josué aparece, portanto, como uma "idade de ouro", na qual tudo corria bem desde que o povo respeitasse os mandamentos de Javé e de Moisés e pudesse, portanto, ocupar a terra. Esses mandamentos estão "materializados" na "arca da aliança"[131], que representa a presença de Javé durante a travessia e durante a conquista. O tema da arca é também um *leitmotif* abrangente da História Deuteronomista, já que reaparece especialmente no início de Samuel e em 1Rs 6–8. Na edição exílica o relato da conquista passava de 4,14 a 5,13-15 e 6*; esse relato era o início da primeira edição de Josué. Os deuteronomistas acrescentaram ao relato anterior de Jericó[132] especialmente os versículos 1.6a.7.10*.12.16*.17.20a.24a.26. Esses acréscimos insistem no fato de que não é o poderio militar de Israel que leva à vitória, mas a intervenção miraculosa de Javé por meio de sua presença na arca (v. 17). A nova introdução no versículo 1, afirmando que Jericó estava totalmente fechada, estabelece um elo com a lei sobre a guerra em Dt 20,11 (uma cidade que abre suas portas não deve ser destruída), proporcionando um novo motivo para a destruição de Jericó. A observação conclusiva no versículo 26, em que Josué amaldiçoa todos os que reconstruírem Jericó, proporciona um elo editorial com diferentes períodos. É uma aplicação de Dt 13,17 e uma preparação para 1Rs 16,34, onde a tentativa de reconstruir Jericó tem

131. A função original dessa arca não está muito clara. Alguns estudiosos defendem um símbolo militar representando a presença da divindade na guerra, outros pensam num escabelo da divindade invisivelmente entronizada; para mais detalhes, cf. Seow (1992, p. 386-393).

132. Cf. acima o subtítulo: A função do primeiro relato da conquista no tempo de Josias (Js 5–12*). A versão grega de Js 6 apresenta uma organização bastante diferente do relato, que não podemos analisar aqui. Há em Josué muitos capítulos nos quais o texto grego difere notavelmente do texto hebraico. Sobre isso cf. Auld (1998) e Van der Meer (2004).

um desfecho catastrófico. Os editores deuteronomistas do período babilônico proporcionam também em 7,2-6.8-9 uma nova introdução à conquista de Hai em Js 8*, que eles completam acrescentando os versículos 3-9.22.24.28. A informação errada dos espiões e a derrota do povo em 7,2-6 lembram Dt 1. Acrescentando esse relato, os redatores criam um esquema, que usam também para organizar o Livro dos Juízes: transgressão do povo (7,1-4) – castigo divino: derrota (7,5-6) – lamento (7,8-9) – intervenção divina positiva (8,1-29*). Essa nova edição modifica o relato mais antigo introduzindo (como em Dt 1) um relato de fracasso; a posse da terra só é possível para os que agem de acordo com os mandamentos de Javé (8,8).

Enquanto o relato josiânico estava preocupado sobretudo com o território de Benjamim, 10,28-43* amplia a conquista para o Sul e 11,1-15 para o Norte. A extensão desta "conquista" de Hasor até Hebron corresponde aproximadamente à extensão dos reinos de Israel e Judá, que os deuteronomistas exílicos afirmavam ser a terra que Javé havia destinado a Israel. De acordo com 10,36-37, Hebron foi tomada por Josué e "todo o Israel". Isso contradiz a tradição de Caleb como conquistador de Hebron (cf. Js 15,13-14), que não se encaixava na ideologia deuteronomista da conquista de toda a terra por Josué e "todo o Israel"[133]. Já que as diferentes listas de territórios, fronteiras e cidades não revelam preocupações deuteronomistas[134] (são muitas vezes consideradas provenientes de um meio sacerdotal), a edição deuteronomista de Josué talvez tenha ampliado a observação conclusiva em Js 11,23, acrescentando 21,43-45.

133. Houve aparentemente um debate sobre a conquista de Hebron, já que 11,21-22 (interpolação posterior) reafirma que o conquistador foi Josué, contrariamente aos textos não deuteronomistas em Js 15,13-14 e Jz 1,12-15. A história dos espiões em Nm 13–14 parece um compromisso, já que Josué e Caleb agem juntos.

134. Com exceção de Js 15* e 18*; a origem desses textos pode ser o século VII. Cf. o subtítulo acima 4.3.1, e para Js 15: Vos (2003). O autor admite uma origem no século VII para Js 15, mas pensa que o texto foi inserido no Livro de Josué muito mais tarde.

Após o retorno das tribos transjordanianas em 22,1-6, a conquista terminava com o discurso final de Josué em 23,1-3.9.11.14-16a, que insiste na conquista total da terra, mas já anuncia o exílio[135]. Na edição exílica da História Deuteronomista, os livros do Deuteronômio e de Josué estão intimamente ligados. Aparecem como uma idade de ouro, em que Javé estabeleceu seu tratado e sua lei por meio de Moisés e deu a terra por meio de Josué. Para os deuteronomistas exílicos conquista e lei estão relacionadas. Para possuir a terra é preciso obedecer à Lei, transmitida por Moisés e os deuteronomistas.

5.3.3 A invenção de um período dos juízes (Jz 2,6-19–1Sm 12*)*

Embora muitos manuais da Bíblia hebraica apresentem o período dos juízes como uma realidade histórica, esse período nada mais é do que uma invenção literária da escola deuteronomista. Provavelmente os escribas judaítas herdaram um rolo israelita[136] que continha diversas histórias de salvadores (Jz 3,12–9,55* ou mesmo 3,12–12,7*)[137]. Com exceção de Otoniel (3,7-11, a história é claramente um acréscimo judaíta), esses heróis são todos originários do Norte e essa observação favorece a existência de um documento nortista; durante o período babilônico esse rolo foi interpolado pelos deuteronomistas a fim de criar um período intermédio entre as origens (Deuteronômio–Josué) e a história da monarquia (Samuel–Reis).

135. Para mais detalhes, cf. acima o subtítulo 5.2.

136. Isso pode ter ocorrido depois de 722 a.C., ou sob Josias se o rolo foi conservado no Santuário de Betel.

137. Já que nosso objetivo é apresentar a editoração deuteronomista do Livro dos Juízes, não discutiremos as origens pré-deuteronomistas das histórias de salvadores. De acordo com Noth, o deuteronomista teve à sua disposição dois tipos de material: histórias e uma lista de "Juízes menores". Como Jefté aparece na lista e também numa história, o deuteronomista dividiu a lista e inseriu em seu meio a história de Jefté (10,1-5; 12,6-15). De acordo com S. L. Richter, o livro original de salvadores terminava em 9,55; para um sumário de sua posição cf. Mayes (1989).

5.3.3.1 A edição deuteronomista de Juízes

Conforme já foi mencionado, os deuteronomistas criaram a introdução em Jz 2,6-12.14-16.18-19. Com esse prelúdio, transformaram a ideologia da coleção mais antiga, que celebrava as façanhas de heróis legendários do Norte, introduzindo um novo tópico dominante: a veneração dos israelitas a outras divindades[138], o que provoca a ira de Javé. Os problemas militares que algumas tribos encontram com seus vizinhos são transformados em castigos de Javé; os salvadores tornam-se "juízes" enviados por Javé depois que Israel retornou a Ele. Todas as histórias são agora apresentadas como um repetido ciclo de apostasia e retorno a Javé. Na perspectiva deuteronomista, esse período prefigura a história da monarquia, que é apresentada como uma alternância de reis aceitáveis e reis inaceitáveis.

Além da introdução em Jz 2,6-19*, os deuteronomistas exílicos acrescentaram a história de Otoniel (3,7-11), que é uma rigorosa aplicação do esquema apresentado na introdução. Reelaboraram as histórias mais antigas, especialmente em 3,12-15; 4,1-3; 6,1-2a.11-24*; 8,33-35; 10,6-10a*.17-18*[139]. Na edição exílica de Juízes, o décimo segundo juiz não é Sansão, mas Samuel (cf. 1Sm 7,15-17).

---

138. Deve-se notar que, no Livro dos Juízes, essas outras divindades são muitas vezes chamadas de Baals e Aserás, e raramente de "outros deuses" (*'ᵉlōhîm 'ᵃḥērîm*), que é a designação-padrão no Deuteronômio e em Reis. Isso pode ser um sinal de que os diferentes rolos foram editados e revisados por diferentes deuteronomistas, que, no entanto, pertenciam ao mesmo grupo. Essa hipótese permite também explicar os diferentes perfis dos juízes, se comparados com outros rolos deuteronomistas. Salientou-se muitas vezes que os textos deuteronomistas em Juízes não se preocupam com a centralização do culto, mas sobretudo com a veneração exclusiva a Javé. Isso não significa necessariamente que a redação deuteronomista de Juízes seja necessariamente posterior à do Deuteronômio ou à de Reis. Já que o rolo dos Juízes se originou de histórias de salvadores de diferentes tribos do Norte, era difícil introduzir o tema da centralização do culto.

139. Jz 6,7-10 falta num manuscrito de Qumran e deveria, portanto, ser considerado um acréscimo muito posterior. Também 10,11-16 é provavelmente mais recente do que a edição exílica de Juízes.

Isso significa que Jz 12 era anteriormente seguido pelo relato do nascimento de Samuel em 1Sm 1 (Jz 12,15 e 1Sm 1,1 estão ligados geograficamente por meio da menção de Efraim). As histórias burlescas de Sansão em Jz 13–16, que provavelmente revelam influências helenísticas[140], bem como Jz 17–18 e 19–21, devem ser consideradas como peças pós-deuteronomistas acrescentadas a fim de criar um livro dos Juízes independente (sem as histórias de Samuel).

A história deuteronomista de Samuel (1Sm 1[141]; 2,18-21; 3*; 7,5-17) revela-o como uma figura de transição. Ele é o último juiz e luta com sucesso contra os filisteus; mas também conclui esse período e procura transformar o ofício carismático do juiz num ofício hereditário nomeando seus filhos como sucessores (8,1-3). Para os deuteronomistas, Samuel é também o segundo grande profeta depois de Moisés. Ele desempenha como tal um papel importante na instituição da monarquia, que ocupa os últimos capítulos do período deuteronomista dos juízes em 1Sm 8–12. A questão da monarquia já é tratada em Dt 17,14-20 e aparece depois em Jz 6–9 num contexto narrativo. Após a deportação da família real para a Babilônia, a dinastia davídica "eterna" parecia ter chegado ao fim. Não é de estranhar que a questão da monarquia se tenha tornado um tema de debate entre os intelectuais judaítas durante os períodos babilônico e persa.

5.3.3.2 A atitude deuteronomista em relação à monarquia (Dt 17,14-20 e 1Sm 8–12)

A chamada "lei do rei" em Dt 17* não pretende prescrever como escolher o melhor rei. É muito mais uma espécie de sumário

140. Cf. Nauerth (1985, p. 94-120). Há outros textos em Juízes que trazem influência helenística; são provavelmente interpolações tardias: a chamada fábula de Joatão em Jz 9,8-15 tem um belíssimo paralelo na fábula atribuída a Esopo (cf. Briffard, 2002, p. 12-18) e o sacrifício da filha de Jefté em 11,30-31.34-40 pode ter-se inspirado no destino de Ifigênia narrado por Eurípides (cf. Römer, 1998, p. 27-38).

141. Como vimos acima (IV.4.2.), 1Sm 1* talvez tenha sido originalmente a história do nascimento de Saul. Mas para os deuteronomistas introduz a história de Samuel.

que resume a atitude deuteronomista ambígua em relação à instituição da realeza. Dt 17,14-20 constitui também um índice dos relatos sobre a monarquia em Juízes, Samuel e Reis.

Dt 17,14: "Quando tiveres entrado na terra que Javé teu deus está te dando [...] e disseres: 'Quero estabelecer um rei sobre mim, como todas as nações que me rodeiam'" prenuncia o primeiro relato sobre a instalação da monarquia em 1Sm 8, no qual os anciãos se dirigem a Samuel: "estabelece um rei sobre nós para nos julgar (!) como todas as nações" (1Sm 8,5).

Dt 17,15 ocupa-se com a escolha divina do rei: "O rei que estabeleceres sobre ti deve ser um rei escolhido por Javé teu deus". A escolha divina do rei legítimo é um tópico comum no Antigo Oriente Próximo. No contexto da História Deuteronomista, esse versículo alude à escolha divina de Saul de acordo com 1Sm 10,24, em que Samuel pergunta ao povo: "Vistes aquele que Javé escolheu?" Mas o tema da escolha divina é usado também em sentido oposto. 1Sm 16–2Sm 5 legitima a escolha de Davi (o sulista) recontando a rejeição de Saul (o nortista) (cf. 2Sm 6,21).

A proibição de um rei estrangeiro em Dt 17,15 alude às influências estrangeiras (fenícias) no Reino do Norte, que, segundo os deuteronomistas, apressaram a queda de Samaria.

Dt 17,16 contém uma prescrição bastante curiosa: "Ele não deve adquirir muitos cavalos para si, nem mandar o povo retornar ao Egito para adquirir mais cavalos, pois Javé te disse: 'Jamais retornarás por esse caminho'". Os cavalos são um símbolo do poder real e 1Rs 10,26 relata que Salomão possuía um número impressionante de cavalos e carros. De acordo com a ideologia deuteronomista, o rei ideal não deve ter demasiado poder e demasiadas propriedades pessoais (cf. v. 17b). Isso pode refletir o reinado de Josias, que aparentemente era controlado pelos escribas e conselheiros deuteronomistas. O elo entre cavalos e Egito refere-se provavelmente às diversas tentativas de reis de Israel e de Judá de aliar-se ao Egito (cf., por exemplo, 2Rs 17,4). A palavra "citada" de Javé relativa ao retorno ao Egito não é atestada em nenhum outro lugar; é uma invenção deuteronomista. A pior maldição em Dt 28,68 anuncia um tal retorno e, segundo 2Rs 25,26, "todo o povo, grandes e pequenos, [...] partiram e foram para o Egito, pois tinham medo dos caldeus"[142]. Dt 17,16 já contém uma velada alusão ao fim da história de Israel e de Judá, argumentando que reis maus (segundo os critérios deuteronomistas) provocarão uma catástrofe. Dt 17,17 "e não deve possuir muitas esposas ou então seu coração se desviará" é uma clara alusão ao comentário deuteronomista sobre Salomão: "O Rei Salomão amou muitas mulheres estrangeiras [...] e suas esposas desviaram seu coração" (1Rs 11,1-3). Enquanto na versão josiânica Salomão aparecia como um rei totalmente positivo, na edição exílica de 1Rs 1–11 ele é uma espécie de homem de duas caras. Até o capítulo 8, Salomão é sobretudo o rei sábio, construtor do templo. Mas após a advertência de 1Rs 9,1-9, os relatos de 9,10-24* e 11 introduzem comportamentos negativos que explicarão o colapso do "Reino Unido", relatado em 1Rs 12.

A conclusão em Dt 17,18-20* contém a quintessência da visão deuteronomista acerca da lei e da realeza: "Quando subir ao trono de seu reino, ele escreverá[143] uma cópia desta lei[144]. [...] Essa permanecerá com ele e ele a lerá todos os dias de sua vida..." Conforme já observamos, o rei é tradicionalmente o mediador entre a divindade e a lei. Na concepção de Dt 17, o rei é não tanto o mediador e sim o destinatário da lei (como o é Josué em Js 1,7). Isso significa

142. A edição exílica da História Deuteronomista terminava provavelmente primeiro com 2Rs 25,21: "Assim Judá foi exilado para longe de sua terra". Provavelmente foi logo atualizada para 2Rs 25,26.

143. A expressão "ele escreverá" significa "ele mandará escrever" (assim como "o rei constrói o templo" significa "ele manda construir o templo"). Só uns poucos reis sabiam escrever e ler.

144. "Em presença dos sacerdotes levíticos" é uma interpolação do tempo das Crônicas (final do período persa ou início da época helenística).

que o rei depende dos transmissores da lei, "Moisés" e os escribas deuteronomistas. Dt 17,18-20 mostra também que a história da monarquia será avaliada de acordo com a lei deuteronomista, especialmente de acordo com a ideologia da centralização do culto e da veneração exclusiva de Javé.

Dt 17,14-20 revela uma atitude ambígua para com a monarquia; essa atitude concorda com os relatos sobre a origem da monarquia, que os deuteronomistas situam durante o período dos juízes. A ideia da realeza surge pela primeira vez após as proezas de Gedeão contra os madianitas, quando os israelitas lhe pedem para estabelecer uma dinastia de governantes: "Governa sobre nós[145], tu e teu filho e teu neto". Mas Gedeão declina a oferta: "Eu não governarei sobre vós e meu filho não governará sobre vós; Javé governará sobre vós" (Jz 8,22-23). O argumento de que Javé é o verdadeiro soberano de Israel reaparece em 1Sm 8 e pode ser entendido como uma tentativa de aceitar os reis babilônicos e persas governando sobre Judá e considerá-los como instrumentos de Javé. O filho de Gedeão, Abimelec[146], não se conforma com a declaração do pai; ele se proclama soberano de Israel em Siquém e governa por três anos. Essa experiência termina num banho de sangue e Abimelec é assassinado por uma mulher. A localização do relato em Siquém é uma alusão ao Reino do Norte, que desde o início aparece sob auspícios negativos.

Após o prelúdio Gedeão-Abimelec[147], 1Sm 8–12 apresenta uma extensa coleção de relatos conflitantes sobre a origem da monarquia israelita. De acordo com 1Sm 8, o motivo para desejar estabelecer a monarquia é provocado de certa forma pelo próprio Samuel; ele

145. Nesse relato evita-se a raiz "ser rei" (*mālak*); o verbo usado aqui é *māšal* (governar).

146. Originalmente Abimelec era o filho de Jerobaal. Jz 6,32 identifica Gedeão e Jerobaal.

147. Jz 17-21 contém o seguinte refrão: "Naqueles dias não havia rei em Israel; todo o povo fazia o que era reto a seus olhos". Esse trecho deve-se a redatores pós-deuteronomistas que queriam concluir o período dos juízes em Jz 21,25.

planeja que seus filhos sejam seus sucessores, mas eles se comportam muito mal e por isso os israelitas pedem um rei. Nesse relato, a realeza humana é vista de maneira muito negativa; é uma rejeição da realeza de Javé (v. 8). Samuel fornece uma descrição bastante crítica do direito do rei, que tomará tudo o que quiser do povo (v. 11-18), mas finalmente Javé aceita a ideia de um rei sobre Israel (v. 22). De acordo com o fantástico relato seguinte (9,1–10,16), que existia em forma mais breve já numa edição josiânica, a iniciativa de estabelecer um rei provém do próprio Javé. Ele manda Samuel ungir Saul como governante sobre Israel (9,16*). Em 10,17-26 a perspectiva muda novamente. Aqui Saul é eleito rei seja por lançamento da sorte (v. 21), seja por causa de sua altura (v. 22-23). O relato inicia com uma afirmação negativa de Samuel, bastante semelhante a 1Sm 8: "Hoje rejeitastes vosso deus, que vos salva de todas as vossas calamidades [...] e dissestes: 'Não! Mas estabelece um rei sobre nós!'" (v. 19). No entanto, a narrativa continua com uma atitude mais positiva, já que se diz explicitamente que Saul foi escolhido por Javé (v. 24) e os que o desprezam são tachados de "filhos de Belial "(pessoas perversas)[148]. O relato seguinte (1Sm 11*), que também já pertencia à edição josiânica, explica a ascensão de Saul à realeza de forma totalmente positiva através de sua vitória contra o rei amonita. Aqui Samuel toma a iniciativa de fazer Saul rei sobre Israel (v. 14-15)[149]. Mas a recapitulação desse relato no discurso final de Samuel (1Sm 12) conflita com a visão positiva do capítulo 11: "Mas quando vistes que o Rei Naás dos amonitas vinha contra vós, me dissestes: 'Não! Mas um rei reinará sobre nós', embora Javé, vosso deus, seja vosso rei" (12,12). Essa concepção é muito semelhante a 1Sm 8; no final do discurso de Samuel, porém, a realeza parece ser

148. A etimologia de "belial" é incerta. Alguns estudiosos explicam o termo como "mundo dos mortos, inferno", mas parece mais plausível a significação "indigno".

149. A fim de harmonizar esse relato com as histórias anteriores, o presente texto fala de uma "renovação" da realeza de Saul.

aceita, sob a condição de que o rei e o povo se comportem como servos fiéis de Javé e respeitem sua lei. No entanto, na conclusão de seu discurso, Samuel prediz a destruição do povo e do rei: "Se continuardes agindo perversamente, sereis exterminados, vós e vosso rei" (v. 25). No final do período dos juízes[150] e no início da época monárquica já se alude ao fim da realeza.

Como explicar as visões conflitantes acerca da realeza em 1Sm 8–12? Alguns estudiosos (especialmente da assim chamada Escola de Göttingen)[151] argumentam que devemos distinguir durante o período exílico duas ou até mais atitude deuteronomistas diferentes para com a monarquia: os relatos positivos mais antigos sobre a ascensão de Saul em 8,1-5.22b; 9,1-10.16*; 10,17.18aα.20-27*; onze foram assumidos e reelaborados pelo "DtrH" exílico, que tinha uma atitude positiva para com a monarquia, ao passo que 8,6-22a; 10,18aβ.b-19 e 12* são atribuídos a um "DtrN" (exílico ou do início do pós-exílio), que revela uma atitude negativa para com a monarquia[152]. Em primeiro lugar, os relatos positivos sobre as origens da realeza, legitimada por Javé, se encaixam melhor no período da monarquia do que no século VI a.C. Em segundo lugar, dever-se-ia prestar atenção ao resultado do misturar relatos positivos e negativos sobre as origens da monarquia. Um olhar sobre o arranjo de 1Sm 8–12 revela uma estrutura clara:

1Sm 8	1Sm 9,1–10,16	1Sm 10,17-27	1Sm 11	1Sm 12
-	+	-/+	+	-

Os relatos positivos mais antigos sobre a ascensão de Saul à monarquia são emoldurados por considerações negativas sobre a

150. Para 1Sm 12 como conclusão da época dos Juízes, cf. acima o subtítulo 5.2.

151. Cf. a história da pesquisa, subtítulo 2.3.2.

152. Cf., por exemplo, Dietrich (2000, p. 315-342). "DtrN" é muitas vezes considerado como um símbolo, que cobre diferentes camadas redacionais.

realeza. No meio encontra-se um relato que contém afirmações tanto negativas quanto positivas. O arranjo atual de 1Sm 8–12 revela uma atitude ambígua para com a instituição da monarquia, que corresponde à atitude "mandarínica" dos deuteronomistas exílicos. A mesma atitude pode ser encontrada nos livros dos Reis, onde reis (mais ou menos) "bons" alternam com reis "maus". Os deuteronomistas do período babilônico não eram, portanto, adeptos nacionalistas e incondicionais da monarquia judaíta; na verdade, eles não tinham uma posição clara quanto ao futuro da monarquia. Eles quiseram deixar diferentes opções em aberto; provavelmente teriam aceitado trabalhar sob um rei judaíta, mas também na administração babilônica e persa. Afirma-se muitas vezes que o relato da libertação do Rei Joaquin de sua prisão na Babilônia em 2Rs 25,27-30 expressa a esperança da restauração da dinastia davídica. Mas esse relato foi provavelmente acrescentado mais tarde; a edição exílica da História Deuteronomista terminava em 2Rs 25,21 ou 25,26; e, como veremos, 2Rs 25,27-30 versa muito menos sobre a renovação da monarquia do que sobre o surgimento da diáspora.

5.3.3.3 A narrativa da arca em 1Sm 4–6 (e 2Sm 6)

O périplo da arca em 1Sm 4,1b-7 interrompe o relato sobre Samuel e as origens da monarquia. É possível que os deuteronomistas tenham interpolado aqui uma tradição nortista mais antiga[153], interpretando-a no contexto exílico como um relato sobre Javé deixando sua terra[154] (os assírios e os babilônios praticavam frequentemente deportações de estátuas e símbolos de divindades dos povos conquistados). Seja como for, a narrativa da arca não contém nenhuma

153. A maioria dos estudiosos defende para a narrativa da arca uma data bastante antiga, embora alguns pensem numa origem exílica, como, por exemplo, Ahlström (1984, p. 141-149).

154. Cf. o subtítulo acima 4.4.2.

linguagem deuteronomista evidente. Os deuteronomistas teriam então assumido um texto mais antigo sem nenhum trabalho notável de editoração. Uma solução alternativa seria considerar 1Sm 4–6 como um acréscimo pós-deuteronomista, já que essa narrativa não concorda realmente com a ideologia deuteronomista. Em 6,3 os sacerdotes e magos filisteus sabem exatamente o que fazer com a arca, enquanto nos textos deuteronomistas os magos são categoricamente condenados (Dt 18,10; 2Rs 17,17). Uma data tardia para a narrativa da arca é sugerida também pela observação de que 1Sm 4,8-9; 5,12; 6,6 contêm alusões (irônicas) ao relato do êxodo e das pragas (Ex 1–15), aparentemente às suas camadas deuteronomistas e sacerdotais[155]. Finalmente, a zombaria a respeito da estátua de Dagon caindo diante da arca de Javé lembra a polêmica contra as estátuas divinas no Segundo Isaías. O redator que inseriu 1Sm 4–6 expressaria uma atitude crítica para com a ideologia deuteronomista: ele critica a ideologia da "guerra santa" (apesar da presença da arca de Javé, Israel perde a batalha contra os filisteus) e também a ideologia da segregação (os filisteus reconhecem o poder de Javé). Se quisermos seguir a hipótese de uma interpolação pós-deuteronomista de 1Sm 4–6, deveríamos postular, para a edição exílica da História Deuteronomista, um relato sobre a transferência da arca, realizada por Davi, de Silo (1Sm 3,3) para Jerusalém (2Sm 6,1.15-23)[156]. Esse relato se ajusta muito bem à ideologia deuteronomista: o fundador da dinastia davídica traz o símbolo da presença de Javé para Jerusalém de acordo com a ideia da centralização do culto. O relato legitima também a realeza de Davi (v. 21) e nega qualquer futuro à família de Saul, já que, no final do relato, a filha de Saul (e finalmente esposa de Davi) permanece sem filhos até à morte (v. 23).

155. Comparar 6,6 com Ex 7,14 (D) e 5,12 com Ex 2,23 (P).

156. Os versículos 2-14 criam o elo com a narrativa da arca em 1Sm 4–6.

5.3.4 *A fundação da dinastia e a fundação do templo (1Sm 12–1Rs 8)*

Na edição exílica da História Deuteronomista os relatos do reinado de Saul[157], na maioria dos casos histórias de guerra, são concebidos como um prelúdio à ascensão de Davi. 1Sm 13–14 estava provavelmente ligado à ascensão de Davi já no século VII[158], ao passo que 1Sm 15* é (o mais cedo) uma criação deuteronomista exílica, que mostra que a rejeição de Saul por Javé é a consequência de sua relutância em conformar-se com a lei divina[159]. Saul não respeitou a lei relativa ao *ḥērem* (a destruição total dos inimigos e do butim de guerra, Dt 13,17-19, cf. Js 6) e, mais precisamente, a "lei" acerca dos amalecitas[160] em Dt 25,17-19, que para os deuteronomistas se tornaram os inimigos por excelência de Israel[161]. A peça de propaganda do século VII acerca da ascensão de Davi foi assumida

---

157. Mesmo que essas histórias possam conservar algumas informações históricas, é impossível afirmar que foram escritas já no século X a.C. Para mais detalhes, cf. Edelman (1990, p. 207-220).

158. Essas narrativas criam uma oposição entre Saul e Jônatas; Saul é depreciado, ao passo que Jônatas é descrito positivamente. Isso prepara o reconhecimento, por parte de Jônatas, da eleição divina de Davi, o que contrasta com a obstinação de Saul. Diana Edelman argumentou que o conflito entre Saul e Davi ressurgiu no período persa como uma luta entre Jerusalém e Gabaon pela supremacia política em Yehud e que, por conseguinte, os livros de Samuel foram escritos durante o período persa (Edelman, 2001, p. 69-91). Mas, na verdade, não é certo que tenha existido uma dinastia saúlida contínua até o período persa. Edelman pode ser seguida em sua observação de que o conflito entre "Davi" e "Saul" refletia tensões entre os "nortistas" e os "sulistas" no período persa. Mas isso provavelmente se deve a uma reelaboração de tradições mais antigas.

159. Para 1Sm 15 como texto deuteronomista cf. Foresti (1984). O relato original foi revisado por redatores posteriores. Foresti distingue duas camadas deuteronomistas; os versículos 20-23a.24-26.29.32-33 são certamente acréscimos posteriores.

160. Em 1Sm 15, os amalecitas não designam um grupo preciso, mas são um símbolo para o pior inimigo de Israel. Originalmente os amalecitas eram tribos do Negev, semelhantes aos beduínos. Envolveram-se muitas vezes em conflitos militares com os judaítas (cf. 1Sm 30). Sua importância diminuiu sob a dominação assíria.

161. Ou um codinome para os edomitas? De acordo com Gn 36,12 e 17, Amalec é descendente de Esaú/Edom.

com alguns acréscimos, especialmente 1Sm 23,16-18; 24,19-21[162]; 26,17-25; 2Sm 3,17-19 (esses acréscimos fazem Saul, seu filho Jônatas e o General Abner reconhecerem que Javé escolheu Davi e sua dinastia para reinar sobre "todo o Israel"); 2Sm 3,28-29 e 2Sm 5,11-12 (a nota acerca de Hiram de Tiro fornecendo madeira para Davi faz de Davi um precursor do Salomão construtor do templo). Para os deuteronomistas exílicos, a monarquia davídica continua sendo a única dinastia legítima. Por isso eles acentuam o fato de que Davi é o rei escolhido. Após os acontecimentos de 597 e 587, a promessa de uma dinastia davídica eterna (2Sm 7, o texto do século VII pode ter contido os v. 4.5a.8aβ.b.9.11b.12.16) é mantida mas também reelaborada. Em primeiro lugar, a promessa é combinada com um novo tópico. Davi queria construir uma casa para Javé, mas Javé lhe diz (através do Profeta Natã) que quem irá construir o templo não será ele, mas seu filho (1-3.5b.13-15). Esses acréscimos procuram responder à embaraçosa questão por que o fundador de uma dinastia não construiu o templo para seu deus como se espera de qualquer "rei normal" no Antigo Oriente. Durante os períodos babilônico e persa essa questão foi aparentemente debatida como o mostram 2Sm 24 e os livros das Crônicas[163]. Pode-se até especular se a destruição do templo em 587 não foi entendida por segmentos da população judaíta como uma manifestação da ira de Javé contra um santuário que não foi construído corretamente (essa ideia está bem-atestada em documentos neobabilônicos)[164]. Se esse fosse o caso, os deuteronomistas ter-se-iam oposto a tais especulações com

---

162. De acordo com Vermeylen, todo o capítulo 24 deveria ser considerado uma interpolação deuteronomista exílica (Vermeylen, 2000, p. 145-148 e 643-644).

163. Em 2Sm 24 (que foi inserido com os caps. 21-23 quando foi criado um rolo de Samuel separado) Davi adquire o sítio onde será construído o templo; no Livro das Crônicas ele se torna o arquiteto do templo e Salomão apenas executa os planos de seu pai.

164. Nabônides afirma que o Templo de Shamash em Sippar ruiu porque fora construído sem permissão divina. Cf. Hurowitz (1992, p. 160-162).

uma demonstração de que toda a edificação do templo foi feita de acordo com a vontade de Javé. É interessante que eles mantêm em 2Sm 7 a ideia de uma dinastia davídica eterna sem transformá-la numa promessa condicional, o que teria sido muito fácil de fazer. Apenas introduzem a ideia de um castigo divino para Salomão (v. 14b), provavelmente a fim de preparar os relatos negativos acerca de seu reinado. Mas isso não afeta realmente a ênfase na dinastia eterna (v. 15-16). Isso pode ser entendido como uma insinuação de que, durante a ocupação babilônica, os deuteronomistas favoreceram discretamente o restabelecimento de um descendente davídico na realeza (talvez tenham até pensado em deportados como Sasabassar ou Zorobabel, dos quais ouvimos falar, bem no início do período persa, como legítimos sucessores da linhagem davídica ao trono) (Edelman, 2001, p. 73-77); mas, conforme vimos, eles continuaram muito cautelosos acerca do futuro da monarquia judaíta.

Durante o século VI, o relato da ascensão de Davi (1Sm 1*; 2,12-26*; 3*; 7,5-13*; 8–12*; 13–14*; 16–18*; 19,1-17*; 20–27; 29–31*; 2Sm 1–5*; 6,15-23*; 7,1-17*; 8*)[165] foi possivelmente complementado por um primeiro esboço da narrativa da corte (acredita-se sem: 2Sm 11–12 e a maior parte de 15–17 e 19)[166]. A bastante intrigante história da ascensão de Salomão ao trono (1Rs 1–2) prepara os ouvintes para uma narrativa de Salomão, que se tornou mais ambígua do que na edição do século VII. Em contraste com Salomão, Davi é retratado em seu discurso final, 2,1-4 (uma criação deuteronomista que combina elementos de 2Sm 7,14-15 e 1Rs 8,25), como o rei exemplar que fala como Moisés e se refere à sua lei. É significativo que a promessa de uma dinastia eterna se torna

165. Para a narrativa da arca, cf. nossos comentários acima. A história da ascensão de Davi foi complementada na época persa, especialmente com 1Sm 19,18-24; 28. Esses textos revelam um interesse por Saul no período persa, cf. também Nihan (2003, p. 23-54) e a oração de Davi em 2Sm 7,18-29.

166. Para detalhes cf. o subtítulo acima 4.4.2.

mais condicional do que em 2Sm 7: "Javé cumprirá sua palavra que ele me falou: 'Se teus descendentes tiverem cuidado em seus caminhos, para andarem diante de mim com lealdade, de todo o seu coração e com todo o seu ser, não faltará um sucessor no trono de Israel'" (1Rs 2,4). As palavras finais de Davi apresentam-no como o rei exemplar em comparação com o qual seus sucessores serão avaliados nos livros dos Reis; a condição expressa no versículo 4 introduz o *leitmotif* da apresentação deuteronomista da monarquia: todos os reis serão julgados de acordo com a lei mosaica, especialmente a centralização do culto e a veneração exclusiva de Javé.

Na edição exílica, a narrativa de Salomão é dividida nitidamente em duas partes: os inícios positivos até a construção e dedicação do templo (1Rs 3–8) e o final bastante decadente de seu reinado (1Rs 9–12). Conforme já vimos, a oração e o discurso de Salomão para a inauguração do Santuário de Javé concluem o relato da fundação da monarquia judaíta (1Sm 13–1Rs 8). A segunda parte do reinado de Salomão (1Rs 9–11) inicia o relato da monarquia "dividida".

Em 1Rs 3–8, os redatores exílicos revisaram o relato mais antigo ao reelaborar especialmente 3,1-15 e o capítulo 8. Acrescentando 3,1b-3, os deuteronomistas introduzem o tema dos lugares altos (*bāmôt*) onde Salomão e o povo oferecem sacrifícios[167]. Após a construção do templo, os reis judaítas serão criticados por causa dos contínuos sacrifícios nos lugares altos (1Rs 15,14; 22,44; 2Rs 12,4; 14,4; 15,4.35; 16,4; 21,3), que, segundo os deuteronomistas, foram destruídos pelos "reis bons" Ezequias (2Rs 18,4) e Josias (2Rs 23,5-20)[168]. Os *bāmôt* eram santuários locais

167. Argumenta-se muitas vezes que o versículo 2 foi acrescentado depois que o versículo 3, porque constitui uma duplicata que amplia as atividades cúlticas de Salomão para o povo.

168. Quanto ao Reino do Norte, somente Jeroboão é acusado diretamente de culto nos *bāmôt* (1Rs 12,31-32). Em 2Rs 17,9.11, a queda de Samaria é atribuída aos *bāmôt*, o que pode na verdade referir-se aos lugares altos judaítas. Para mais detalhes sobre os lugares altos, cf. Barrick (1992, p. 196-200).

(ao ar livre?) onde Javé era venerado provavelmente em associação com sua "esposa" Aserá. A oposição deuteronomista a esses lugares de culto começou já no século VII a.C., quando a corte e o templo procuraram controlar todas as atividades cúlticas e econômicas em Judá. Na edição exílica da História Deuteronomista, que pode ser qualificada como "literatura de crise", o tema dos lugares altos permite explicar por que mesmo reis bastante aceitáveis contribuíram finalmente para a queda de Judá. A polêmica contra os lugares altos foi provavelmente dirigida também contra as atividades cúlticas que aconteciam em Judá durante a ocupação babilônica (cf. Ez 6,3). A versão exílica da parte positiva do reinado salomônico em 1Rs 3–8[169] termina com a oração de Salomão em 8,14-51*; aqui, como vimos, o templo é transformado no lugar para o qual os exilados devem voltar-se ao orar. Em 1Sm 13–1Rs 8, os deuteronomistas pintam o retrato de três reis arquetípicos: Saul, que representa o Reino do Norte, rejeitado por Javé; Davi, que simboliza o rei judaíta ideal ao qual se promete que reinará sobre "todo o Israel"; e Salomão, que prefigura a maioria dos reis judaítas. Ele constrói o templo e reina sobre o lugar que Javé escolheu; mas não corresponde totalmente à ideologia deuteronomista da centralização e da monolatria. Por isso, após o seu reinado, o "reino unido" estabelecido por Davi desintegra-se.

5.3.5 A história dos dois reinos (1Rs 9–2Rs 17)

5.3.5.1 Salomão e a crise da monarquia

Após o retrato positivo de Salomão, que culmina na construção do templo, os redatores exílicos criam uma dissonância em 1Rs 9.

---

169. Outros importantes acréscimos exílicos são 1Rs 3,6.9b.14; 5,17-18 (para explicar por que Davi não pôde construir o templo); 6,11-13 (mesmo a construção do templo é relacionada com a obediência à lei de Javé); 7,1-12 (a construção do palácio do rei).

Em um discurso divino (v. 1-9), que ecoa 1Rs 3, Javé anuncia que tudo pode se perder se o rei e o povo não se conformarem com a vontade de Javé: Israel será exilado (v. 7) e o templo se tornará um monte de ruínas (v. 8)[170]. Essa predição de uma catástrofe, que para os ouvintes já se tornou realidade, introduz a história dos reinos divididos de Israel e Judá. No final dessa história, o Reino de Israel é destruído (2Rs 17) e sua população deportada; e esses acontecimentos já pressagiam o destino de Judá e Jerusalém (2Rs 24–25). De acordo com os deuteronomistas, o início do fim foi o mau comportamento de Salomão após a construção do templo. O discurso divino em 9,1-9 conclui com os motivos para a ira de Javé contra seu povo: "Porque abandonaram Javé, seu deus, que tirou seus pais da terra do Egito, e abraçaram outros deuses, adorando-os e servindo a eles; por isso Javé trouxe esta desgraça sobre eles". De acordo com esse texto, a principal falta de Israel é o culto a outros deuses, que Javé não tolera; só Ele é o deus dos israelitas, já que os tirou do Egito. Depois dessa afirmação, a menção da filha do rei egípcio em 9,24[171], que se muda para a casa que Salomão lhe construiu, prepara o comentário negativo sobre Salomão no capítulo 11. Enquanto o Javé deuteronomista é o deus que separa Israel do Egito, Salomão alia-se ao Egito. Na edição exílica da História Deuteronomista, as ligações dos reis de Israel e de Judá com o Egito sempre produzem um resultado negativo (cf. especialmente 2Rs 17,4; 23,29). O matrimônio de Salomão com uma princesa egípcia introduz também a apresentação dele como mulherengo no capítulo 11, em que a filha

170. De acordo com as versões Vetus Syriaca e Vetus Latina. O texto massorético lê "exaltado" e é ou um erro do escriba ou uma correção dogmática.

171. Esse versículo retoma 1Rs 3,1. Se o Salomão histórico foi casado com uma princesa egípcia, como muitas vezes se supõe, é algo que escapa à plausibilidade. A versão grega da história de Salomão menciona a filha do faraó de maneira muito diferente; há também importantes diferenças entre o texto grego e o texto hebraico de 1Rs 11. Em diversos casos, a versão grega parece basear-se num texto hebraico mais antigo do que a versão massorética. Para mais detalhes, cf. Barrick (2001, p. 419-449).

do faraó é novamente mencionada no versículo 1, junto com mulheres moabitas, amonitas, edomitas, sidônias[172] e hititas. Na versão original de 11,1-13, que aproximadamente consistia nos versículos 1* (sem "muitas mulheres estrangeiras").3a.4.5-7*.9-13*, "a questão é o número de sedutoras, coerente com a admoestação de Dt 17,17a de que o rei 'não multiplique para si mulheres, a fim de que seu coração não se desvie'"[173]. Em uma edição posterior, esse relato foi reelaborado e o foco deslocou-se para o interesse de Salomão por mulheres estrangeiras. Nessa nova edição, o foco mudou para os matrimônios mistos, cuja proibição tornou-se uma grande preocupação da escola deuteronomista no período persa (cf. Dt 7; 9,1-6; 12,2-7; Esd 9–10; cf. também a menção de Salomão em Ne 13,26). A edição babilônica mais antiga preocupa-se mais com a veneração de outros deuses; por isso os *bāmôt*, onde, de acordo com 3,4, Javé era venerado, são transformados pelos redatores exílicos em lugares de culto a divindades moabitas, amonitas e outras (v. 5-7). No nível composicional, 11,5-7 prepara para 2Rs 23,13, onde se diz que Josias "profanou os lugares altos [...] que o Rei Salomão de Israel havia construído para Astarte, abominação dos sidônios, para Camos, abominação de Moab, e para Melcom, abominação dos amonitas".

Em 1Rs 11,9-13, Javé declara sua ira e seu castigo: o reino de Salomão será dado a outro, exceto uma única tribo (Judá); por causa de Davi esta vontade só acontecerá após a morte de Salomão. A próxima e única vez em que essa fórmula de ira reaparece é no final da história dos dois reinos em 2Rs 17,18, onde é combinada com a afirmação de que "ninguém foi deixado a não ser apenas a tribo de Judá". Essa afirmação aponta para trás, para a secessão de Israel relatada em 1Rs 12,20, onde "não permaneceu ninguém, exceto

172. Os sidônios no versículo 1 faltam na versão grega e podem ser um acréscimo posterior. Mas o texto grego menciona-os nos versículos 5 e 7.

173. Cf. Barrick (2001, p. 435) para a reconstrução da versão mais antiga de 1Rs 11.

apenas a tribo de Judá". "Assim como 1Rs 11 delineia a transição política do reino unido para a monarquia dividida, 2Rs 17 marca a transição da monarquia dividida para uma nova era" (Knoppers, 1993, p. 168): os últimos dias de Judá.

1Rs 11,1-13* revela claramente que na edição exílica da História Deuteronomista apenas dois reis são figuras totalmente positivas: Davi e Josias. Salomão, que no relato do século VII a.C. era um rei semelhante aos reis assírios, rico e construtor de templos, é agora um monarca ambíguo; inicia a série de reis que patrocinam outras divindades e outros lugares de culto que não o Templo de Jerusalém[174]. Por isso, os deuteronomistas inseriram nos versículos 26-40*[175] o episódio dos inícios de Jeroboão, o primeiro rei do Israel "nortista", antes das notícias finais acerca de Salomão (11,41-43). O episódio do Profeta Aías de Silo e o manto rasgado é uma criação deuteronomista, que lembra Saul rasgando o manto de Samuel em 1Sm 15,27-28. A apresentação de Aías como um silonita cria também um paralelo com Samuel (cf. 1Sm 3). Aías aparece, assim, como um novo Samuel, que aplica parcialmente o tema da rejeição de Saul à linhagem davídica. Em contraste com a edição josiânica, não só o Norte é censurado pela secessão, mas também e sobretudo Salomão. Em uma perspectiva exílica, o relato da divisão do reino davídico já alude ao fim de Israel e Judá. A ideia de que Javé ofereceu uma dinastia estável também a Jeroboão (11,38) é certa-

174. Na edição exílica de Reis, até Ezequias é descrito menos positivamente. A supressão dos lugares altos, promovida por ele, não foi definitiva e a visita de uma embaixada babilônica termina com um oráculo de deportação (2Rs 20,12-19). Em uma edição posterior de Reis, Salomão é transformado pelos editores não deuteronomistas num rei ao estilo de *As mil e uma noites* (cf. 1Rs 10,1-13 e provavelmente também 3,16-28).

175. Os versículos 14-25 são geralmente considerados um acréscimo posterior, que rompe o elo entre o versículo 13 e o versículo 26. Não há dúvida de que 11,26-40 é um texto compósito; os versículos 32-35 e 39 são, com toda a probabilidade, ampliações do texto original.

mente uma invenção exílica, que relativiza de certa forma a promessa de uma dinastia davídica eterna. Mas como poderia um rei do Norte respeitar a lei de Javé acerca de Jerusalém como o único lugar para prestar-lhe culto? Por isso, a "oferta" de Javé a Jeroboão tem também um tom um tanto irônico. Seja como for, os deuteronomistas sob domínio babilônico e também sob domínio persa modificaram a perspectiva triunfalista da edição josiânica de Reis. Na edição exílica, a realeza está em crise desde o tempo de Salomão e essa crise reflete provavelmente também a crise de identidade da geração dos altos funcionários reais exilados.

5.3.5.2 Profetas e reis

Aías de Silo é o primeiro de uma longa série de profetas que aparecem nos livros dos Reis. Sua atividade emoldura o reinado de Jeroboão. Em 1Rs 11 ele declara que Javé estabeleceu Jeroboão como rei sobre as tribos do Norte, em 1Rs 14 anuncia à mulher do rei o julgamento de Javé e a morte do filho do rei. Nos atuais livros dos Reis, quase a metade do texto é dedicada ao aparecimento de profetas. Além de Aías, encontramos um profeta anônimo proclamando a destruição de Betel (1Rs 13), Jeú (1Rs 16,1-7), Elias (1Rs 17–19; 21; 2Rs 1–2), outro profeta anônimo (1Rs 20), Miqueias (1Rs 22), Eliseu (2Rs 2–9; 13,14-21), Jonas (2Rs 14,25), Isaías (2Rs 19–20) e a Profetisa Hulda (2Rs 22,14-20). Nessas histórias podemos distinguir dois tipos de atividades proféticas. Alguns profetas pronunciam oráculos divinos (sobretudo oráculos de castigo) e o cumprimento dos mesmos é expressamente afirmado. O oráculo de Aías contra a casa de Jeroboão cumpre-se na revolta de Baasa (1Rs 15,27-29) e o oráculo de Jeú contra Baasa cumpre-se na insurreição de Zambri (1Rs 16, 11-12). O oráculo de Elias contra Acab cumpre-se no assassinato da dinastia amrida por Jeú (2Rs 9,25-26) e o anúncio de Hulda sobre a queda de Judá cumpre-se em 2Rs 24–25 (cf. especialmente

24,2-3a)[176]. Esses textos conformam-se com a ideologia deuteronomista do profetismo. De acordo com Dt 18,18, Moisés inaugura o envio de profetas por Javé, profetas que são mediadores da palavra divina que nunca falha (Dt 18,22). Para os deuteronomistas, os profetas têm uma função legitimadora: seus oráculos, que sempre se cumprem, demonstram que Javé dirigia toda a história de Israel e de Judá e que ele também provocou o fim desastroso dos dois estados. Os textos supracitados encaixam-se muito bem na edição exílica; podem estar relacionados com a primeira edição dos livros proféticos de Jeremias, Oseias, Amós, Miqueias e talvez Sofonias, empreendida provavelmente no final do século VI a.C. pela mesma escola deuteronomista (Albertz, 2003a, p. 204-211, 302-345).

Por outro lado, os livros dos Reis contêm histórias proféticas que se aproximam das anedotas: os profetas aparecem como taumaturgos, curadores, mágicos e visionários. Muitas vezes essas histórias interrompem inesperadamente os relatos deuteronomistas e aparecem às vezes na versão grega em diferentes lugares; por isso, dever-se-ia considerá-las acréscimos pós-deuteronomistas (McKenzie, 1991, p. 81-100). Isso vale evidentemente para a história do homem de Deus de Judá que proclama a destruição de Betel em 1Rs 12,33–13,33. Que essa história foi interpolada resulta evidente pela técnica da repetição ressuntiva em 12,32-33 e 13,33 e pelo vocabulário posterior não deuteronomista (Rofé, 1974, p. 158-163; Van Seters, 2000). As mesmas observações aplicam-se às histórias de Elias e Eliseu, com a possível exceção do confronto de Elias com Acab em 1Rs 21

176. O oráculo de Hulda sobre Josias é um tanto estranho: ela declara que ele será sepultado em paz (2Rs 22,20); no entanto, sua morte é bastante violenta, já que é morto pelo faraó (23,29). Por isso, muitas vezes se afirma que esse oráculo foi redigido durante a vida de Josias. Mas uma explicação melhor seria que esse texto procura explicar a morte de Josias positivamente. Ele foi sepultado em seu túmulo e não presenciou a destruição de Jerusalém e do templo.

e do envolvimento de Eliseu na revolta de Jeú[177]. Os ciclos de Elias e Eliseu, bem como 1Rs 20 e 22*, foram acrescentados aos livros dos Reis durante o período persa[178]. Na edição babilônica da História Deuteronomista, o tempo que vai da dinastia amrida até à revolta de Jeú foi coberto *grosso modo* pelos textos seguintes: 1Rs 16,23-34; 21*; 22,39-54; 2Rs 1,1-2a.17*.18; 3,1-3; 8,16-29; 9,1-10.27*.28-36. Nesses textos os deuteronomistas pintam um retrato muito negativo da dinastia amrida, que é julgada de forma tão negativa como o fundador do Reino do Norte. Mas, antes de abordar essa questão, devemos tratar brevemente dos relatos de Isaías, embora apareçam na última parte da História Deuteronomista. As histórias acerca do Profeta Isaías e do Rei Ezequias encontradas em 2Rs 18,13–20,19 aparecem também, com algumas diferenças, no Livro de Isaías (36–39). O debate concentra-se muitas vezes na alternativa se esses relatos foram originalmente escritos para os livros dos Reis ou para o Livro de Isaías. Mas a questão parece mais complicada. 2Rs 18–20 contém histórias muito diferentes, que dificilmente podem ser atribuídas a um único autor. 2Rs 18,13–19,7* e 35–37* relatam o cerco de Jerusalém, que os assírios repentinamente suspendem. Aqui Isaías intervém de uma maneira tipicamente deuteronomista, proclamando um oráculo divino: Javé forçará o rei assírio a retornar sem sucesso para sua terra (19,6-7); esse oráculo cumpre-se imediatamente (19,35-37*). O segundo relato a respeito do cerco em 19,8-34 é uma duplicata do primeiro; sua ideologia e linguagem encaixam-se

177. De acordo com Rofé, 1Rs 21 deveria ser também considerado um acréscimo do período persa. Na opinião desse autor, o episódio expressa a mesma ideologia encontrada nos livros de Esdras e Neemias, que se opõem aos casamentos com mulheres estrangeiras. Cf. Rofé (1988, p. 89-104).

178. Essa opinião é defendida hoje por muitos estudiosos. Cf., por exemplo, McKenzie (1991) e Otto (2003, p. 487-508). De acordo com Otto, as histórias de Elias e Eliseu foram compostas por volta de 750 no Reino do Norte. Isso é bem possível para Eliseu; as histórias acerca de Elias não revelam muitos traços pré-deuteronomistas: 1Rs 17–18 está próximo à ideologia do Dêutero-Isaías e 1Rs 19, que critica a ideologia dos capítulos anteriores, deve até ser posterior.

melhor no Livro de Isaías, especialmente sua segunda parte, que contém afirmações monoteístas e uma polêmica contra os deuses das nações (cf. especialmente 2Rs 19,15-18.25.30-31). O relato acerca de Isaías como curador (2Rs 20,1-12) e o sinal pedido por Ezequias encaixam-se também melhor no contexto de Isaías, onde se contrapõe à recusa de Acaz a pedir um sinal em Is 7,10-12. Esses relatos foram, portanto, compostos como uma transição entre a primeira e a segunda parte de Isaías[179]. Provavelmente foram introduzidos nos livros dos Reis num estágio posterior, quando a História Deuteronomista foi dissolvida e os livros de Josué até Reis tornaram-se a primeira parte dos "Profetas". Mediante a inserção desses relatos sobre Isaías no final de Reis, os redatores realçaram a estreita relação entre os Profetas Anteriores, cujo último livro é Reis, e os Profetas Posteriores, cujo primeiro livro é Isaías. É bem possível que também a maioria das outras histórias proféticas tenha sido inserida nesse estágio a fim de reforçar o "caráter profético" de Reis.

5.3.5.3 *Os reis do Norte*

Os redatores exílicos de Reis adotaram a avaliação dos reis do Norte que já figurava na edição josiânica. Como já vimos, nenhum rei do Norte é julgado positivamente, já que todos eles prestam culto a Javé fora de Jerusalém, especialmente em Betel. Comportando-se dessa maneira, todos os reis do Norte continuam "os pecados de Jeroboão". Contudo, há uma interessante mudança nas fórmulas de avaliação. Os primeiros reis após Jeroboão, desde Nadab até Jorão,

179. A história relativa à embaixada babilônica em 20,12-20 é mais difícil de situar. Já que o Rei Merodac-Baladã (*Marduk-apal.idinna*) governou independentemente na Babilônia de 720 até 709, os versículos 12a e 13, que estabelecem um paralelo entre a riqueza de Ezequias e a riqueza de Salomão, podem pertencer à edição josiânica de Reis. 20,14-19 pressupõe a destruição do templo; encaixa-se bem na edição exílica da História Deuteronomista e pode ter sido composto ao mesmo tempo que 18,13-19,7.35-37*; mas proporciona também uma transição para Is 40–55, que pressupõe a destruição de Jerusalém e o exílio.

o último rei da dinastia amrida, são basicamente avaliados da mesma forma: andam no caminho de Jeroboão e/ou em seus pecados e, fazendo assim, provocam Javé. A partir de Jeú até Faceia, ocorre para cada rei a mesma fórmula: "fez o que era mau aos olhos de Javé[180] [...] não se afastou dos pecados que Jeroboão, filho de Nabat, levou Israel a cometer". O último rei, Oseias, "fez o que era mau aos olhos de Javé, mas não como os reis de Israel que foram antes dele" (2Rs 17,2). Essas mudanças indicam que os deuteronomistas quiseram diferençar os primeiros nove reis dos nove reis seguintes. Os primeiros reis, e especialmente os amridas, são os piores; na História Deuteronomista, a maioria deles é alvo de oráculos de aniquilação; a série que começa com Jeú (Joacaz, Joás, Jeroboão, Zacarias, [Selum], Manaém, Faceias, Faceia) é um tanto melhor, provavelmente porque Jeú aniquilou a dinastia amrida. O último rei, Oseias, não é censurado explicitamente por continuar os pecados de Jeroboão; no comentário final sobre o fim de Israel, diz-se que todos os israelitas "perseveraram em todos os pecados que Jeroboão cometeu; não se afastaram deles" (2Rs 17,22). É uma maneira de sublinhar que o fim de Israel não é provocado por seu último rei (talvez os deuteronomistas tivessem até alguma simpatia por sua revolta antiassíria), é o resultado de uma longa história de reis maus que se entregaram a si mesmos e o povo a outros deuses e santuários javistas ilegítimos.

Evidentemente os deuteronomistas não estão interessados nas realizações econômicas e políticas dos reis; estão preocupados sobretudo em sublinhar as faltas que, em sua opinião, provocaram a ira de Javé e a queda de Israel (e Judá). Amri, que sem dúvida foi um dos mais importantes reis do Norte, já que os assírios se referem muitas vezes a Israel como "casa de Amri" mesmo após o fim dos

180. Essa primeira afirmação não é feita a propósito de Jeú (2Rs 10,29), que para os deuteronomistas é o rei nortista mais bem avaliado, por causa de sua rebelião contra a dinastia amrida. O único rei que não recebe nenhuma avaliação é Selum, já que seu "reinado" durou apenas um mês (2Rs 15,13-15).

amridas, é apresentado de forma muito breve em 1Rs 16,23-27: diz-se que foi pior do que os reis anteriores a ele, provavelmente por ter fundado Samaria, capital de Israel, que de fato ofuscou Jerusalém. Acab é sem dúvida o pior rei aos olhos dos deuteronomistas (1Rs 21,25), já que introduziu o Baal fenício e também Aserá no culto oficial e casou-se com a princesa fenícia Jezabel (1Rs 16,29-33; 21*). Na edição exílica, a história de Acab foi provavelmente ampliada. Já que teve uma morte pacífica, e a dinastia amrida durou até Jorão, os deuteronomistas inventaram um breve relato sobre o arrependimento de Acab (21,27-29) a fim de explicar por que o juízo de Javé sobre a casa de Amri foi adiado. No comentário conclusivo sobre o fim de Israel em 2Rs 17, torna-se bastante claro que as duas razões principais para o colapso do Reino do Norte são os bezerros de Jeroboão e o culto de Baal e Aserá (cf. especialmente o v. 16). Ao contrário da edição josiânica, a edição exílica de Reis já não podia focalizar Israel como contraste para a "reforma" de Judá sob Josias. Por isso o fim de Israel foi apresentado como um prenúncio do fim de Judá (cf. acima a observações sobre 2Rs 17).

5.3.5.4 Os reis do Sul (de Roboão a Acaz)

A história do reino judaíta até o fim de Israel oferece uma alternância de reis que são julgados quase positivamente e reis que são considerados tão maus quanto seus colegas do Norte. Os reis (quase) bons Asa, Josafá, Joás, Amasias, Azarias e Joatão são todos avaliados da mesma forma: "ele fez o que era reto aos olhos de Javé[181] [...] no entanto não foram eliminados os lugares altos"; ao passo que os reis maus (Roboão, Abiam[182], Jorão, Ocozias, Acaz) cometem, como os reis de Israel, "o mal aos olhos de Javé". Pode-se

181. A primeira parte da fórmula difere para Josafá: ele caminhou no caminho de seu pai.

182. Abiam caminha no pecado de seu pai.

distinguir três períodos na história dos reis judaítas. O primeiro período é caracterizado por uma oposição entre os dois reis maus Roboão (1Rs 14,21-31) e Abiam (1Rs 15,1-3.7-8), em cujo reinado proliferam os lugares altos e Aserá é venerada como esposa de Javé (a menção de prostitutos do sexo masculino está provavelmente relacionada ao culto a Aserá). Eles são sucedidos por dois reis "reformadores", Asa (15,9-24) e Josafá (22,41-51*), que erradicam a veneração a Aserá. Não se deve tomar essa informação como histórica; parece mais provável que os deuteronomistas estavam interessados em criar precursores (parciais) da reforma de Josias. O período seguinte é marcado por Atalia, que reinou de fato sobre Judá; para os deuteronomistas ela não pode ser considerada uma rainha: ela é meio israelita, meio fenícia, e seu reino interrompe de fato a dinastia davídica. Os contratempos começam com Jorão, que se casa com Atalia e age como os reis do Norte (2Rs 8,16-24). Seu filho Ocozias (8,25-29; 9,14-29*) comporta-se da mesma forma (a fórmula "andar no caminho dos reis de Israel" alude também ao fato de que esses reis eram de fato vassalos de Israel) e é morto por Jeú durante sua revolta contra o rei de Israel. Após sua morte, Atalia reina pelo menos durante seis anos (11,3), mas os deuteronomistas esforçam-se ao máximo para não apresentá-la como rainha: ela é uma usurpadora que deve ser morta (11,1-6a.8.11-14.16-18*.19b*.20b*). O assassinato de Atalia, a destruição das estátuas de Baal e seu sacerdote prenunciam também algumas das reformas cúlticas de Josias. Depois de Atalia seguem-se quatro reis (quase) positivos. A restauração do templo sob Joás (12,1-14*.18-22*)[183] é um paralelo e prepara a restauração de Josias em 22,4-7.9b. Podemos perguntar-nos por que os três reis seguintes, Amasias (14,1-22*), Azarias (15,1-7) e Joatão (15,32-38), obtêm a

183. O relato deuteronomista foi mais tarde reelaborado por redatores sacerdotais (cf. especialmente o v. 17).

mesma avaliação como Joás[184]. Provavelmente os deuteronomistas os apresentaram de forma bastante positiva a fim de reforçar o contraste com Acaz (16*), que reinou quando Israel sucumbiu, e que é apresentado como andando no caminho dos reis de Israel (v. 3). Ele é acusado especialmente de sacrifícios humanos (v. 3), submissão aos assírios (v. 8: ele usa o tesouro do templo para pagar ao rei assírio) e introdução de práticas assírias no templo (v. 15)[185]. Através dessa apresentação de Acaz, os deuteronomistas reforçam os paralelos entre Israel e Judá e incutem a ideia de que Judá corria perigo de ser incorporado ao Império Assírio como o fora Israel em 2Rs 17. O fim de Judá só é adiado por causa dos dois reis excepcionais (aos olhos dos deuteronomistas) Ezequias e Josias, cujos reinados são os pontos altos do último período da História Deuteronomista.

5.3.6 *Reformas cúlticas e o fim de Judá (2Rs 18–25)*

Entre os reinados de Ezequias e Josias, os deuteronomistas retratam dois reis muito maus, Manassés e Amon (2Rs 21*). Depois de Josias seguem quatro reis igualmente maus em cujo reinado Judá finalmente sucumbe.

Os deuteronomistas exílicos tomaram a apresentação positiva de Ezequias da edição josiânica de Reis. Ezequias é o primeiro rei a erradicar os lugares altos; diz-se também que aboliu a veneração de Aserá e destruiu uma serpente de bronze, que provavelmente está ligada à veneração dessa deusa (18,3-6)[186]. O reinado de Ezequias forma um nítido contraste com o tempo de Acaz, que introduziu

184. De acordo com 14,6, Amasias não matou os filhos dos assassinos de seu pai por respeito a Dt 24,6, mas esse versículo pode ser um acréscimo posterior.

185. Acaz constrói um novo altar para os sacrifícios de acordo com um modelo de Damasco; o altar anterior (javista) é agora usado "para inquirir", o que significa praticar a adivinhação pela consulta às entranhas, típico costume assírio.

186. Olyan (2002, p. 460-469) argumentou que é melhor entender a serpente como um símbolo egípcio, que Ezequias suprimiu como um sinal de sua submissão aos assírios. De maneira interessante, o relato associa essa estátua com Moisés, e isso

símbolos assírios em Jerusalém. Na edição josiânica esse contraste era provavelmente ainda mais nítido do que na reelaboração exílica da história de Ezequias. De acordo com 18,7, Ezequias "rebelou-se contra o rei da Assíria e não quis servi-lo", mas 18,14-16 (que pertence provavelmente à revisão exílica)[187] afirma que Ezequias submeteu-se ao rei assírio, prometendo que seria um vassalo leal. A redação exílica "mostra um interesse nas ações de Ezequias como causa parcial do exílio babilônico" (Sweeney, 2001, p. 68). Os acontecimentos ocorridos em seu reinado são relacionados com a queda de Samaria e o relato da embaixada babilônica alude, em última análise, ao exílio babilônico. Evidentemente Ezequias permanece um rei muito positivo e reformador e Javé o livra a ele e Jerusalém de um cerco assírio. Mas mesmo em seu reinado os deuteronomistas exílicos inseriram alusões ao fim de Judá.

O rei seguinte, Manassés, pertence à lista deuteronomista dos piores reis. Embora tenha reinado por cerca de 55 anos, os deuteronomistas interessam-se apenas por sua contrarreforma cúltica, que anulou as medidas de Ezequias. Manassés, que é comparado explicitamente ao rei nortista Acab, reintroduz práticas assírias no templo, bem como a veneração de Aserá (provavelmente como companheira de Javé). A longa enumeração dos pecados cúlticos de Manassés em 21,1-3.5-9*.16-18[188] prepara evidentemente para a extraordinária reforma de Josias e mostra também que Manassés transgrediu todas as leis importantes do Deuteronômio:

---

dificilmente pode ser uma invenção deuteronomista. Nm 21,1-9 é um midraxe tardio, que procura explicar a origem dessa estátua. Cf. também Swanson (2002).

187. A mesma ideia é defendida por Campbell e O'Brien (2000, p. 447-448). Para uma reconstrução do relato deuteronomista durante o período babilônico (18,1-19,7*.35-37*; 20,12-20 [?]), cf. acima o subtítulo: Profetas e reis.

188. Os versículos 10-15 são provavelmente uma interpolação feita por um redator que queria fazer de Manassés o principal, senão o único rei responsável pela queda de Judá.

Versículo 2: Manassés "seguiu as abomináveis práticas das nações que Javé expulsara diante dos israelitas".	Dt 18,9: "Não deves aprender a imitar as práticas abomináveis dessas nações".
Versículos 3 e 7: Manassés fez uma estátua de Aserá.	Dt 16,21: "Não plantarás uma árvore como (símbolo de) Aserá".
Versículos 3 e 5: Prestou culto e construiu altares ao exército do céu.	Dt 17,3: "Se alguém for servir e prestar culto a outros deuses, ao sol ou à lua ou ao exército do céu, eu o proíbo".
Versículo 6: "Fez seu filho passar pelo fogo; praticou a adivinhação e o augúrio e lidou com necromantes e feiticeiros".	Dt 18,10-11: "Não se encontrará em ti quem faça passar pelo fogo seu filho ou sua filha, ou quem pratique presságios, ou seja, adivinho ou áugure ou feiticeiro [...] ou necromante".
Versículo 16: "Manassés derramou muito sangue inocente".	Dt 19,10: "não será derramado o sangue de um inocente" (cf. também 21,8-9).

Pode-se supor razoavelmente que, durante o longo reinado de Manassés, ocorreram alguns importantes acontecimentos e que esse reinado foi um tempo bastante pacífico para Judá. Mas os deuteronomistas não estão interessados nesses aspectos; eles constroem Manassés a fim de preparar para a "restauração" josiânica da lei deuteronômica e também para introduzir outra importante razão para a destruição de Judá por Javé.

Não se diz muita coisa do sucessor de Manassés, Amon, que teve um reinado curto e é considerado tão mau quanto seu pai Manassés (21,19-26). A afirmação de que "ele abandonou Javé, o deus de seus pais" tem um paralelo em Jz 2,12 (não ocorre nenhum outro texto, entre Jz 2 e 2Rs 21, em que Javé seja designado dessa forma). Todo o período de tempo que se estende dos juízes até o reinado de Josias aparece assim como um período de crise permanente[189], à qual só Josias pôs um fim (temporário).

Em contraste com Ezequias, não se acrescentam aspectos negativos à apresentação de Josias (2Rs 23*), que continua sendo o rei exemplar. Nem mesmo sua morte totalmente desonrosa (é morto pelo faraó) não é explicada por alguma falta que tivesse cometido; ao contrário, pela boca da Profetisa Hulda, os deuteronomistas caracterizam essa morte como "pacífica", já que o poupou da experiência da destruição de Jerusalém. Além do acréscimo de 23,25b-26a[190].27-30, os redatores exílicos reelaboraram o texto anterior do século VII, especialmente interpolando os oráculos proféticos sobre a destruição de Jerusalém e o destino de Josias. Provavelmente acrescentaram também a celebração de uma Páscoa, a fim de integrar o tempo dos juízes[191] na cronologia deuteronomista, e também sublinharam a profanação do Santuário de Betel, que durante o período exílico talvez tenha sido um sério rival do Templo de Jerusalém (parcialmente) destruído (Blenkinsopp, 1998, p. 25-43). A versão babilônica da reforma de Josias teria compreendido então: 22,1-7*.9.13aα.14-16a.17-19aαb.20; 23,1.3-15*[192].19.21a.22-23. 25-26a.27-31. Como já vimos, a história do encontro do livro pertence à última revisão desse relato, feita durante o período persa, a fim de apresentar o "Livro" como um substituto para o templo (cf. cap. 3,2). A versão exílica de 2Rs 22–23 concentrou-se em dois pontos

189. A mesma ideia ocorre em 23,22: "Uma Páscoa assim nunca fora celebrada desde os dias dos juízes que julgaram Israel, nem mesmo durante os dias dos reis de Israel e dos reis de Judá".

190. O versículo 26b, que faz de Manassés o único monarca responsável pela queda de Jerusalém, foi provavelmente acrescentado pelo mesmo redator que inseriu 21,10-15.

191. É interessante que o relato paralelo em Crônicas afirma que "uma Páscoa assim nunca foi celebrada em Israel desde os dias do Profeta Samuel" (2Cr 35,18).

192. Os versículos 16-19 retomam o relato de 1Rs 13 e foram acrescentados simultaneamente com a lenda profética.

levemente contraditórios. Em primeiro lugar, Josias aparece como o rei perfeito sob todos os aspectos. Ele representa o ideal deuteronomista da realeza. A monarquia poderia ter tido um futuro se os reis se comportassem como Josias e se conformassem com a lei (deuteronomista) mosaica. Em segundo lugar, e apesar dos feitos de Josias, é preciso anunciar a destruição e o exílio. Mas, por causa de seu comportamento excepcional e ao contrário dos reis anteriores, Josias é totalmente isentado de qualquer responsabilidade pelo fim de Judá.

Os quatro últimos reis (Joacaz, Joaquim, Joaquin e Sedecias) estão novamente em gritante contraste com Josias. Todos eles são julgados segundo a mesma fórmula: "e ele fez o que era mau aos olhos de Javé, segundo tudo o que seu(s) pai(s) havia(m) feito" (2Rs 23,32.37; 24,9; 24,19)[193]. Os deuteronomistas não apresentam nenhum detalhe sobre as faltas religiosas destes reis. Adotam uma atitude crítica em relação às revoltas de Joaquim e Sedecias contra os babilônios (24,1; 24,20), que provocaram as destruições e deportações de 597 e 587. Em contraste com Ezequias, que resistiu ao assalto assírio com a ajuda de Javé, não há nenhuma possibilidade de escapar ao ataque babilônico, porque o próprio Javé enviou o exército babilônico (24,2 e 20a) para aniquilar Judá e Jerusalém. Embora simpatize com reis que se empenharam em políticas antiassírias, a História Deuteronomista não manifesta uma ideologia antibabilônica. Duas razões explicam essa atitude diferente. Os deuteronomistas estavam ansiosos por mostrar que a queda de Jerusalém não significava que os deuses babilônicos haviam vencido o deus nacional de Judá. Por isso os acontecimentos de 597 e 587 só podiam ser explicados fazendo com que Javé ou sua ira fossem o agente da ruína de Judá. A segunda razão era mais materialista. Já

193. Para o último rei, Sedecias, temos "Joaquim" em vez de "seu(s) pai(s)". Isso é bastante lógico, já que Sedecias era o tio de seu predecessor. É interessante que ele é comparado não com seu predecessor Joaquin, mas com Joaquim. Isso poderia ser um erro do escriba, ou mais provavelmente uma alteração devida ao acréscimo do relato positivo que conta a reabilitação de Joaquin.

que os deuteronomistas pertenciam provavelmente à elite deportada, não tinham interesse em fazer declarações antibabilônicas na Babilônia e é bem possível que estivessem até inclinados a colaborar com a administração babilônica.

Onde terminou a edição exílica da História Deuteronomista? Muitas vezes supõe-se que ela concluía com o último relato do Livro dos Reis: a libertação de Joaquin de sua prisão babilônica (2Rs 25,27-30). Mas, conforme veremos, essa breve nota se encaixa melhor no período persa. Como já observamos, a afirmação de 2Rs 25,21: "Assim Judá foi exilado de sua terra" apresenta uma boa conclusão para uma "história de crise", que se concentra em explicar o exílio[194] e dá a impressão de que o "verdadeiro Israel" foi deportado para a Babilônia. Os últimos capítulos da edição exílica compreendiam então provavelmente: 23,31–24,3[195].5-20*; 25,1-15*[196].18-21*. Esses capítulos foram provavelmente escritos logo após os acontecimentos de 587. Ao ler esses relatos é muito fácil adivinhar que os deuteronomistas pertenciam ao grupo deportado em 597 (devido à afirmação até certo ponto pejorativa acerca da identidade dos deportados de 587). Após o assassinato de Godolias em 582, a história foi atualizada com o acréscimo de 25,22-26. Esses versículos concluem com o povo restante descendo ao Egito (o que, de certa maneira, é o mito deuteronomista de origem da diáspora egípcia). Essa descida ao Egito refere-se à última maldição de Dt 28,68, que anuncia um "retorno" ao Egito. De certa forma, toda a História Deuteronomista se torna, através desse acréscimo, uma história que trata de uma

194. A ideia de uma terra despovoada durante a época babilônica é uma construção ideológica, que infelizmente é aceita como um fato em alguns manuais escolares. Mesmo os deuteronomistas estavam conscientes de que haviam sido deixadas pessoas na Palestina; cf. 25,12.

195. O foco sobre Manassés no versículo 4 foi inserido mais tarde, como o foram 21,10-15 e 23,26.

196. Os detalhes sobre os utensílios e adornos do templo em 25,15-17 são muitas vezes considerados uma inserção.

trajetória "do Egito para o Egito" (Friedman, 1981, p. 167-192). Toda a história entre Javé e Israel, com seu fundamento no mito do êxodo, parece anulada. Muitas vezes os estudiosos se perguntaram por que os deuteronomistas, no final de sua história de Judá, não providenciaram uma afirmação conclusiva, como fizeram para Israel em 2Rs 17. Provavelmente não estavam a uma distância suficiente em relação aos últimos acontecimentos que relataram; esse é um fenômeno que pode ser observado também em apresentações contemporâneas da história de um país "dos inícios até hoje". Geralmente os historiadores deixam de procurar uma conclusão exaustiva quando chegam a acontecimentos cujas consequências não podem ser avaliadas no momento em que escrevem. Isso pode muito bem aplicar-se à História Deuteronomista, que não tem uma conclusão definitiva. Argumentamos que a edição exílica é uma literatura de crise, que procura apresentar as causas do colapso de Judá. Nesse estágio não há nenhum interesse real em explorar o futuro, todos os esforços concentram-se em explicar o presente descrevendo ou construindo o passado.

5.4 Sumário: a edição exílica da História Deuteronomista

Embora as origens da escola deuteronomista devam ser situadas durante o declínio do Império Assírio, a construção cronológica de uma história desde as origens até o fim da monarquia (Deuteronômio–Reis) pressupõe claramente a destruição de Jerusalém e a ocupação de Judá pelos babilônios. Usando as categorias weberianas, pode-se descrever a primeira História Deuteronomista como uma literatura de crise. Explorar ou mesmo inventar o passado proporciona uma possibilidade de explicar um presente que as elites judaítas têm dificuldade de aceitar. Toda a história é concebida numa perspectiva exílica e não causa surpresa que o "exílio" se torne, durante o período persa, um novo mito fundante para o "Israel real".

A importância do exílio, que não reflete muita coisa da realidade histórica, sugere também que os deuteronomistas (ou, pelo menos, a maioria deles) pertenciam aos deportados de 597. Provavelmente salvaram rolos mais antigos da biblioteca oficial e os reescreveram na Babilônia para mostrar que Javé ainda continua sendo um deus poderoso, apesar da supremacia babilônica. Pode-se até especular se os babilônios não encorajaram essa história, já que ela ensinava os judaítas a ver o rei babilônico e seu exército agindo no interesse da vontade de Javé. Na verdade, é bastante provável que os babilônios tenham empregado os deuteronomistas exilados como intérpretes e escribas. Na edição exílica da História Deuteronomista não existe, compreensivelmente, muito interesse acerca do futuro. Durante o período persa, acrescentar-se-á alguma especulação sobre o futuro, bem como outras preocupações relacionadas com a nova situação. Mas na segunda metade desse período a História Deuteronomista será dividida em diferentes livros e praticamente desaparecerá até ser descoberta pela pesquisa moderna.

6
Editando a História Deuteronomista durante o período persa

6.1 Contexto social e político em Judá durante o período persa

Bibliografia seleta

BERQUIST, J. L. *Judaism in Persia's shadow*: A social and historical approach. Mineápolis: Fortress Press, 1995.

BÍBLIA SAGRADA. 6. ed. Petrópolis: Vozes, 2007.

BRIANT, P. *From Cyrus to Alexander*: A history of the Persian Empire. Tradução de P. T. Daniels. Winona Lake: Eisenbrauns, 2002.

CARTER, C. E. *The emergence of Yehud in the Persian Period*: A social and demographic study (JSOTSup 294). Sheffield: Sheffield Academic Press, 1999.

DAVIES, P. R. *In search of "Ancient Israel"* (JSOTSup 148). Sheffield: JSOT Press, 1992.

EDELMAN, D. *Persian imperial policy and the rebuilding of Jerusalem*. Londres: Equinox, 2005.

ELAYI, J.; SAPIN, J. *Beyond the river*: New perspectives on transeuphratene. Tradução de J. E. Crowley (JSOTSup 250). Sheffield: Sheffield Academic Press, 1998.

GRABBE, L. L. *A history of the Jews and Judaism in the Second Temple Period* – I. Yehud: A history of the Persian Province of Judah. Edimburgo: T. & T. Clark, 2004.

PEARCE, L. New evidence for Judeans in Babylonia. *In*: LIPSCHITZ, O.; OEHMING, M. (eds.). *Judah and the Judeans in the Persian Period.* Winona Lake: Eisenbrauns, 2005.

PERSON JR., R. F. *The Deuteronomic school*: History, social setting, and literature (Studies in Biblical Literature 2). Atlanta: Society of Biblical Literature, 2002.

RÖMER, T.; MACCHI, J.-D. Luke, disciple of the Deuteronomistic School. *In*: TUCKETT, C. M. (ed.). *Luke's literary achievement*: Collected essays (JSNTSup 116). Sheffield: Sheffield Academic Press, 1995. p. 178-187.

STULMAN, L. Encroachment in Deuteronomy: An analysis of the social world of the D Code. *Journal of Biblical Literature*, [*s. l.*], vol. 109, p. 613-632, 1990.

WEINBERG, J. *The citizen-temple community* (JSOTSup 151). Sheffield: JSOT Press, 1992.

Na maioria das apresentações da História Deuteronomista, supõe-se que o período exílico coincide com a redação final da mesma. Nesse ponto existe um consenso entre os estudiosos que adotam o modelo de Cross de uma dupla edição, os da Escola de Göttingen, que defendem três grandes camadas exílicas[197], e os que seguem a proposta de Noth de um único deuteronomista exílico. Essa ideia baseia-se no argumento de Noth de que o último acontecimento relatado em 2Rs 25 (a reabilitação de Joaquin) ocorreu por volta de 562 a.C. Como não há alusões ao fim do Império Babilônico, conclui-se geralmente que a última (ou única) redação deuteronomista ocorreu por volta de 560. Mas essa ideia foi questionada com boas razões.

197. Alguns estudiosos que seguem esse modelo atribuem "DtrN" ao início do período pós-exílico, mas geralmente não insistem nas possíveis implicações de tal data.

Person insiste em indícios crítico-textuais de que a editoração deuteronomista continuou ao longo do período persa. Numerosos acréscimos ao texto massorético (que não figuram no texto hebraico traduzido para o grego) revelam de fato uma linguagem deuteronomista. Person considera essa observação um argumento importante em favor da contínua atividade redacional da escola deuteronomista durante o período pós-exílico. Mas esse argumento deve ser manejado com muita cautela. Não é fácil decidir quando foram feitos os diferentes acréscimos ao texto hebraico e alguns podem na verdade provir do período helenístico. O estilo deuteronomista é de fato muito fácil de imitar e pode ser encontrado até em escritos da era cristã[198]. Mas é verdade que diversos textos dentro da História Deuteronomista tratam de questões que se encaixam melhor no período persa do que em períodos anteriores. Isso vale especialmente para textos nos quais se pede uma estrita separação entre os israelitas e as outras nações; e também para aqueles que procuram substituir pelo "culto do livro" o tradicional culto no templo. Ambos os temas se encaixam muito bem na primeira metade do período persa (Persa I: 539 a 450 a.C.)[199]. Mesmo que esse lapso de tempo pertença à época mais obscura da história da Palestina, é o período em que ocorreu a transformação da religião judaíta javista em judaísmo.

A pequena Província de Yehud não atraía muito a atenção dos persas; nossa informação para a história fatual dessa região vem sobretudo dos relatos bíblicos (especialmente os contidos nos livros de Esdras, Neemias, Ageu e Zacarias), que refletem a ideologia da elite judaíta durante o período persa.

De acordo com a apresentação bíblica, Ciro, imediatamente após sua vitória sobre a Babilônia em 539, publicou um decreto em que permitia aos exilados judaítas retornarem à Judeia e os estimulava a

198. Sobre esse assunto cf. Römer (1995, p. 178-187).

199. Para essa divisão, cf. Carter (1999, p. 115-116).

reconstruir o Templo de Jerusalém. Essa apresentação é com certeza uma crença baseada em desejos e não em fatos (*wishful thinking*), ou seja, uma construção ideológica, que tende a demonstrar como os persas tinham cuidado pela comunidade judaíta exilada. Os primeiros imperadores persas afirmam ter restaurado os cultos locais e permitido às populações exiladas retornar a seus lares. Mesmo que tais afirmações pertençam à propaganda real, ainda assim parece que a política religiosa dos persas era um tanto diferente da dos seus predecessores. Não estavam muito ávidos por converter os povos do império ao masdeísmo. Pode-se até especular sobre uma espécie de sincretismo persa que permitia identificar divindades locais com manifestações de Ahura-Mazda.

Durante o período babilônico a sede administrativa provincial era Masfa; não sabemos quando ou por que Jerusalém se tornou novamente a capital da Província (*medinah*) de Yehud[200]. É bastante claro que a reconstrução do templo e outras atividades edilícias em Jerusalém sob Neemias[201] refletem sua crescente importância durante a primeira parte do período persa. Um dos primeiros governadores (*peḥa*) de Yehud foi aparentemente Zorobabel, um deportado, descendente da linhagem real davídica e autorizado pelos persas, que provavelmente pensavam que seu *pedigree* real iria convencer a população autóctone a colaborar com ele. É possível que sua chegada a Jerusalém tenha despertado esperanças e tentativas de restauração da monarquia davídica (cf. neste sentido Ag 2,22), mas não há indícios

200. Tem-se afirmado muitas vezes que no início do período persa Yehud não era autônoma, mas fazia parte de uma província maior da qual Samaria teria sido a capital. Yehud ter-se-ia separado da Samaria apenas sob Neemias. Essa ideia deve ser abandonada. Há mais provas para o fato de que Yehud já era uma província independente durante o período neobabilônico.

201. De acordo com a apresentação bíblica e a opinião tradicional da ciência bíblica, o templo foi reconstruído durante os anos 520-515. Recentemente Diana Edelman (2005) argumentou que faz mais sentido relacionar a reconstrução do templo com as atividades edilícias de Neemias. Isso faria realmente sentido, já que é amplamente reconhecido que ocorreram importantes mudanças na Província de Yehud durante o reinado de Artaxerxes I (465-424).

claros de uma revolta antipersa como muitas vezes se afirmou. No entanto, o desaparecimento muito rápido de Zorobabel nos textos bíblicos sugere que os persas o demitiram do cargo a fim de impedir quaisquer expectativas messiânicas. Alguns dos governadores seguintes são conhecidos por meio de indícios epigráficos; o poder real no tocante aos assuntos internos parece ter sido mantido pela elite sacerdotal e a elite leiga, reunidas ao redor do Templo de Jerusalém.

Não temos informações precisas sobre os limites e a população da Yehud do período Persa I. O número de 42 mil exilados que teriam retornado da Babilônia a Judá, segundo Esd 2 e Ne 7, é evidentemente irrealista. Durante a primeira parte do período persa havia muito menos habitantes em Yehud e especialmente em Jerusalém[202]. Está bem-atestado que os membros da *golah* babilônica não estavam muito ansiosos por retornar a Jerusalém. Os arquivos babilônicos da família Murashu revelam um número importante de nomes judaicos; e a recentemente descoberta existência de uma "cidade dos judaítas" (*Al-Yâhûdu*) babilônica perto de Nippur (Pearce, 2005) também realça a importância da diáspora judaica babilônica durante o período persa. Os judeus que retornaram da Babilônia, talvez até por instigação persa, permaneceram fortemente ligados à sua pátria anterior. E não há dúvida de que todo o poder econômico e ideológico estava nas mãos da *golah* (que retornou), a qual controlava a cidade restaurada de Jerusalém. Afirma-se muitas vezes que a Yehud persa era constituída como uma "comunidade cidadão-templo"[203], sendo o Templo de Jerusalém a instituição central. Segundo essa teoria, a comunidade cidadão-templo limitava-se primeiro à comunidade da *golah*, que estava organizada em diversas *bêt'abôt* ("casas dos pais") e estavam isentas de impostos. Em meados do

---

202. É muito difícil fornecer alguma indicação precisa na medida em que ignoramos a extensão da Yehud persa. De acordo com Carter (1999, p. 246-248), deve-se conjeturar que na Yehud persa viviam aproximadamente 20 mil a 30 mil pessoas.

203. O inventor dessa teoria é o estudioso russo J. Weinberg. Cf. especialmente seu livro *The citizen-temple community* (1992).

século V a.C. (sob Neemias), a comunidade religiosa cidadão-templo fundiu-se com a província política de Yehud. Essa teoria é problemática, já que se baseia na ideia de que Yehud não era autônoma antes de Neemias; também não há no período persa indícios claros nem paralelos para uma comunidade (ou uma província inteira!) isenta de impostos. Essas observações não afetam o importante papel desempenhado pelo Templo de Jerusalém na Yehud persa. O templo estava repleto de membros sacerdotais e leigos da *golah* e tornou-se o centro religioso e provavelmente também administrativo.

Um número importante de textos bíblicos do período persa estabelece uma nítida distinção entre a *golah*, enquanto comunidade da elite, e o "povo da terra", a população rural que permanecera na Palestina durante a ocupação babilônica. Essa perspectiva da *golah* pode ser detectada em alguns acréscimos posteriores na História Deuteronomista, bem como em certas passagens dos livros de Jeremias e Ezequiel, que provavelmente passaram também, pelo menos parcialmente, por editoração deuteronomista. A elite retornada da Babilônia considerava-se o "Israel real", que excluía, portanto, toda a população não exilada. Pode-se até imaginar que alguns dos chegados a Jerusalém eram recrutados entre outros grupos étnicos na Babilônia (Davies, 1992, p. 75-93); é claro que o tema do exílio se tornou um critério ideológico para definir os que pertenciam ao "verdadeiro Israel". Esse tópico reflete-se claramente em alguns textos dentro da História Deuteronomista que estabelecem uma nítida divisão entre os de dentro (*insiders*) e os de fora (*outsiders*), ou seja, entre os pertencentes e os não pertencentes ao grupo (Stulman, 1990, p. 613-632). Houve certamente membros do grupo deuteronomista entre a elite que os persas enviaram de volta a Jerusalém com o fim de tocar os assuntos administrativos. Esses trouxeram consigo a edição exílica da História Deuteronomista e a revisaram para adaptá-la aos novos desafios do período persa.

6.2 Os grandes temas da edição persa da História Deuteronomista

Bibliografia seleta

ALBERTZ, R.; BECKING, B. (eds.). *Yahwism after the exile*: Perspectives on Israelite religion in the Persian Era (Studies in Theology and Religion 5). Assen: Royal Van Gorcum, 2003.

BÍBLIA SAGRADA. 6. ed. Petrópolis: Vozes, 2007.

BOLIN, T. M. The temple of yhw in Elephantine and Persian religious policy. *In*: EDELMAN, D. V. (ed.). *The triumph of Elohim*: From Yahwisms to Judaisms. Grand Rapids: Eerdmans, 1996. p. 127-142.

LEMAIRE, A. Nouveau temple de Yahou (IVe s. av. J.-C.). *In*: AUGUSTIN, M.; NIEMANN, H. M. (eds.). *"Basel und Bibel"* (BATAJ 51). Frankfurt am Main: Peter Lang, 2004. p. 265-273.

LINVILLE, J. R. *Israel in the book of the Kings*: The past as a project of social identity (JSOTSup 272). Sheffield: Sheffield Academic Press, 1998.

MACCHI, J.-D. Les controverses théologiques dans le judaïsme de l'époque postexilique: l'exemple de 2 Rois 17,24-41. *Transeuphratène*, [*s. l.*], vol. 5, p. 85-93, 1992.

MACDONALD, N. *Deuteronomy and the meaning of "Monotheism"* (FAT II/1). Tübingen: Mohr Siebeck, 2003.

MULLEN JR, E. T. *Narrative history and ethnic boundaries*: The Deuteronomistic historian and the creation of Israelite national identity (Semeia Studies). Atlanta: Scholars Press, 1993.

PAKKALA, J. Intolerant monolatry in the Deuteronomistic History (Publications of the Finnish Exegetical Society 76). Helsinque: Finnish Exegetical Society, 1999.

RENDTORFF, R. Die Erwählung Israels als Thema der deuteronomistischen Theologie. *In*: JEREMIAS, J.; PERLITT, L. (eds.). *Die Botschaft und die Boten: Festschrift für Hans Walter Wolff zum 70.* Neukirchen-Vluyn: Neukirchener Verlag, 1981. p. 75-86.

STERN, E. *Archaeology of the Land of the Bible – II*: The Assyrian. Babylonian: Persian Periods 732-332 BCE (ABRL). Nova York: Doubleday, 2001.

Os destinatários dessa edição revisada eram os membros pertencentes ao grupo da *golah*, que podiam facilmente identificar-se com uma "geração da conquista", como vem descrita nos livros do Deuteronômio e Josué, e cuja identidade precisava ser construída em contraposição ao "povo da terra"[204]. Ligado a essa preocupação está o reforço da perspectiva da *golah*. A revisão persa da História Deuteronomista introduz também textos que revelam uma nítida ideologia monoteísta.

6.2.1 Revisão segregacional em Deuteronômio até Juízes

A análise da tríplice edição da lei da centralização em Dt 12 (cf. acima o subtítulo 3.3) levou à conclusão de que Dt 12,2-7 representa a última camada. A ideologia da separação em relação à população autóctone reflete a luta entre a comunidade da *golah* e os que haviam permanecido na terra. O mesmo tópico aparece em Dt 7 e 9,1-6; ambos os textos foram provavelmente acrescentados no período persa. Dt 7 liga a ideia da "eleição" de Israel à necessidade de separação das "outras nações". A estrutura do capítulo mostra como os pertencentes ao grupo se sentem ameaçados pelos outros: os versículos 1-5 e 15-26, que tratam das outras nações, circundam os versículos 6-14, que insistem na eleição do povo de Javé. Essa eleição implica separar-se das pessoas que vivem na terra que os destinatários do texto estão prestes a ocupar (7,1); a própria separação é descrita de maneira muito agressiva. Eles, bem como seus símbolos cúlticos, devem ser destruídos; não se permitem casamentos mistos (7,2-5). O caráter ideológico e irrealista desses versículos aparece imediatamente: por que insistir na proibição dos casamentos mistos se todos esses povos

---

204. A expressão *'ām hā'āreṣ*, que até o século VI significa primariamente a aristocracia rural, muda de significado, assumindo um sentido depreciativo que subsistiu no hebraico moderno.

devem ser totalmente exterminados? Assim, fica bastante claro que a principal preocupação desse texto está na recusa do casamento entre membros da comunidade da *golah* e o "povo da terra". O paralelo mais estreito com Dt 7,1-5 encontra-se em Esd 9 (cf. especialmente Dt 7,3 e Esd 9,12; a lista das "nações da terra" em Dt 7,1 aproxima-se muito da lista de Esd 9,1). O final de Dt 7 (especialmente os v. 21-26) alude aos relatos da conquista do Livro de Josué, que agora são entendidos primariamente como relatos de segregação. A insistência na destruição dos símbolos religiosos confirma que a "reforma deuteronomista" não foi amplamente aceita, nem pelas populações rurais em Yehud nem pela diáspora egípcia, que durante o período persa continuou a venerar Javé junto com outras divindades[205]. Dt 9,1-6 trai uma ideologia semelhante ao capítulo 7 e pode muito bem provir do mesmo redator. Essa passagem introduz a ideia da "maldade" das nações a serem conquistadas, que não aparece na edição exílica dos relatos da conquista[206].

A ideia de separação está também na base das normas acerca dos animais comestíveis em Dt 14*. A lista dos versículos 2-21 (que foi provavelmente complementada nos v. 12-18) tem um paralelo em Lv 11 e reflete preocupações sacerdotais. Isso talvez seja um

205. Os papiros de Elefantina atestam a veneração de Yaho junto com duas outras divindades. Segundo Jr 44, o culto à "Rainha do Céu" era também muito popular durante o período persa. Também Ez 8 pode ser entendido como um texto polêmico contra a continuação de um permanente politeísmo durante os séculos VI e V a.C.

206. A história seguinte em 9,7–10,11, que é outra versão do episódio do bezerro fundido (Ex 32–34), é difícil de situar. A insistência na desobediência do povo harmoniza-se muito bem com a edição exílica. Mas é surpreendente que a ênfase é posta no fato de que já no Horeb o povo provocou Javé à ira (9,8). O episódio do bezerro de ouro também colide um pouco com a precedente recapitulação do período do deserto em Dt 8, onde se acentua uma relação positiva entre Javé e Israel no deserto (Javé pôs Israel à prova, mas nada se diz acerca de rebelião). Poder-se-ia, portanto, entender Dt 9,7–10,11* (9,22-24; 9,27a; 10,6-11 são interpolações posteriores) como uma tentativa de corrigir Dt 8. O fato de que o episódio não é integrado na recapitulação histórica de Dt 1–3 é outro argumento em favor de uma interpolação posterior. O redator que integrou o episódio quis talvez estabelecer um elo com a história de Moisés conservada em partes do Livro do Êxodo.

indício de que a revisão persa da História Deuteronomista já prestou alguma atenção ao interesse sacerdotal, preparando de certa forma o compromisso que deu origem à Torá.

Também Dt 23,1-9* reflete a ideologia da segregação. A exclusão dos moabitas e amonitas está relacionada diretamente com a oposição amonita (Ne 13,4-9: Tobias) e moabita (Ne 13,28: Sanabalat) às atividades de reconstrução de Neemias[207]. A atitude amigável para com os edomitas reflete certamente o fato de que, durante a primeira parte do período persa, aldeias judias podem ter coexistido com aldeias edomitas no Negev em volta de Hebron (Stern, 2001, p. 444-445). Uma ideologia bastante semelhante está expressa em 25,17-19, em que os destinatários são exortados a destruir "Amalec"[208]. O nome de Amalec não é atestado em fontes contemporâneas extrabíblicas; de acordo com a Bíblia, Amalec está ligado aos descendentes de Esaú e aparece como inimigo de Israel no Livro dos Juízes, bem como nas histórias de Saul. Na edição persa, Dt 25,17-19 pode ser entendido como uma espécie de midraxe de Ex 17, agravando a imagem negativa dos "árabes" e preparando para a posterior utilização do termo como uma expressão para todos os adversários do verdadeiro Israel.

No Livro de Josué, a reelaboração segregacionista é particularmente evidente nos acréscimos feitos ao discurso original de despedida de Josué em 23,4-8.10.12.16b (especialmente os v. 7 e 12: não compartilhar o culto e não contrair matrimônio com as nações). O mesmo redator ampliou também a introdução exílica à época dos juízes, acrescentando Jz 2,13.17.20-23; 3,1-6[209] (o v. 6 afirma que as advertências de Js 23,7 e 12 foram pronunciadas em vão).

---

207. Ne 13,1-3 até cita Dt 23,2-7; esse texto é geralmente explicado como uma interpolação muito tardia.

208. É também possível que esse texto já pertencia à tradição exílica e preparava para 1Sm 15.

209. Pode-se até distinguir nesses versículos duas camadas redacionais diferentes. De acordo com 3,2, as outras nações permanecem na terra para permitir que Javé ensine a Israel a arte da guerra, ao passo que segundo 2,22 e 3,4 sua presença é uma prova para Israel.

A reelaboração segregacionista da História Deuteronomista é, com exceção de algumas poucas passagens, muito menos perceptível nos capítulos e livros seguintes[210]. Isso significa que esses redatores se interessaram sobretudo em introduzir esse tema no livro das leis e na história da conquista, que eles consideravam programáticos para o grupo minoritário da comunidade da *golah*.

6.2.2 Da monolatria ao monoteísmo

Com Juha Pakkala (1999) podemos descrever a ideologia deuteronomista durante a dominação assíria e neobabilônica como "monolatria intolerante": Javé é o único deus que Israel deve adorar, mas a existência de outras divindades não é contestada absolutamente; pelo contrário: o Livro do Deuteronômio está cheio de exortações a não "seguir os outros deuses", o que provavelmente alude a procissões com estátuas cúlticas. No início do período persa houve aparentemente, entre a elite, uma guinada para um monoteísmo mais radical, como se mostra especialmente na polêmica contra as estátuas cúlticas e as divindades das nações no assim chamado Segundo Isaías (Is 40–55). Alguns textos tardios da História Deuteronomista refletem essa mudança da monolatria para o monoteísmo. É especialmente o caso de Dt 4, que comumente é considerado pertencente aos últimos acréscimos ao Livro do Deuteronômio[211].

---

210. Uma notável exceção é a reelaboração da avaliação de Salomão em 1Rs 11,1*.2.3b.6-8 (cf. subtítulo acima 5.3.5.1). 2Rs 21* pode talvez refletir também uma atitude negativa para com as mulheres estrangeiras. Os dois apêndices em 2Rs 17,24-33 e 34-41 refletem também posições que se aproximam da ideologia dos livros de Esdras–Neemias, por um lado, e de Crônicas, por outro. Mas é difícil decidir se esses capítulos, escritos num hebraico bastante diferente, foram inseridos pelos deuteronomistas ou por redatores posteriores (cf. Macchi, 1992, p. 85-93).

211. A maioria dos comentaristas considera os versículos 16b-18 uma interpolação, já que aludem ao relato sacerdotal da criação de Gn 1. Se situarmos Dt 4 na primeira metade do período persa, que é também o tempo em que foi escrito o documento sacerdotal, não há necessidade alguma de tirar esses versículos. Os sacerdotes e os deuteronomistas certamente compartilhavam tarefas e gabinetes no templo ou próximos ao templo.

Esse capítulo fornece, após uma introdução (Dt 4,1-9), uma nova interpretação dos acontecimentos no Horeb apresentados no capítulo 5 (Dt 4,10-24). O autor de Dt 4 enfatiza o segundo mandamento do Decálogo, a interdição de estátuas de culto, e lança a ideia de que nenhuma forma de YHWH foi vista no Horeb (isso poderia refletir uma polêmica contra uma estátua de Javé que provavelmente se encontrava no Templo de Jerusalém durante a monarquia). Ele amplia a interdição da representação de Javé, transformando-a numa rejeição geral a qualquer representação cúltica. Os versículos 21-31 aludem ao iminente exílio, ao culto aos ídolos e à possibilidade de retorno (esses versículos aproximam-se de Dt 30, também um acréscimo do período persa), que se tornou realidade na época em que essa passagem foi escrita. O capítulo conclui com um poema (v. 32-40) que insiste no fato de que Javé, que tirou Israel do Egito, é também o criador de toda a humanidade. A ideia de Javé como um deus criador não aparece nas camadas assírias e exílicas da História Deuteronomista. Ao contrário, essa ideia está nitidamente relacionada com a guinada para a ideologia monoteísta. Mas, se Javé é não só a divindade tutelar de Israel, como também o único "deus real" do universo (cf. o refrão nos v. 35 e 39), como explicar sua relação especial com Israel? A resposta é dada pela ideia da eleição: Javé escolheu Israel como seu povo especial. Nos textos monoteísticos tardios do Deuteronômio, criação está muitas vezes ligada à eleição (Dt 4,37)[212]; é o caso de Dt 10,14-22, que também foi escrito durante a época persa[213]. Dt 10,16, bem como 30,6, realça a ideia de uma "circuncisão do coração"; essa ideia pode ser entendida como polêmica contra a tentativa sacerdotal de transformar o ritual da circuncisão num sinal distintivo do judaísmo emergente[214]. Dt 30,1-14 dirige-se à elite retornada da Babilônia, sublinhando sua singularidade em relação

212. Isso foi demonstrado por Rendtorff (1981, p. 75-86).

213. Assim como Dt 4,16b-18, também 10,22 pressupõe a história sacerdotal (Gn 46,27; Ex 1,5).

214. Devo esta sugestão a Diana Edelman. Gn 17 sugere uma transferência deste rito de passagem da puberdade para as crianças recém-nascidas.

aos outros povos por causa de seu "acesso direto" à palavra e à vontade divinas.

Uma nítida perspectiva monoteísta aparece ulteriormente em Dt 26,12-15: o versículo 15 sublinha que Javé não mora no templo, mas no céu, sua "morada santa".

A maioria dos textos deuteronomistas que revelam uma nítida concepção monoteísta está limitada ao Livro do Deuteronômio. Significa isso que essa "redação monoteísta" limitou sua atividade a esse livro?

Nos livros seguintes podemos mencionar o novo nome dado à arca em Js 3–4, que se torna em 3,11-12 "a arca do tratado do (Javé) senhor de toda a terra" (cf. para o mesmo título Zc 4,14; 6,5 e Is 54,5). Uma ideologia monoteísta, comparável com a encontrada no Segundo Isaías, pode também estar por trás da assim chamada narrativa da arca em 1Sm 4–6[215]. Finalmente, a ideia de que o poder de Javé não se limita a Israel e Judá aparece também nos últimos acréscimos à inauguração do Templo de Salomão, que enfatizam o culto a Javé por parte de estrangeiros vindos de muito longe (1Rs 8,41-45), bem como a afirmação de que Javé é o único Deus e que Ele deve ser venerado por todos os povos da terra (8,56-61, especialmente o v. 60). Já que a redação monoteísta aparece muito mais claramente no Livro do Deuteronômio do que nos livros seguintes, podemos perguntar-nos por que essa redação se concentrou no discurso de Moisés. Havia já uma intenção de separar o Deuteronômio dos livros seguintes, a fim de vinculá-lo com os textos sacerdotais? Seja como for, a ideologia monoteísta não constituía nenhum problema para os deuteronomistas do período persa. De certa forma era até uma possibilidade de refletir a cosmovisão persa segundo a qual todas as nações do mundo se haviam tornado ou estavam para tornar-se partes do império universal. A ideologia monoteísta era uma forma de tomar em consideração essa ideologia universalista.

215. Para mais detalhes, cf. acima o subtítulo: A invenção de um período dos juízes (Jz 2,6-19*–1Sm 12*).

6.2.3 Golah *e diáspora*

Durante a primeira parte do período persa, o poder econômico e religioso em Yehud estava concentrado nas mãos da elite de sacerdotes e escribas, cujos membros descendiam da anterior *golah* babilônica. Já que nem toda a elite judia babilônica estava ansiosa por retornar a Yehud, os deuteronomistas precisavam lidar com uma espécie de dilema. Por um lado, eles enfatizam o fato de que todos os membros do "verdadeiro Israel" devem viver na terra que Javé já havia prometido aos antepassados no Egito e dado a seu povo pela conquista de Josué. O retorno dos exilados é, portanto, entendido como uma "nova conquista". Por outro lado, há a realidade de que membros do mesmo "verdadeiro Israel" preferem permanecer na Babilônia. A redação da História Deuteronomista feita pela *golah* procura lidar com esse dilema, que ainda existe no judaísmo contemporâneo, legitimando, junto com a ideologia do retorno à terra, a possibilidade de viver fora da terra (a Província de Yehud). Isso é feito de diversas maneiras. Uma das estratégias consiste em incluir em textos que tratam da conquista uma descrição das fronteiras da terra prometida, que se estende até o Eufrates, mas – é interessante notar – não até o Delta do Egito: Dt 1,7b; 11,22-25[216]; Js 1,3-4[217]. Essa descrição deseja aparentemente apresentar a região onde os judeus babilônios estavam vivendo como uma parte da "terra de Israel" e declarar toda a província persa da Transeufratênia como uma terra onde os judeus poderiam viver. Um tópico bastante semelhante aparece em Dt 12,20-28: a ideia de uma ampliação do território reflete também uma situação de diáspora, que não permite

216. A maior parte de Dt 11 pertence a um estágio tardio de editoração. Esse capítulo é como uma colcha de retalhos que combina temas de outros capítulos do Deuteronômio (comparar 11,10-17 e Dt 8; 11,18-21 e Dt 6,4-10; 11,26-30 e Dt 27–28). O início do capítulo (v. 2-9), que pressupõe o relato de Nm 16, dificilmente pode ter sido composto antes do período persa.

217. Pode-se reconhecer facilmente esses versículos como uma interpolação, já que interrompem o discurso dirigido a Josué no singular (v. 2 e 5) por um discurso no plural.

viagens frequentes ao santuário central (cf. acima o subtítulo 3.3). A integração de judeus que vivem fora de Yehud é feita também pelo acréscimo de Js 22,9-34*. A primeira versão desse acréscimo aceita o fato de que "israelitas" vivam em outros lugares que não sejam Judá, mas reforça a ideia de que não pode haver um culto sacrificial fora de Jerusalém. Por isso, o altar que as tribos transjordanianas construíram é transformado num monumento que atesta os feitos de Javé em favor de seu povo (22,28). Embora a ideia da centralização sacrificial tenha permanecido uma preocupação ideológica e econômica para os deuteronomistas da época persa, ela não foi aceita em todo lugar. Isso é evidente para a diáspora judaica de Elefantina, uma ilha no centro do Nilo, perto de Assuã. Em Elefantina, no início do período persa, havia um Templo de Javé (Yaho), venerado como o deus supremo de uma tríade, e pode também ter havido outro templo na região ocupada pelos edomitas (Bolin, 1996; Lemaire, 2001). A classe dirigente de Jerusalém não estava muito satisfeita com esses templos; por isso parece que os deuteronomistas elaboraram uma espécie de compromisso, preparando o caminho para as primeiras sinagogas. Não existem provas claras das origens das primeiras sinagogas, mas parece bastante provável que elas surgiram por causa da situação de diáspora da época persa. O acréscimo em Dt 6,6-9 faz sentido nesse contexto[218]. A passagem termina com a exortação a escrever as palavras da Lei nos umbrais de cada casa. Isso significa que cada casa pode tornar-se uma espécie de templo, já que as instruções divinas são normalmente escritas nas paredes dos santuários. A mesma ideologia pode ser detectada na reelaboração do relato da reforma de Josias durante o período persa. Conforme vimos (cf. acima o subtítulo 3.2), a última reelaboração desse relato (especialmente 2Rs 22,8.10-13*; 23,2.16-19; os últimos versículos foram inseridos junto com 1Rs 13), que incluía o motivo do encontro do livro, insiste no fato de que todo o templo foi purifi-

218. Uma compreensão literal dessa passagem deu origem a filactérios e *mezuzoth*.

cado de todos os símbolos cúlticos e tornou-se sobretudo um lugar onde o livro da Lei era lido ao povo. A substituição do culto sacrificial pela leitura da Torá em 2Rs 22–23 (além da leitura do livro, Josias apenas celebra a Festa da Páscoa) pode ser entendida como uma estratégia para realçar a importância do rolo escrito. Ao fazer isso, os deuteronomistas prepararam a transformação do judaísmo numa "religião do livro".

Os redatores persas da História Deuteronomista acrescentaram também ao relato um final, que mostra claramente a aceitação de uma situação de diáspora. 2Rs 25,27-30 fala de uma reabilitação do rei exilado Joaquin, que se torna um hóspede privilegiado do rei babilônio "por todos os dias de sua vida". Esse breve texto tem convenções literárias em comum com as chamadas "novelas de diáspora": as histórias de Ester e Mordecai, José (Gn 37–45) e as narrativas contidas na primeira parte do Livro de Daniel (Dn 2–6). Em todos esses casos, uma pessoa exilada deixa a prisão e se torna de alguma forma a segunda pessoa mais importante depois do rei (2Rs 25,28; Est 10,3; Gn 41,40; Dn 2,48) e o acesso a esse novo *status* é simbolizado por mudança de roupas (2Rs 25,29; Est 6,10-11; 8,15; Gn 41,42; Dn 5,29). Todas essas histórias insistem no fato de que a terra de deportação se tornou uma terra onde os judeus podem viver e até conseguir carreiras interessantes. O exílio é transformado em diáspora. Isso foi necessário por causa dos laços ideológicos e econômicos muito fortes entre a *golah* babilônica e os deuteronomistas que haviam retornado a Jerusalém. A última edição da História Deuteronomista era, portanto, aceitável para a diáspora (babilônica)[219], bem como para a elite reunida em torno do templo reconstruído de Jerusalém.

---

219. A diáspora egípcia foi aparentemente muito menos "deuteronomista" do que a diáspora babilônica. Se a história de José foi composta originalmente na diáspora egípcia, como argumentam hoje diversos estudiosos, ela mostra que os judeus que viviam no Egito tinham uma posição muito mais aberta.

Resumindo, podemos dizer que os editores da História Deuteronomista durante a primeira parte do período persa foram movidos por três grandes preocupações: segregação, monoteísmo e integração dos interesses da *golah*. Houve certamente, é claro, acréscimos ulteriores que não se interessam por esses tópicos, por exemplo a ampliação da assim chamada "Narrativa da Sucessão" em 2Sm 11–12; 15–17*; 19*, onde a linhagem davídica aparece de forma bastante negativa. Esses acréscimos talvez visassem opor-se às expectativas messiânicas ligadas à chegada de Zorobabel. O reforço do quadro negativo de Manassés em 2Rs 21,4.10-15 e 24,4 pode refletir preocupações semelhantes, mostrando que a dinastia davídica podia também produzir o arquétipo de um rei mau, de modo que não se deveria esperar a reintrodução de uma monarquia judaíta. Nesse tempo, os deuteronomistas haviam feito seus arranjos com a autoridade persa, que provavelmente concedeu alguma autonomia às elites dos sacerdotes e escribas. É interessante que não exista nenhuma alusão direta ao período persa em toda a História Deuteronomista, em contraste com o Livro das Crônicas, que termina com o edito do rei persa Ciro, permitindo aos deportados retornarem à sua pátria. Já que os deuteronomistas consentiam com a existência de uma diáspora, dificilmente poderiam incluir em sua história o fato de que não havia mais (teoricamente) necessidade de permanecer na Babilônia. Além disso, a omissão de qualquer referência à dominação persa foi provavelmente motivada pelo medo de desagradar à administração imperial.

Os livros (rolos) de Josué, Juízes, Samuel e Reis continuaram a ser editados após o trabalho da escola deuteronomista no período persa. Mas, nessa época, já não faziam mais parte de uma "História Deuteronomista"; esse trabalho literário deixara de existir com a constituição da Torá e a inclusão do Deuteronômio com os livros de Gênesis até Números.

6.3 A morte da História Deuteronomista e o nascimento da Torá

Bibliografia seleta

ALBERTZ, R. *A History of Israelite religion in the Old Testament Period* – II. From the Exile to the Maccabees. Tradução de J. Bowden. Londres: SCM Press, 1992.

BÍBLIA SAGRADA. 6. ed. Petrópolis: Vozes, 2007.

MATHYS, H.-P. *Dichter und Beter*: Theologen aus spätalttestamentlicher Zeit (OBO 132). Friburgo (Suíça): Universitätsverlag, 1994.

NA'AMAN, N. The law of the altar in Deuteronomy and the Cultic Site near Shechem. *In*: MCKENZIE, S. L.; RÖMER, T. (eds.). *Rethinking the foundations*: Historiography in the Ancient World and in the Bible – Essays in honour of John Van Seters (BZAW 294). Berlim: De Gruyter, 2000. p. 141-161.

OTTO, E. The Pentateuch in synchronical and diachronical perspectives: Protorabbinical scribal erudition mediating between Deuteronomy and the priestly code. *In*: OTTO, E.; ACHENBACH, R. (eds.). *Das Deuteronomium zwischen Pentateuch und Deuteronomistischem Geschichtswerk* (FRLANT 206). Göttingen: Vandenhoeck & Ruprecht, 2004. p. 14-35.

RÖMER, T. C.; BRETTLER, M. Z. Deuteronomy 34 and the case for a Persian Hexateuch. *Journal of Biblical Literature*, [*s. l.*], vol. 119, p. 401-419, 2000.

WATTS, J. W. (ed.). *Persia and Torah*: The theory of the imperial authorization of the Pentateuch (SBL Symposium Series 17). Atlanta: Society of Biblical Literature, 2001.

No final da primeira metade do período persa, por volta de 400 a.C., começou a edição da Torá, que iria tornar-se a base ideológica para o judaísmo nascente. Os livros de Esdras e Neemias narram a chegada de Esdras, enviado pelo rei persa da Babilônia para Jerusalém. Sua missão está ligada à leitura pública de uma "lei", que é então aceita pelo povo. O Livro da Lei foi muitas vezes identificado com uma espécie de Proto-Pentateuco e isso pode muito bem ser verdade. Tenha ou não alguma base histórica a tradição de que Esdras é o promulgador da Lei, é bem provável que a reunião de diferentes códigos e narrativas legais num único "livro" em cinco partes, o Pentateuco, remonte realmente ao tempo da missão de Esdras em Jerusalém. É interessante que Esdras é apresentado em Esd 7,1-6 ao mesmo tempo como sacerdote e como escriba; dessa forma, ele simboliza o fato de que a publicação do Pentateuco resultou sobretudo de um compromisso entre a escola sacerdotal e a escola deuteronomista. Alguns até aventaram a hipótese de que a edição da Torá teria sido forçada pela administração local persa, que estaria disposta a reconhecê-la como lei oficial para a Província de Yehud. Mas essa teoria da assim chamada "autorização imperial" é difícil de sustentar, já que os paralelos que geralmente são invocados para essa teoria não podem ser comparados com o Pentateuco; em particular, dizem respeito sempre a um único problema cúltico específico e são consideravelmente mais curtos do que a Torá. A publicação desta deve, portanto, ser explicada por razões internas. A elite dos sacerdotes e dos escribas sentiu sem dúvida a necessidade de produzir um documento único, que poderia dar uma identidade comum ao judaísmo nascente. Esse documento tencionava ser aceitável à elite sacerdotal e deuteronomista, aos judeus que haviam permanecido na terra e também aos da diáspora. A escola sacerdotal produziu, durante o período babilônico e o início do período persa, um documento que começava com a criação do mundo (Gn 1) e terminava com a instituição do culto sacrificial (Lv 9). Esse documento foi depois ampliado com o acréscimo das leis rituais, de pureza e outras leis contidas no Livro do Levítico. Os deuteronomistas haviam produzido sua história (Deuteronômio até Reis) e as duas obras precisavam ser combinadas.

Provavelmente surgiu logo um consenso de que esse novo documento deveria restringir-se às origens pré-monárquicas, já que a monarquia não era uma opção para as elites judaicas sob dominação persa. Mas houve evidentemente um debate se a "Torá" devia compreender os livros de Gênesis a Josué (um Hexateuco), ou se o documento deveria ser um Pentateuco e terminar com o Livro do Deuteronômio. Aparentemente uma minoria deuteronomista-sacerdotal uniu-se para promover a publicação de um Hexateuco. Esse grupo compôs Js 24, que interrompe a sequência deuteronomista de Js 23, seguido de Jz 2,6-19*. Js 24 é, de certa forma, paralelo ao capítulo anterior, já que contém um novo discurso de Josué; mas esse discurso contém uma recapitulação da história do povo, que, ao contrário dos resumos deuteronomistas (Dt 26,5-9), começa com os patriarcas (ou até antes) e termina com a conquista da terra. Js 24 parece um Hexateuco em miniatura; seu objetivo é separar o Livro de Josué dos livros seguintes e, ao invés, conectá-lo estreitamente com os livros anteriores. No final desse capítulo, Josué é descrito como um segundo Moisés: como Moisés, Josué conclui uma aliança; como Moisés, ele promulga leis e decretos (24,25); e, como Moisés, preocupa-se com um livro. Js 24,26 afirma: "e Josué escreveu todas as palavras no Livro da Lei de Deus". A expressão *seper tôrat hā*ᵉ*lōhîm* tem um único paralelo na Bíblia hebraica, Ne 8,18: "todos os dias [...] Esdras lia do Livro da Lei de Deus"[220]. É possível que essa expressão tenha sido cunhada como título para o Hexateuco, em contraposição à expressão "a torá de Moisés" (e suas variantes), que se refere ao Pentateuco mais breve, entendido como dado por meio da mediação de Moisés. A existência de uma fusão de um Pentateuco deuteronomista-sacerdotal explica também por que o livro deuteronomista de Josué incorpora uma série de textos "sacerdotais"[221]. Além disso, diversos textos, como Js 3–4 e Js 6, estão tão fundidos com elementos deuteronomistas e sacerdotais

220. Ne 8,16-18 pressupõe claramente uma combinação de textos legais sacerdotais (cf. v. 18 e Lv 23,36) e deuteronomistas (cf. a "alegria" do v. 17 em referência a Dt 16,14). É interessante que o versículo 17 diz que uma tal comemoração não fora celebrada *desde o tempo de Josué*.

221. A maior parte do material de listas em Js 13–19 é muitas vezes considerada "sacerdotal". Nas seções narrativas, também Js 5 é às vezes considerado "sacerdotal".

que nenhum estudioso conseguiu identificar de forma convincente os diferentes estratos que compõem esses capítulos. Embora se veja influência sacerdotal depois em 1Rs 8,1-11 (texto massorético) e 62-66, em nenhum outro lugar dos Profetas Anteriores após Josué existe tanto material sacerdotal. Para os defensores do Hexateuco, a terra aparece como o tema central da identidade judaica. Isso sem dúvida era considerado um tanto perigoso pela maioria sacerdotal e deuteronomista, especialmente por causa do violento relato da conquista, o que num contexto persa não era certamente a melhor maneira de expressar boa vontade para com as autoridades aquemênidas. Por isso a Torá terminou fora da terra com a morte de Moisés (Dt 34). O centro da Torá, o Pentateuco, não era a terra mas a lei de Moisés, dada para uma vida na terra mas também fora dela. Por isso essa Torá era uma "pátria portátil", conforme expressou o poeta Heinrich Heine.

A separação do Deuteronômio dos livros seguintes foi realçada pela conclusão, que os redatores do Pentateuco inseriram no final de Dt 34: "Nunca mais se levantou em Israel um profeta como Moisés, que Javé conhecia face a face. Foi superior a todos por causa de todos os sinais que Javé mandou que realizasse na terra do Egito [...] à vista de todo o Israel" (v. 10-12). Esses versículos modificam a concepção deuteronomista de Moisés como o primeiro de uma série contínua de profetas (18,15-20), ao argumentar que ninguém se compara a Moisés. O próprio Moisés se torna o único mediador da Torá, entendida como a principal, senão exclusiva, mediação da vontade de Deus. Os mesmos redatores inseriram também a promessa da terra aos patriarcas em Dt 34,4, sublinhando o fato de que o Deuteronômio já não é mais a introdução a uma História Deuteronomista, mas o final da Torá (todas as identificações dos "pais" com Abraão, Isaac e Jacó existentes no Deuteronômio devem-se aos editores do Pentateuco).

Quando o Deuteronômio foi separado dos livros seguintes, foram acrescentados novos capítulos: as bênçãos de Moisés em Dt 33, que o põem em paralelo com Jacó (Gn 49) e reforçam a coerência estrutural e narrativa do Pentateuco. Dt 11,26-31 e Dt 27 foram provavelmente acrescentados a fim de facilitar a aceitação da Torá pela elite religiosa da província da Samaria (Js 24 está situado em Siquém por causa de uma intenção semelhante)[222]. A Torá nunca menciona o lugar em que Javé deseja que seu nome habite: para os judaítas esse lugar era evidentemente Jerusalém (cf. a alusão em Gn 14 e 22); contudo, Dt 27 apresentou uma interpretação alternativa para os samaritanos. Os editores do Pentateuco talvez tenham inserido também Dt 32, o "cântico de Moisés". Já que o Pentateuco terminava com a morte de Moisés, Dt 32 fornece um sumário dos futuros acontecimentos negativos na terra, mesmo que esses não façam parte da Torá. Essa transformação do Livro do Deuteronômio significou o fim da História Deuteronomista. A partir de agora, Josué, Juízes, Samuel e Reis tornaram-se aquilo que mais tarde será chamado de "Profetas Anteriores".

Houve ainda trabalho de editoração nesses livros, mas não mais numa perspectiva deuteronomista. Em Josué, a história de Raabe do capítulo 2 (junto com 6,17b.22-25*) foi interpolada entre a sequência deuteronomista Js 1 e Js 3, a fim de corrigir até certo ponto a ideologia segregacionista do relato da conquista[223]. O acréscimo de Js 24 interrompeu a transição deuteronomista entre o tempo da conquista e o período dos juízes. Também o Livro dos Juízes recebeu uma nova introdução em 1,1–2,5. Finalmente, os editores pós-deuteronomistas separaram Samuel do tempo dos juízes (os deuteronomistas o haviam apresentado como o último juiz) e acrescentaram as histórias grecizantes do sacrifício da filha de Jefté (em Jz 11,29-40*) e do Hércules hebreu Sansão (Jz 13–16). É difícil decidir se as histórias de Sansão foram integradas antes, depois ou ao mesmo tempo

222. Poder-se-ia também imaginar que esses textos foram acrescentados pelos "redatores do Hexateuco", já que encontramos um texto semelhante em Js 8,30-35. Mas, já que essa passagem se encontra em outro lugar na tradução grega, pode ser uma inserção bem tardia. Sobre todos estes textos cf. Na'aman (2000, p. 141-161).

223. Talvez valha o mesmo para a história da integração dos gabaonitas em Js 9.

que os capítulos 17-21, que apresentam uma conclusão muito negativa ao Livro dos Juízes com histórias de sexo e crime. É interessante observar que a história mais escandalosa é situada numa cidade de Benjamim, Gabaá (Jz 19), e o primeiro rei negativo de Israel, Saul, é também da tribo de Benjamim. As histórias encontradas em Jz 17–21 contêm o seguinte refrão: "Naqueles dias não havia rei em Israel; cada um fazia o que era correto aos seus olhos", que aparece também bem no fim do livro. Esse refrão prepara evidentemente as narrativas a respeito do surgimento da monarquia israelita nos livros de Samuel. Os editores pós-deuteronomistas reorganizaram também a apresentação deuteronomista da realeza interrompendo a sequência em 2Sm 20*; 1Rs 1 mediante o acréscimo de 2Sm 21–24. O salmo de Davi em 2Sm 22 remete ao salmo de Ana em 2Sm 2[224], que foi interpolado pelas mesmas mãos a fim de emoldurar com textos poéticos o recém-criado Livro de Samuel. Quanto aos livros dos Reis, pode-se argumentar que a maior parte das histórias proféticas referentes a Elias e Eliseu foram integradas nos livros só depois que a História Deuteronomista foi dividida. Os redatores que as inseriram queriam provavelmente tornar os livros dos Reis mais "proféticos", para que se encaixassem melhor na nova coleção em que foram agora rearranjados os rolos de Josué, Juízes, Samuel e Reis: os profetas. A escola deuteronomista desapareceu junto com a História Deuteronomista, mas numerosas ideias deuteronomistas, recicladas, entraram nos meios rabínicos e também no Novo Testamento.

224. A interpolação tardia desses textos foi demonstrada por Mathys (1994).

Índice de passagens citada

Juízes

Isaías

Índice de autores

O

P

R

S

T

U

V

W

Y

EDITORA VOZES LTDA.
Rua Frei Luís, 100 – Centro – Cep 25689-900 – Petrópolis, RJ
Tel.: (24) 2233-9000 – E-mail: vendas@vozes.com.br